日本史研究叢刊 17

継体王朝成立論序説

住野勉一 著

和泉書院

まえがき

本書の課題は日本の古代国家成立に、ひとつの時代を画した継体王朝成立の背景とその経緯を考察することにあるが、問題は多岐にわたっている。この王朝を正面に見据えてすでに十数年の歳月を数え、この間、継体朝に関わる論文はちょうど十篇を書き上げ、幸い九篇は書物として刊行されている。第十作目は、本書の終章的な締めくくりの意味合いを意図して、新たに書き起こした未発表の論文である。いずれにしても、これら十篇の論文はすべて継体朝の研究に費やされたが、高い障壁に阻まれ、残念ながら継体天皇の姿そのものは依然として霧のかなたにもやい、自らの力量の不足と努力の足りなさに、悔しい思いをしている。しかしそれでも、十数年という怠りのない年月が、少しは継体王朝に光を照らしえたこともまた事実である。

本書は、こうした既発表の論文九篇のうちから五篇を選び出して構成し、未発表の新稿で締めくくっている。

第一章は、私が初めて世に問う論文となった「継体朝序説」をもって、巻頭とした。内容的に少し疑義はあるやもしれないが、継体天皇の何が問題なのかは、比較的適切に抽出されていると思う。継体の問題点の第一は、その出自と本貫地にあるが、ここでは『古事記』『日本書紀』「上宮記一云」の系譜を取り上げ、出自の信憑性に言及している。その鍵を握る人物として忍坂大中姫をあげ、多くの研究者が継体の祖を語るにあたって必ずふれる若野毛二俣王家にしろ、あるいは〝息長〟一族にしても、私は、彼女の位置づけがあってのことである、と考えている。この考えは今も変わっていない。というより、現在のほうが当初より、強まっている。その彼女が出身母体としているのは、『記』『紀』を読むと息長氏ということになるようだが、この息長氏がまたワニ氏とも密接に関わっている。そしてこの息長・ワニの両氏は、天皇家に多くの后妃をだしており、このことは歴史的な事実として認識されている。と同時に、古代国家の成立に大きく影響を与えているのも事実である。

前おきが長くなったが、第一章「継体朝序説」は文字どおりのプロローグで、大きくは二部で構成している。前半の第一節で、『記』『紀』などの記載する継体天皇の系譜によってその出自を論じ、ついで后妃を分析することで、継体の背景にある豪族を考え、彼らの網羅的な記述で大部分の頁を割いた。後半の第二節に入って、継体の出身に関わると思われる近江の三上山にふれたとき、物部氏の影が見え、驚きを禁じえなかった。驚きはそのまま素直に文脈の流れの中で祖述したが、これは第一節でふれた忍坂大中姫の時と同じように、その驚きは年毎に膨らむいっぽうであった。先にも述べた疑義というのは、このときの物部氏の影をさすのであって、今後の私に与えられた課題の一つであると考えている。

第二章のテーマも、継体の本貫地を考えることから始まっている。周知のように、継体の本貫地は近江と越前が考えられており、ここでは近江に絞って考察を試みた。これもよく知られていることだが、近江には、一五五座という多くの式内社が集結している。式内社が全国で最も多いのは大和で、これは当然すぎるほど当然であって、二位伊勢、三位出雲と続く。そして四位に近江が、顔を出すのである。このことを知った時も強い衝撃を隠すことができなかったほどの無知さであったが、その衝撃がまた、近江の式内社を取り上げるモチベーションになっている。少し落ち着いて考えると、近江の式内社一五五座はある意味で当然ともいえるのだが、それでも当然とは言い切れず、この突出はやはり問題があるといえるのである。私はその問題の中身に、継体の出身を解くなにかが得られるのではないかと考え、具体的には、式内社の祭神の解明とその確定にあるとした。

私は一五五座の祭神一座々々と向き合い、その確定につとめた。祭神についてはいうまでもなく先学の優れた研究が多くの書物となって、私たちの身近に存在している。私はこれらの中から、『式内社調査報告』・『式内社の研究』・『滋賀県市町村沿革史』を座右とし、一座々の祭神と『記』『紀』の伝承を読み比べ、私なりの祭神を確定するという作業を繰り返した。しかし最終的にはほとんどが先学の確定した祭神となったが、その集計が、表12の「近江国の式内社一五五座の内訳」である。祭神の確定ということは、即ちその地域の有力氏族を表すことに通ずるわけで、表はその意味で、地域における豪族たちの集まりを数値化したと言い換えることができる。要は、表れた数値をどのように読むのか、ということに尽きるが、端的にいえることは、湖北に集中している天つ神系の中臣氏や、ワニ氏や、それに物部氏系の祭神に、興味をひかれるのである。湖南の場合も同じ傾向がみられるものの、この方はさもありなんということで、さして驚くにたりないが、湖北の場合はそうはいえない。少なくとも意外性に通ずるものであり、それだけに問題含みである、といえるのである。

この第二章で最も苦しんだのが、金属に関わる神をどのように考えるのかであって、もしこの金属神が物部系の氏族として許されると、物部氏一族の強大なエリアが、一挙に描かれてくる。かつての古代の近江に、私は思いもかけない物部系氏族の強勢をみたといえるのは、この辺の事情によるのである。

第三章は表題に「垂仁記」の文言をそのまま引き、「石衝別王は、羽咋君、三尾君之祖なり」を主題として、古代の越前と大和王権の関わりを論じた。越前が継体の本貫地を云々されて、重大なポイントで大和の政権と関わっていたからである。表題にある三尾君氏は、本来近江の豪族として知られていたが、北陸在住の古代史家米沢康氏はこの通説に疑問をもち、三尾君氏の本貫は越前とする新説を発表された（「三尾君氏に関する一考察」『信濃』三十一—五　一九七八年）。私は米沢説に加担し、三尾君氏の越前本貫説をさらに補強したのが、ここでの第三章である。米沢氏によると、

(1)「記・紀」『国造本紀』の記述によると、三尾氏の祖は垂仁の皇子イハツクワケの後とする伝承で一致してい

ること。

(2)「上宮記一云」の系譜は継体の母方の系譜とみられ、系図に即していえば、三尾氏の系譜である。したがって振媛との関連で分かるように、三尾氏は深く三国坂中井に関わっていたこと。

(3)継体の皇子・椀子皇子は「三国公之先也」と伝えられ、皇子の母が三尾氏の女であるということ。そして振媛の祖を「三国命」と呼んでいたこと。

と述べられ、投じられた一石は波紋を広げる。

この米沢説を基底において、私は三尾氏が祖とする石衝別をさらに掘り下げた。そこからは石衝別の血筋をうけた三尾系一族の越の国における強勢が、『記』『紀』や「国造本紀」などの文献史料から明らかに読み取れた。文献のみならず、このことは考古学上からもいえそうで、越の国には、寺沢薫氏の提唱する「纏向型前方後円墳」の存在がある。私は初期の大和政権が北の国に印したその象徴として、天皇家の皇子たちの姿を纏向型に重ねるのである。

第四章は「継体天皇と樟葉宮」と名づけ、第三章までが継体の背景と周辺部分を論じてきたのに比べ、ここでは継体自身を取り上げ、その行動と行方《ゆきがた》を検証するべく、直接的な働きかけを試みている。継体は、大和政権の意を代表した大伴金村大連の懇請を受けて、大和王権・武烈天皇の後を継いでいるが、最初に宮居を設けた所は、北河内の樟葉宮であるとされている。普通には大和入りして、奈良盆地の東南部辺りに都を構えるはずだが、継体の場合は樟葉が都になるなど、およそ異例の事態が展開している。何故樟葉だったのか。私は北河内の――つまり古えの茨田郡にある樟葉という土地柄を、精査した。まず神武天皇の皇子・日子八井命の後とされている、茨田連氏が浮上する。ついで、河内馬飼首氏である。継体は、茨田氏から妃を迎えている。また河内馬飼氏出身の荒籠は、継体の上京にあたって力を尽くした人物である。彼はまたその名からも分かるように、当時の最先端技術に関わる職能集団の長であった。茨田氏の場合もその伝承から、朝鮮半島の先進技術を駆使する秦人を配下にしていたことがうかがえる。そして継体自身も、舟運には優れた機能をもつ息長氏を背景にしている。

継体の樟葉入京は水上の舟運に加え、陸上の馬匹を得ることにあったのではなかろうか。特に馬は当時にあって、強大な武力が考えられる。継体は樟葉に宮を構え、水上と陸上の両面の武力を備え、大和政権に突きつけたと思われる。樟葉宮の存在理由である。

第五章「弟国（乙訓）小考」は、第四章の続編といえる。というのは、継体は樟葉に宮居してその五年後に、都を南山背の筒城宮に遷している。さらに七年後には、筒城宮から北山背の弟国に宮を変えている。二度目の筒城宮に遷宮の場合は、必然的な流れも感じられるが、弟国の場合になると、そうはいえない。樟葉の場合もある種の異常さは感じられたが、三度目の弟国に関しては、これはもはやただ事ではない。

いずれにしても、遷宮というあまり普通ではない行為がくり返されていたわけで、その意味で第四章の続編ともいえる。しかし、こと弟国に関してはそうとばかりもいえない、強い異常さが感じられたのである。まず私は、弟国という地域の背景を検証し、丹波の強い影響を知る。ここへ大和の勢力が入り、地元と、丹波と、大和という力関係が三つ巴に作用し、いったんは治まって大和の配下に入ったかにみえた。しかし事あると、複雑なこのマグマが動き出すのである。弟国には、傑出した中心的な豪族は存在していなかった。大和政権の政策でもあったと思われるが、群雄割拠の状態が古代の弟国の姿であったと思う。要は、求心的な強い力を必要としていたのである。継体は弟国に遷宮して、この強い力を、中央豪族の巨勢氏と高橋氏に託し、弟国はやっと治まったようである。継体はこの治まりを見届けるようにして、大和に入京したものと思われる。

第六章は、継体天皇の御陵とされている「三嶋之藍御陵」を取り上げ、継体の終焉の地を考えることで、本書の締めくくりとした。古代の天皇は通常、大和か河内の古墳に埋葬されるのがふつうのカタチである。しかるに継体は、摂津国三島に埋葬されたと伝えられている。天皇陵としては他に天智陵が、山城国の山科に築造されているだけだから、その意味では継体の「三嶋陵」は、ありえない例外の埋葬であったといえる。明治新政府によって所在が不明になっていた継体陵は、三島の下郡・安威の太田茶臼山古墳が治定され、今日に及んでいる。濠を巡らした墳丘長二二六mの巨大古墳である。しかし近年の考古学の進歩が、この古墳のありように疑問をもち、ここから一・二㎞東にある古墳のカタチを失った今城塚の発掘を始めた。そして現在までの七次（二〇〇四年二月）にわたる調査は、目覚ましい成果をもたらしているが、とくに数多の形象埴輪の発掘は、歴史の書き換えを促すほどの調査結果である。つまり継体陵の確定といえるような発見となっているが、そうすると、当然つぎなる問題も発生するのである。

今城塚古墳は考古学者によっていま改めて、真の継体陵と認知されている。このことは、ほとんど動かしようのない事実だと思う。そうすると、今までに問題はあったとしても、継体陵とされてきた太田茶臼山古墳の被葬者はどうなるのか、ということになる。結論を急ぐと、私は允恭天皇の皇后・忍坂大中姫を考えている。継体がみずからの墳墓の地をこの地に定めたのも、彼女の求心力が強い力で働いていたからであり、応神大王家と、継体大王家の結節点に彼女は位置していたのである。

六章にわたって継体朝の問題点を網羅的に取り上げてみたが、依然としてこの王朝の謎は私の前にそそりたっている。それぞれの問題点を掘り起こし、その一端にふれたが、それはあくまでも一端であって、今やっと継体朝の入口に立ち、わずかに輪郭を描けたに過ぎない、という感覚である。本書を『継体王朝成立論序説』と呼び、私が「序説」と名付けることにこだわる所以もここにある。

目次

まえがき……1

第一章　継体朝序説……一
——男大迹天皇の出自を求めて——

はじめに……一

第一節　継体天皇の系譜……五

（一）『記』『紀』による系譜……九

（二）「上宮記一云」について……[illegible]

（三）忍坂大中姫命と弟姫（衣通郎姫）について……[illegible]

（四）息長氏と和珥氏……一四

（五）若野毛王家一族とその後背勢力……二〇

第二節　継体天皇と物部氏……二五
（一）大和東南部と摂津の三嶋に介在する銅鐸……二五
（二）大和の国魂を司る物部氏……二七
（三）鍛冶集団と物部氏・息長氏……二九
（四）天皇親操斧鉞……三一
むすび……三三
第二章　近江国の物部氏……三七
——式内社にみる近淡海の古代氏族——
はじめに——継体天皇の出自に関わる息長氏について——……三七
第一節　近江国の神々……四一
（一）突出する式内社一五五座……四一
（二）天つ神・国つ神ということ……四三
（三）湖西の神Ⅰ（滋賀郡）……四四
（四）湖南の神（栗太郡・野洲郡・甲賀郡）……五〇
（五）湖東の神（蒲生郡・神崎郡・愛知郡・犬上郡）……六七

（六）　湖北の神（坂田郡・浅井郡・伊香郡）……七六
（七）　湖西の神Ⅱ（高島郡）……一〇六
第二節　野洲川の流域について……一一八
（一）　饒速日命の系譜……一一八
（二）　銅鐸・銅矛のこと……一二五
第三節　姉川の流域について……一二八
（一）　姉川の南側地域――坂田郡……一二八
（二）　姉川の北側地域――浅井郡と伊香郡……一三〇
第四節　むすびにかえて……一三七
（一）　天之御影神の女息長水依比売……一三七
（二）　野洲川と毛乃倍郷……一三八
（三）　中臣氏と物部氏、和珥氏と物部氏……一三九
第三章　石衝別王者羽咋君三尾君之祖……一五一
――初期大和政権と越前に関する一試論――
はじめに……一五一

第一節　三尾氏の本貫地……一五三
第二節　石衝別王と三尾氏の磐城別……一五六
第三節　伊波都久和希の系譜と乎獲居臣の系譜……一五九
第四節　三尾氏之始祖ということ……一六三
第五節　三国坂井県ということ……一六七
第六節　纏向型前方後円墳の語るもの……一七〇
第七節　皇族将軍イハツクワケ……一七七
むすび……一八一
第四章　継体天皇と樟葉宮……一八五
はじめに……一八五
第一節　山背国綴喜郡の〝息長〟一族と和珥氏……一九〇
第二節　河内国茨田郡の茨田氏と河内馬飼氏……二〇九

第三節 茨田勝氏について……二二一
むすび……二二四
第五章 弟国(乙訓)小考……二三一
——継体天皇の弟国宮をめぐって——
はじめに……二三一
第一節 丹波国と弟国……二三三
第二節 弟国の成り立ち……二三八
第三節 出現期の古墳と乙訓地域……二四二
第四節 元稲荷古墳と向日神と……二四六
第五節 古代乙訓郡の人々(その一)……二四九
第六節 古代乙訓郡の人々(その二)……二六八
第七節 継体天皇の弟国宮と巨勢氏・高橋公氏……二七九
むすび……二八一

第六章　御陵者、三嶋之藍御陵也……二九一
——継体天皇とその奥津城に関する一試考——
はじめに……二九一
第一節　太田茶臼山古墳と今城塚古墳について……二九三
第二節　応神天皇五世孫について……二九七
第三節　「上宮記一云」について……二九九
第四節　応神一世孫〜五世孫の出自について……三〇三
第五節　闘鶏国造と忍坂大中姫……三〇六
第六節　凡河内氏と三島氏の抗争……三〇九
むすび……三一〇
初出一覧……三一五
索　引……三一七
後　記……三三一

第一章　継体朝序説
——男大迹天皇の出自を求めて——

はじめに

先の大戦が日本の敗戦に終わったとき、人々は何よりも真っ先に、自由を手にしている。学問の世界も然りで、なかでも日本史の研究は、皇国史観の呪縛から解き放たれ、新しい歴史観を求めて歩み始めたようである。そうして、その成果は素早い。敗戦の余燼が巷にまだ立ち込める昭和二十三年（一九四八）、東アジア史の観点から江上波夫氏が、壮大な構想のもとに口火を切られた。四世紀の初めのころ、崇神天皇を中心に据えた扶余系の騎馬民族が、朝鮮半島の南部から北九州の地に上陸し、やがて東遷を始める。いわゆる「騎馬民族日本征服論」である。「上陸地点で彼らは力を蓄え、およそ百年ほどで東遷をはじめ、強大な王権を大和に確立したのである」と論じたそのスケールの大きさと大胆さは、学問の世界のみにとどまるものでなく、当時の一般社会をも巻きこんで吹きぬけていった、新鮮な、そして驚嘆すべきダイナミックな論調であった(1)。

四年後の昭和二十七年（一九五二）には、水野祐氏が『古事記』『日本書紀』の精細な批判を試み、『日本古代王朝史論序説』を発表された。江上氏の「騎馬民族日本征服論」を受けて、さらに現実的な論理の構築で成立する、大和王権の王朝交替説である。天皇の崩年干支、和風諡号などの分析から、古代の日本では血統の異なる三つの王

朝が交替していた、とするもので、水野氏は、

　我が古代に於いても、少なくとも大化改新以前に、既に血統を異にする三つの王朝が更迭していると思われる。その三王朝は互いに系譜的には無血縁関係にあったものと思われる。それが血縁関係に於いて一系的に説かれるに至ったのは、律令制官僚統一国家機構確立期に於ける社会秩序の基本を系譜的なものに求めんとした系譜的擬制に基づくものである。[2]

と述べ、戦前の万世一系の皇統譜を真っ向から否定された。水野氏の論定する三王朝は、「古王朝」「中王朝」「新王朝」の三つに分類されている。「古王朝」は大和盆地に発祥した祭祀集団的な部族国家とするもので、崇神天皇を中心にして、その前後の王朝のことをいい、「世襲的祭祀的王者は数代にわたって大和盆地を統一したのであるが、その間の詳細なる点は我が文献史料より明証すべきでない[3]」（ここのところは「古王朝」をさらに細分化した「先王朝」に関しての文言と思われる）と断じ、古代国家の成立に関わるたいへん大事な問題を提示されたのである。

表1　三王朝構成表（水野祐『大和の政権』〈教育社歴史新書〉教育社より）

王朝			各王朝の本質	天皇名
古王朝	呪教王朝	先王朝	大和盆地周辺に発生した司祭的王者数代。詳細不明。	司祭的王数代あるも詳細は不詳。
		崇神王朝	祭祀権が分立したが、なお呪的支配の濃厚な王朝。	崇神・成務・仲哀
中王朝	征服王朝	仁徳王朝	九州から難波・大和に東遷し、さらに東国に進出。倭政権。	（応神）・仁徳・履中・反正・允恭・軽・雄略
		後仁徳王朝	仁徳皇統断絶後、臨時に女帝を擁立した時期。	飯豊
新王朝	統一王朝	継体王朝	越前より大伴氏によって擁立された王朝。統一国家成立へ。大倭政権。氏姓社会から集権的律令社会へ移行。	継体以下各天皇

いずれにしても、国家と名づけられた「古王朝」が誕生したわけで、この祭祀集団的な部族国家の後を、仁徳（応神）で始まる征服王朝的性格の強い「中王朝」が政権を交替している。それは四世紀の終わり頃から五世紀の初めの頃であろう。しかし六世紀に入って「中王朝」の血脈が途絶え、このときの血統断絶の間隙をぬって、北方に立った継体天皇が王権を奪取したのである。いうところの「新王朝」の成立である。「古王朝」「中王朝」「新王朝」これら三つの王朝間に、皇統の連続性はない。したがって万世一系の皇統譜は後世の造作である、とするのが水野氏の論旨である。この「三王朝交替説」は、その後さまざまの批判をよび、また多くの賛同もえた。そして今日その論評に、個々に多少の差異は認められるにしても、大すじに於いて承認されているという。

しかし、例えばということで、ひとつの問題点を考えてみたい。水野氏の説く三王朝の最初は「古王朝」であった。「古王朝」はさらに「先王朝」と「崇神王朝」の二つに分類されている。「先王朝」は、いわゆる闕史時代の開化天皇を最後として、次の「崇神王朝」と交替するのだが、水野氏は開化天皇に関し、闕史時代の詳細は不明である、との理由からほとんどふれていない。水野氏の論旨からすると、王朝交替の重大な時期にあたるわけだから、当然ふれて然るべきだと思われる。少なくとも『古事記』なり、『日本書紀』という文献史料があり、これらを読むかぎり、崇神天皇は開化天皇の兄の女・御真津比売命を娶り、師木の水垣の宮で天下を治めている。この記述に対する水野氏の無視を、私は認められない。

戦後の古代史学は、『記』『紀』の皇統譜を批判することで万世一系の否定から始まったようだが、その母体となった水野氏の古代王朝交替説は、大かたの承認をえているように思われる。そしていま、世に王朝論がかしましい。三輪王朝といい、河内王朝という。あるいはイリ王朝と称し、ワケ王朝だと名付ける。これらの諸論がすべてとはいえないにしても、万世一系の否定のために展開されているのかと思える節が、多々見受けられるのもまた事実である。平野邦雄氏の言を借りると、「万世一系論の否定として提起されたといってもよい」とさえ、いいきってお

られる。(4)

どうしてこのような現象が生じているのか。ここでは今これらを論ずる余裕はないし、またそのことが目的ではない。第一章では、水野氏の説く統一王朝的な性格をもつ「新王朝」の始祖、継体天皇の出自とその本貫の地を探るのが目的である。ただいえることは、その考証の過程において、王朝交替の実態のようなものが、自ずからにして明らかになってくるように思われ、そうした意味を含めての、継体朝の実態に迫れるものであればと考えている。

第一節　継体天皇の系譜

（一）『記』『紀』による系譜

非道の限りを尽くしたとされている武烈天皇が崩じたとき、水野氏のいう「中王朝」、つまり仁徳（応神）王朝に、皇統を継ぐべき皇子がいなかった。『書紀』はこのときの事情を次のように述べている。

元年春正月辛酉朔甲子、大伴金村大連、更籌議曰、男大迹王、性慈仁孝順。可レ承二天緒一。冀慇懃勧進、紹二隆帝業一。物部麁鹿火大連・許勢男人大臣等、僉曰、妙二簡枝孫一、賢者唯男大迹王也。○丙寅、遣二臣連等一、持レ節以備二法駕一、奉レ迎二三国一。夾二衛兵仗一、粛二整容儀一、警二蹕前駈一、奄然而至。於是、男大迹天皇、晏然自若、踞二坐胡床一。斉二列陪臣一、既如二帝坐一。(5)

大連の大伴金村は皇位を継ぐにふさわしい人物として、応神天皇五世の孫、男大迹《をほど》王を擁立しようとして群臣に諮り、物部麁鹿火大連や許勢男人大臣らも、「皇孫のなかで、賢者はまさしく男大迹王のみである」と述べ、大伴金村の意見に賛成する。そこで朝廷は使者を立て、男大迹王を迎えるべく法駕《みこし》を整えて越前の三国に赴くが、王は既に悠然として床几に坐し、その姿は帝王の如くであったというのである。『書紀』の記述に比べ、『古事記』のそれは実にシンプルである。

天皇既に崩りまして、日続知らす可き王無かりき。故、品太《ほむだの》天皇の五世之孫、袁本杼命《をほどの》を近つ淡海の国自り上り坐さ令めて、手白髪命《たしらがの》に合せて、天の下を授け奉りき。

と述べ、余分なことは一切しるしていない。ただここではっきりしていることは、男大迹王を迎えたところが、『書紀』では越前の三国であり、『古事記』では近淡海国となっていることで、この違いが後にいろいろと問題を引き起こしていく始まり、といえるのである。そしてさらに奇異なことに、『記』『紀』は共に継体天皇を応神五世之孫と述べていながら、その系譜の全貌を示していない。『古事記』は、応神が息長真若中比売を娶って若沼毛二俣王を生み、その若沼毛二俣王は百師木伊呂辨（亦名弟日売真若比売命）と結婚、大郎子（亦名意富富杼《おほほど》王）他六人の子を生んだと述べている。「応神記」の系譜の記述はここまでで、これから先の系譜にはふれていない。一方『書紀』の場合は、応神は弟媛を娶って稚野毛二派皇子を生んでいるが、その子の大郎子の名が記載されていない。しかし『古事記』ではみられなかった継体の父として、彦主人王の名が述べられていた。つまり、一世と四世・五世の名は記されているが、二世と三世が抜けていた。『古事記』のほうは、一世と二世までで、この後は五世の継体にとび、三世と四世の名が欠けている。『記』『紀』両方の系譜を合わせても、三世孫はなおかつ埋まらない。系譜について、神経質に意を用いている『記』『紀』にしては、およそ考えられない事態がみられる、というものである。

図1　継体天皇の系譜Ⅰ（『記』『紀』による応神天皇五世之孫）

『古事記』

応神天皇―若沼毛二俣王―大郎子（亦名意富富杼王）―○―○―継体天皇

『日本書紀』

応神天皇―稚野毛二派皇子―○―○―彦主人王―継体天皇

　こうした不完全な系譜のありようから、応神五世之孫が、後世に作為されたものだとする造作説が生まれてくる。大宝令で定められた皇親は四世までがそうであったが、慶雲二年（七〇五）の格では、

准令、五世之王、雖得王名、不在皇親之限…中略…、自今以後、五世之王在皇親之限

と改められている。『記』『紀』の編者がこの皇親の制度の改正をうけて、継体を応神五世之孫とした、とするのが造作説の根拠である。しかし、もし編者が令の知識によって系譜を作為したとするなら、なぜ改正前では皇親外であった五世としたのか。造作説はこれを説明していない。

さらにいえることは、先述したように『記』『紀』の編者は系譜の記述につき、かなりな神経をつかって編纂している。にもかかわらずここへきて、中間に名を欠くような系譜がなぜ現れたのか。『記』『紀』編纂の基本方針からはありえないことである。五世之孫ということで、なにがなんでも埋めようとするなら、彼らの方針と立場から、比較的簡単に作為できたと思われる。ところが編者たちは、敢えて埋めようとしていないのである。この辺りのことについて塚口義信氏は、「仮に〈応神五世の孫〉の記載が後代の作為であったとすると、それだけを作為して中間の系譜は作為しなかったということになるが、これこそ逆に不自然な考え方だと評されねばならないであろう。せっかく〈応神五世の孫〉の所伝を作為したのであるから、それが虚構だと見破られないためにも必死になって中間の系譜を偽作し、『記』『紀』に掲げたと思われる(6)」と述べておられる。

ところで、『日本書紀』は養老四年（七二〇）舎人親王によって撰上されているが、『続日本紀』によると、その編纂内容は本文としての「紀三十巻」のほかに、「系図一巻」が付されていたという。しかし、この「系図一巻」はいつ散逸したのか、今に伝わっていない。薗田香融氏は、「わざわざ別に設けられた系図一巻である。そこにはよほど重要な系譜が書き込まれていたに違いない。継体は記紀編纂時における天皇家の、始祖的立場に位置しており、しかも応神五世之孫という、いうならば遠い皇親の登極である。それだけに、よって来るべき系図はもっとも重要なことであり、ことさら系図一巻の中に書き加えられた(7)」とする考えを示されたが、恐らくは氏の述べる辺りであろう。そう考えて間違いないと思われる。

それでは『古事記』の場合はどう考えればよいのか。当時、編者たちが大いに参考とした資料に中国の史書があったのは当然であるし、また記述の体裁に至るまで取り入れたであろうことも、想像に難くない。そうしたことを含めてこの問題について論じる黛弘道氏は、例えばということで『三国志』の「蜀書」の例を引き、次のように述べておられる。(8)

継体天皇に似た帝王の例をいま一つ加えよう。それは蜀漢の昭烈帝である。彼のことは三国志の『蜀書』に次の如く記される。

先主姓劉諱備（中略）漢景帝子中山靖王勝之後也。勝子貞元狩六年封琢県陸城亭侯。坐酎金失侯。因家焉。

先主祖雄、父弘。世仕州郡。

これを縦系図に示せば

景帝——中山靖王勝——陸城亭侯貞…………雄——弘——昭烈帝

となる。

その書記の体裁からみれば、中間の何代かを記さない点は継体天皇の場合と似ている。…中略…この場合、彼が劉氏であることと、中山靖王勝の子孫であることさえわかっていれば、その血統について細かい穿鑿はしなかったもののようである。彼が漢室につながるものであることを疑うものはいなかったのであろう。

と説く。中国の正史に記された漢王室の「系譜の具体例」が取り上げられ、説得力のある見解が示されている。

（二）「上宮記一云」について

ところで、継体天皇の系譜に関する『記』『紀』以外の史料としては、卜部兼方が著す『釈日本紀』に、「上宮記一云」からの引用とする系譜記事が知られている。『上宮記』はその書名からも、おそらく聖徳太子の伝記と推測されるが、黛弘道氏はこの「上宮記一云」の系譜記事を国語学的見地から徹底的に分析し、論考された。まずその本文を氏の校訂文[9]で読んでみよう（黛氏は「尊経閣文庫所蔵古写本」を底本とした上で「国史大系本」を参照し、後さらに「天理図書館所蔵梵舜筆写本」を取り入れて訓んでおられる）。

上宮記に曰く。一に云ふ。凡牟都和希《ほむたわけ》王、洷俣那加都比古の女子、名は弟比売麻和加に娶《みあ》ひて生める児若野毛二俣王、母々思己麻和加中比売に娶ひて生める児大郎子、一名意富々等《おほほど》王、妹践坂大中比弥王、弟田宮中比弥、弟布遅波良己等布斯郎女の四人なり。此の意富々等王、中斯知命に娶ひて生める児乎非《をひ》王、牟義都《むげつ》国造、名は伊自牟良君の女子、名は久留比売命に娶ひて生める児汙斯《うし》王、伊久牟尼利比古《いくむねりひこ》大王の児伊波都久和希《いはつくわけ》の児伊波智和希《いはちわけ》の児伊波己里和気《いはころわけ》の児麻和加介の児阿加波智君の児乎波智君、余奴臣の祖、名は阿那尓比弥に娶ひて生める児都奴牟斯君、妹布利比弥命に娶ひます。汙斯王、弥乎の国高嶋の宮に坐《（まし）ま》し時、此の布利比売命の甚美《いとうるは》しき女《をみな》なりといふことを聞《きこしめ》して、人を遣《まだ》して三国《みくに》の坂井県《さかないのあがた》より召上《めさ》げて娶ひて生めるところは伊波礼《いはれ》の宮に天の下治しめしし乎富等大公王《をほどのおおきみ》なり。父汙斯王崩去《かむさ》りましし後、王の母布利比弥命言ひて曰く。我独り王子を持ち抱きて親族部《うがら》なき国にありて唯我独り養育《ひだ》しまつること難しと云ひ、尓《ここ》に祖《みおや》に在《いま》す三国命の坐《ましま》す多加牟久村に将て下り去く。（原文は二九九頁参照）

ここには、『記』『紀』で欠けていた応神五世之孫の系譜がすべて明記されており、しかも大切なことは、人名表記などのありようから、「上宮記一云」が『記』『紀』よりも古い推古遺文とみて差し支えない、と黛氏が指摘しておられることである。氏は「上宮記一云」の考察にあたって、まず人名・地名の仮名表記の方法に国語学上の精細な検討を試みているが、その方法というのは藤原宮跡出土の木簡と、「上宮記一云」の一字一句を比較考証することから始まっている。こうして導き出された結論として、推古朝の遺音が残存していると、されたのである。いいで、系譜の記載様式についても、「(父名)娶(母名)生児(子名)」の形式で書かれていることに着目し、同時に、系譜中に「天皇」の文字がなく、「王」「大王」「大公王」といった三種類の称号表記の使用されていることに言及、これらがいずれも大化前代でなければならないことを指摘する。締めくくりは、

上宮記が系統の異なる素材をもとに造られたこと、しかもそれが天皇称号の成立以前であること、王・大王・大公王と表記が安定しなかった時代の素材であること等の諸点を指摘した横田健一氏の見解に従えば、これらの素材の成立は当然のことながら大化前代でなければならないであろう。いわゆる編纂物としての『上宮記』が何時頃成立したかは確信できないが(横田氏はこれを大化改新から奈良時代初期とされる)、そこに引く「一云」即ち継体天皇関係系譜は上来の考察を総合して大化前代と推定することができるのではなかろうか。横田氏がこれを「あるいは推古朝前後に成立したものではあるまいか」といわれるのに私見は甚だ近いようである。(10)

と述べ、「上宮記一云」の成立は、推古朝前後の可能性がはなはだ大きい、とされるのである。従うべき見解だと思われる。

この推古朝前後の成立と考えられる「上宮記一云」の継体天皇の系譜(図2)をみてみると、たいへん大事なことは、『記』『紀』で記載のみられなかった応神の三世孫に乎非王が記され、応神五世孫が一系的に登載されていることである。そして「上宮記一云」が推古朝前後の成立ということになると、これを継体天皇に即していえば、ほとんど同時代史料であるといえるほどであり、このことのもつ意味は大きい。現に『記』『紀』の系譜記事ともかなりよく一致しており、記事の信憑性を裏づけているものと思われる。さらにはこの『記』『紀』との一致を前提としてもうひとつの大事は、継体の曾祖父・大郎子(一名、意富富等王)の妹だった践坂大中比弥王が、允恭天皇の皇后であったという事実である。彼女の祖父・応神は、品陀真若王の女・仲姫を娶して仁徳を生み、また淫俣那加都比古の女・弟比売麻和加と結婚して若野毛二俣王を生んでいる。したがって、仁徳と若野毛は異母兄弟であり、その若

野毛が彼女の父であるから、仁徳はその意味では彼女にとっては伯父にあたり、允恭の皇后として、践坂大中比売王は最もふさわしい位置にあったといえるであろう。彼女は『古事記』では、「意富本杼王の妹、忍坂大中津比売命」で表され、『書紀』では忍坂大中姫命で記されている。いずれにしても継体の系譜にあって、彼女は非常に重要な位置にあったことは紛れもない事実である。項をあらため、もう少しその辺りのところをみてゆきたいと思う。

図2　継体天皇の系譜Ⅱ（「上宮記一云」による）（塚口義信「継体天皇と遷宮の謎」『継体大王とその時代』和泉書院より）

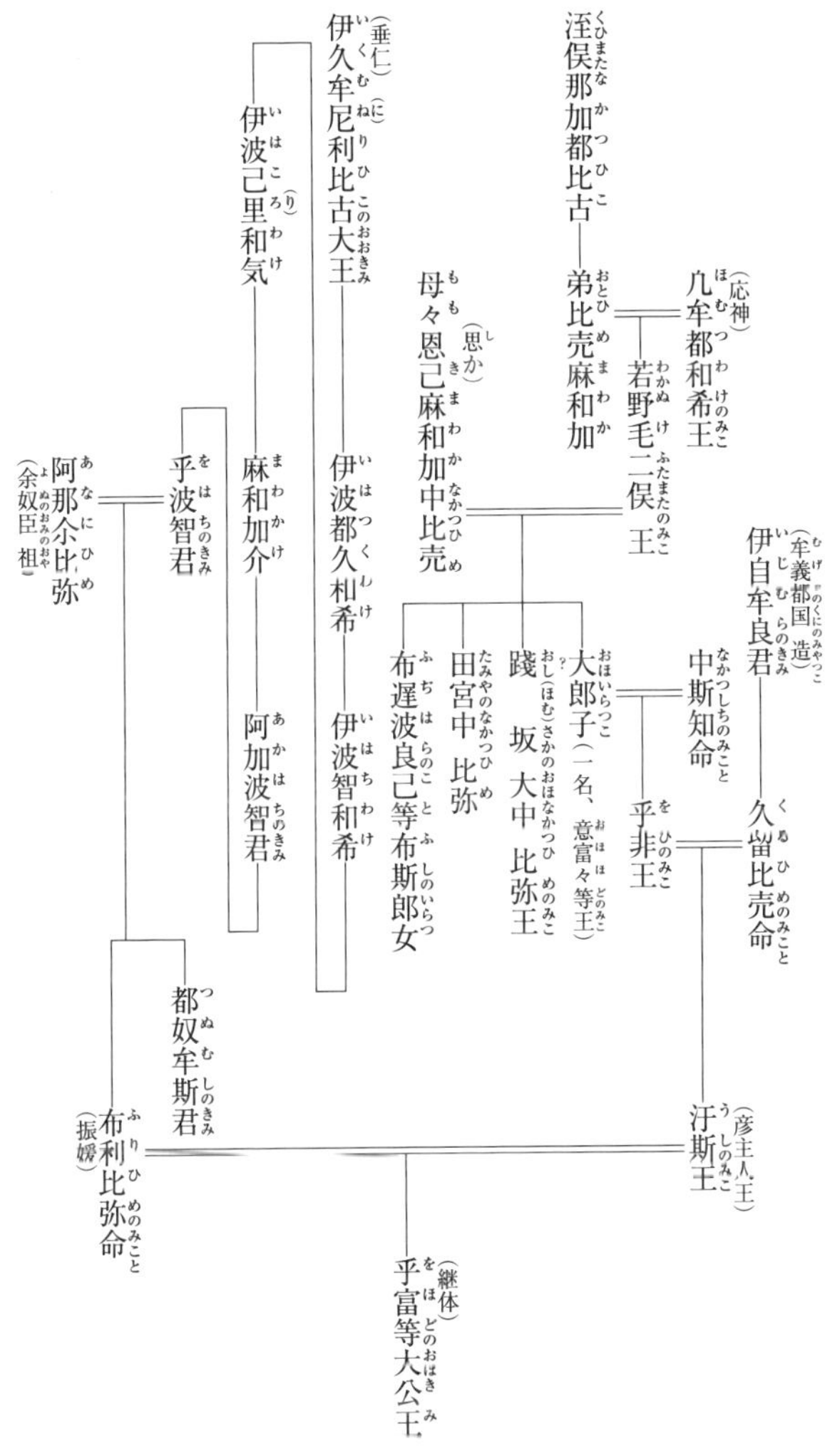

（三）　忍坂大中姫命と弟姫（衣通郎姫）について

岸俊男氏は古代の皇后立后に関して、「帝紀のうち信憑度の高いとされる応神以後では、仁徳皇后の葛城襲津彦の女磐之媛命と武烈皇后の出自不詳の春日娘子以外、皇后はすべて天皇の皇女または皇族たる王の女に限られている」[11]と述べておられる。当時の氏姓制度による社会集団の伝統を、史料で語るこの指摘はたいへんに重い。これを継体の系譜に即して述べると、忍坂大中姫命を介することで、応神五世之孫の信憑性をより確実に高めると同時に、継体の系譜そのものの信頼性を、キチッと裏づけるものであるといえる。

ところで、『書紀』によると允恭天皇の七年十二月、新室で祝宴が開かれている。

天皇親之撫レ琴。皇后起儛。々既終而、不レ言二禮事一。当時風俗、於二宴会一、儛者儛終、則自対二座長一曰、奉二娘子一也。時天皇謂二皇后一曰、何失二常禮一也。皇后惶之、復起儛。々竟言、奉二娘子一。天皇即問二皇后一曰、所奉娘子者誰也。欲レ知二姓字一。皇后不レ獲レ已而奏言、妾弟、名弟姫焉。弟姫容姿絶妙無レ比。其艶色徹レ衣而晃之。是以時人号曰二衣通郎姫一也。天皇之志、存二于衣通郎姫一。故強二皇后一而令レ進。皇后知之、不三輙言二禮事一。爰天皇歓喜、則明日、遣二使者一喚二弟姫一。時弟姫随レ母、以在二於近江坂田一。

天皇はみずから琴をひき、音色に合わせて皇后が舞う。当時の風習では舞終わった後、天皇に娘子を奉らねばならないにもかかわらず、皇后はわざと礼を失したようである。天皇に促されてやむをえず皇后は、「容姿《かほ》絶妙《すぐ》れて比無《ならびな》し。其の艶《うるは》しき色、衣より徹《とほ》りて晃《て》れり」といわれた妹の弟姫の名を、口にされたようだ。その美しさの故に艶しき色、衣より光った弟姫は衣通郎姫《そとほしのいらつめ》と称えられていたが、彼女はときに「母に随ひて近江の坂田に在」ったというのである。『書紀』の記述をそのまま即、史実とするわけにはいかないが、後述する古墳群などとの関連からも、ここ近江の坂田郡には、天皇家に皇妃を入れることのできた、大きな勢力の存在がみえてくるのである。

忍坂大中姫命は、安康天皇と雄略天皇を生んでいる。ということは、彼女の父若野毛は、外戚の位置にあったといえるのだが、ここにきて若野毛のもう一人の娘・弟姫も、允恭の妃となったことが分かる。そして忍坂大中姫命つまり允恭の皇后がその名代として刑部を定められたのは、ある意味で当然であったとしても、同じように、弟姫もまた後に、藤原部を定められている。こうしたことは允恭の寵愛を受けた弟姫自身のこともさることながら、彼女の背後にあった強大な力に、思いを至さざるをえないのである。

このように、弟姫の出身地である坂田郡には允恭の妃を出した若野毛王家の一族と、この土家から枝分かれしたと思われる息長氏一族の、二つの流れの氏族が考えられ、事実この地域には、二つの流れの古墳群が築造されていた。一つは姉川流域に所在して長浜古墳群と呼ばれ、他のもう一つは天野川流域の息長古墳群である。両古墳群の間はわずか数㎞で隣接し、北側の長浜古墳群は、四世紀後半から六世紀にかけて築造され、南側の息長古墳群は、五世紀後半から六世紀にかけての築造とされている。後者が息長氏一族の墳墓の地であることはよく知られているが、それでは前者はいったい何者なのか。塚口義信氏は、「長浜古墳群のなかには滋賀県下第二の丸岡塚古墳も含まれているが、文献史料による限り、近江の地に土着化していった若野毛二俣王系の王族たちの奥津城であったとしか考えられない」(12)と述べておられる。

いっぽう、若野毛二俣王の子・大郎子（亦名意富富杼王）は、「応神記」にしたがうと、「三国君、波多君、息長坂君（息長君、坂田君の誤り）、酒人君、山道君、筑紫の米多君、布勢君等の祖なり」とあるが、こうした系譜がおよそ擬制的なもので、これらの氏族がすべて意富富杼王に出自するとは考えられない。しかし『古事記』の伝えるこれら息長氏関連の系譜を古墳群のありようと合わせ考えるとき、塚口氏のいう坂田郡を舞台とした若野毛系王族と、息長氏一族のより密接な関係が、浮かび上がってくるのである。

（四）息長氏と和珥氏

―息長氏―

「上宮記一云」によって、我々は継体天皇の系譜の全容が得られ、前節までにこの「上宮記一云」に『記』『紀』の語るところを加え、近江の坂田郡を俎上にした。その結果、若野毛系王族と息長氏一族のただならぬ関係が浮上してきたが、息長氏の系譜については、後代の架上であるとする論者が多いことも事実である。しかし、たしかにそうした節も見えなくはないが、かといって、息長氏を全面的に抹殺できない理由もその系譜の中からは読みとれるのである。その理由の第一に忍坂大中姫命をあげうるが、彼女はどの系譜記事をみても、一見して重要な結節点に位置していたことが分かる。その彼女の名の頭にある忍坂は、『和名抄』にいう大和城上郡恩坂郷（桜井市忍坂）にあたり、そしてこのオシサカを頭に冠しているもう一人のたいへん重要な人物が、『記』『紀』に見えているのである。敏達天皇の御子・忍坂日子人太子（『敏達紀』は押坂彦人大兄皇子と表記）である。この人の孫の天智天皇のときに、押坂彦人大兄は「皇祖大兄《すめみおやおほえ》」と称せられ、直系の皇統譜のなかで特に重きをなしている。彼は糠手姫皇女を娶って舒明天皇を生んでいるが、『延喜式』の伝える舒明の陵が忍坂に所在しており、この舒明天皇の諡号が、息長足日広額《おきながたらしひろぬか》と呼ばれていた。その殯りのときに、息長山田公が「日嗣ぎを誄び奉」ったことはよく知られており[13]、このことは舒明と息長氏の密接な関係をうかがわせているが、こうした息長氏との関わりを井上光貞氏は次のように述べている。

　オシサカヒコヒト大兄皇子の子孫は、子の舒明、孫の天智・天武と栄え、皇祖《すめおや》として七世紀に尊ばれた。この人の母はオキナガマテ王の女で、舒明の名オキナガタラシヒロヌカもここからでたのだが、神功の父をオキナガスクネ王といい、神功の名にオキナガが加わったのもそのためではなかろうか。(14)と述べ、押坂彦人大兄と息長氏のあさからぬ縁由を説いている。またこの押坂彦人の母は広姫と称し、その墓は「息長墓」と呼ばれて、近江国坂田郡で営まれている。(15)これらの数多の事情が絡む若野毛系王族と息長氏一族の関係は、しだいに息長氏の成長を促し、やがて天皇家と息長氏との関わりに発展していくが、息長氏は政治の表舞台に、全くといってよいほど登場することはなかった。彼ら一族は皇統譜のなかで婚姻関係を繰り返すにとどまり、いうならば息長氏は、天皇家の内廷的な皇親氏族の位置にあった、といえるのではなかろうか。

―和珥氏―

若野毛系王族たちや息長氏一族の本拠地と考えられる坂田郡を、湖岸沿いに南下して安土を過ぎると、行く手の前面に近江富士と呼ばれる三上山の秀麗な姿が現れる。頂上には神の天降る磐座であろう、巨岩があって小さな祠が祭られている。この三上山の信仰が古く弥生時代にさかのぼることは、付近から出土したおびただしい銅鐸によって知られている。明治十四年（一八八一）に十四個、昭和三十七年（一九六二）に十個、合計二十四個にも及ぶ同一地域での出土は、研究史上にも例をみない。注目すべきはこれらの半数が、尾張・美濃の東海方面を生産地とする銅鐸であったという。このことは三上山を中心とする野洲の地が、当時すでに東海地方とかなりな交渉をもっていたことを物語るものであり、また山すそに繰り広げられた広大な平野は、湖南の豊饒な農業生産力を示すものに他ならない。豊かさに裏うちされた大勢力が想像され、その力が尾張・美濃の東海をもまきこんでいたのだろうか。

林屋辰三郎氏は、

この三上山の信仰圏にやがて登場するのが、南山城に逃れた葛城王系の後裔たちであった。『古事記』によれば開化天皇の皇子・日子坐王は、「近つ淡海の御上の祝がいつき祭っていた天之御影神の娘である、息長水依比売を妻とした」という。三上山に祭られていた神の娘と結婚したということは、古代にあっては、三上山の信仰圏である近江の国一帯を政治的に支配する資格を得たということを意味する。[16]

と述べておられる。

息長水依比売と結婚した相手が、林屋氏のいう葛城王系の後裔であったかどうかは、なお検討を要する問題だと思えるが、ここでは息長水依比売と結婚したという、『古事記』に記されている日子坐王の系譜（図3）をみておきたい。

一世として十五人、二世は八人、三世一人、四世四人を数えるこの大系譜は、『古事記』の系譜中でも最大のものだが、三世の息長宿禰王を父として、息長帯比売命（神功皇后）の名がみえ、ここでは否が応でも息長の名が目につく。しかし注意深くながめてみると、日子坐王が和邇氏系の袁祁都《おけつ》比売命《ひめのみこ》とも結婚しているということである。しかも他のもう二人の妻たちが、何れも和邇氏の勢力圏と思える出身地の比売たちで（A流・B流）、換言すると日子坐王は、息長氏と和邇氏からそれぞれに妻を迎えいれていた、といえるのである。

そこでこの段階では『記』『紀』の伝える和邇氏の系譜を検討し、天皇家に入った和邇氏系の皇妃を見ておきたいと思う（表2）。岸俊男氏の「ワニ氏に関する基礎的考察」[17]によると、応神から敏達にかけての歴代天皇家に、一見して、ワニ氏がいかに数多くの皇妃を入れていたかがよく分かる。このことは息長氏の場合とおなじようだが、注意深く検討してみると、「息長氏が中央社会に登場するのは継体朝ごろからで、…中略…あたかも和珥氏とすれ違うようにして」[18]登場しており、ワニ氏は継体以前の天皇家と関わりをもち、この点にワニ・息長両氏の違いがある。しかしいずれにしても、この両氏族はともに、外戚としての権力を振った形跡はほとんどみられず、所生の皇子が皇位につくという伝承もない。とくにワニ氏は徹底した姿勢で貫き、所生の皇女が次の皇妃を生むという反復の中で、彼女らの多くは頭に春日の名をつけるに留まっていた。このことはまた息長氏所生の皇子女が、息長、あ

図3　日子坐王の系譜（塚口義信『神功皇后伝説の研究』創元社より）

注　［点線枠］以外はすべて「開化記」による。なお〔A流〕、〔B流〕、〔C流〕、〔D流〕とはその妻によって仮に分けて見たもの。

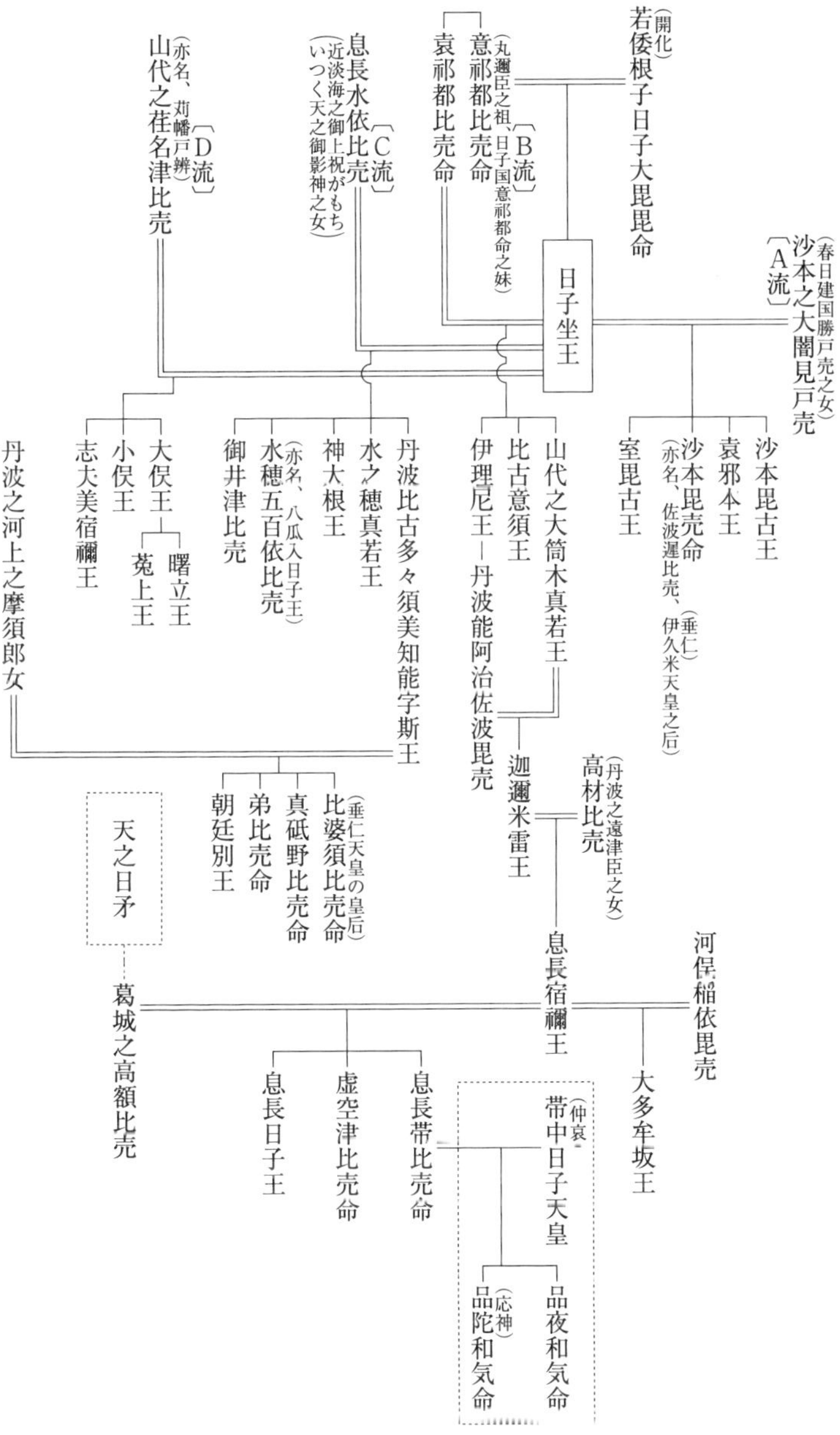

表2　記紀にみえる豪族出身の后妃（岸俊男『日本古代政治史研究』塙書房より）

天皇 ( )は女帝	葛城氏		ワニ氏		蘇我氏		その他の豪族	
	記	紀	記	紀	記	紀	記	紀
神武								
綏靖							師木県主1	〔磯城県主1，春日県主1〕
安寧							師木県主1	〔磯城県主1〕
懿徳							師木県主1	〔磯城県主1，磯城県主1〕
孝昭							尾張連1	尾張連〔倭1，磯城県主1〕
孝安								〔磯城県主1，十市県主1〕
孝霊			1(春日)	〔1(春日)〕			十市県主1	磯城県主1，倭1，〔十市県主1〕
孝元							穂積臣2，河内1	物部氏1，穂積臣1，河内1
開化	1		1	1			穂積臣1，丹波大県主1	物部氏1，丹波1
崇神							尾張連1，木国造1	尾張1，紀伊1
垂仁							丹波？3，山代2	山背2，丹波4
景行							吉備臣2，日向1	阿倍氏1，三尾氏1，播磨1，日向1
成務							穂積臣1	来熊田造1
仲哀								
応神	1		2	2			桜井田部連1，日向1	桜井田部連1，日向1
仁徳	1	1	(2)	(1)			日向1	日向1
履中	1	1						
反正			2	2(大宅臣)				
允恭								
安康								
雄略	1	1	1	1(春日 和珥臣)				吉備上道臣1
清寧								
顕宗								
仁賢			1	1(1)				
武烈				〔1？〕				
継体				1			阿倍1，尾張連1 茨田連1，三尾君2	尾張連1，茨田連1，三尾君2
安閑				(1)				許勢臣2，物部連1
宣化							川内1	大河内1
欽明			1(春日)	1(春日臣)	2	2		
敏達			1(春日)	1(春日臣)	(1)	(1)	伊勢大鹿首1	伊勢大鹿首1
用明					1(1)	1(1)	当麻倉首1	葛城直1
崇峻								大伴連1
(推古)								
舒明						1		吉備1
(皇極)								
孝徳						1		阿倍臣1
(斉明)								
天智						3		阿倍臣1，忍海造1，越道君1 栗隈首1，伊賀1
天武						1(2)		藤原氏2，宍人臣1，胷形君1
(持統)								

備考：(数字)はその氏から出た后妃の女子が再び后妃となった場合の人数を示す。〔　〕は書紀の一書の記載。

るいは押坂を冠して呼ばれたのと軌を一にするものである。

これらのことを前提として、再度日子坐王の系譜に戻ってみよう。三世・四世と時代が下るにつれ、ワニ氏と息長氏の間に関係の強まりのようなものが感じられ、あきらかに、一つの勢力圏がみえてくる。それはまさしく近江・丹波をも包みこんだ、山城南部から大和東北部にかけての地域集団を暗示するものであり、確実に一個のまとまりを示すものといえるであろう。

この文献史料をうけるような形で、大和盆地の東北部から西にかけて、巨大な古墳群が展開している。四世紀の比較的早い時期から、五世紀にかけての築造とされており、日子坐王の系譜とまさに暗合するようなカタチで連続している。『記』『紀』にいう神功皇后陵を含むこれらの古墳群は、佐紀盾列古墳群と呼ばれ、岸俊男氏は、「その勢力圏内（秋篠町付近の丸部里・上丸部里）にあるこれら古墳群については、当然ワニ氏との関係をなんらかの形で想像しても差支えないのではなかろうか[19]」としておられる。ワニ氏に関する岸氏の論考は、文字通り基礎的に、綿密に、構築されている。それだけに、こんにちこの論考が大かたの承認を得ているのも故なしとしない。そしてこの所へ、近年に至って息長氏の考察をもとにした塚口義信氏が、「佐紀盾列古墳群は和珥氏だけでなく、息長氏一族にかかわる大王ないし王族も関係しているのではないかと考えたいのである[20]」と、新たな視点を提言されたのである。

山城南部を西流する木津川は、椿井大塚山古墳のあたりで生駒山系にさえぎられて北流しているが、北へ転じてほどなく、左手に息長山（オキナガサン・オキナガヤマ・ソクチョウサン）と現在も呼ばれている小高い山塊を目にする。山頂には十一面観世音菩薩で有名な普賢寺があって、塚口氏はこの普賢寺が、息長一族と密接な関係にあったとする史料を提出された。『興福寺官務牒疏』が所載する「普賢寺補略録」がそれで、永享十年戊午（一四三八）以降に成立したであろうと推定されるこの史料の考察から、息長一族がかつてこの地に蟠踞していた、と塚口氏は結論づけた[21]。有力な文献を手がかりにしたこの提言は、貴重でたいへんに重い。

武烈の死後皇統断絶の危機のなかで、応神五世之孫・継体が大伴金村らに擁立されたとき、大和へはすぐに入ることができなかった。『記』『紀』の語るところでは、河内の楠葉、山城の綴喜・乙訓というように、宮居は転々と移っているが、不思議なことに、これらの宮居の推定地がいずれも普賢寺にほど遠くない地域なのである。塚口氏はこうしたことと、大和盆地北部との関わりについて、「西大寺所蔵の京北班田図によると、いわゆる佐紀盾列古墳群の西北に接して忍熊里が存在し、奈良市押熊町の町名で現在に至っている。けだし忍熊王とは、この地名に基づいた名であろう。オキナガタラシヒメが佐紀盾列に葬られたと伝えられていること、この地域に忍熊里が存在することは、けっして偶然ではあるまい[22]」という。

先に、息長氏の検討を進めてきた。今ここでワニ氏を考察する過程において、ワニ氏の中へ息長氏が再び登場し、微妙にからんでくる実態もみえだした。継体は大和東北部から西部にかけてを勢力圏とするワニ氏と、近江の坂田郡と山城南部の綴喜郡を勢力圏とする〝息長〟一族を、車の両輪のような関係においていた、と思えるのである。

（五）若野毛二王家一族とその後背勢力

応神五世孫を伝えられた継体の系譜を、『記』『紀』と「上宮記一云」によって検証を試みてきた。応神の御子である若野毛二俣王の女が忍坂大中姫と呼ばれて、允恭の皇后であったことは既に述べている。彼女は安康と雄略の二人の天皇を生んでいるが、『記』『紀』では不明だった兄の大郎子（亦名意富々等王）の子も、「上宮記一云」では「乎非王」と明記され、彼が安康・雄略と血縁の関係にあったことが明らかになった。乎非王は牟義都国造（美濃国武芸郡）伊自牟良君の女・久留比売命と結婚しており、彼ら一族の目は東にも向けられていたようで、乎非王と久留比売の間にできた子が、継体の父の汗斯王ということになる。その汗斯王は三国の坂井県乎波智君の女・布利比売命を娶り、近江国高島郡三尾の別業の地で継体をもうけている。しかし彼は幼い継体を残して早世したらしい。母の布利比売は幼な子の継体を伴って実家の越前に戻り、継体はこの地で、育てられたようである。やがて長じた継体は、成年に達して結婚しているが、その女性たちを『記』『紀』は次のように述べていた。表3でまとめてみた。

表3　継体天皇の后妃とその出自

	『古事記』	『日本書紀』
1	三尾君等祖、若比売	皇后、手白香皇女
2	尾張連等之祖、凡連之妹・目子郎女	元妃、尾張連草香女、目子媛（更名色部）
3	意祁（仁賢）天皇之御子、手白髪命（是大后也）	三尾角折君妹、稚子媛
4	息長真手王之女、麻組郎女	坂田大跨王女、広媛
5	坂田大俣王之女、黒比売	息長真手王女、麻績娘子
6	三尾君加多夫之妹、倭比売	茨田連小望女、（或曰レ妹）関媛
7	阿部之波延比売	三尾君堅槭女、倭媛
8		和珥臣河内女、荑媛
9		根王女、広媛

『記』『紀』の記述を見比べて、さして大きな違いは見あたらない。しかし一見していえることは、畿外氏族の姫たちが、妃の大半を占めていることである。『書紀』に即して述べると、畿内からは皇后であった手白香皇女を除いた場合、和珥臣河内の女・荑《はえ》媛と、茨田連小望の女（或曰レ妹）・関媛の二人だけが畿内出身の妃で、他の六人は全部畿外の出自である（但し根王女・広媛は出自不明）。そしてこの畿外出の姫たちからうかがえるのは、明らかに近

江から越前にかけての氏族を背景とした、絆が読みとれることである。継体は、父のウシ王を失った幼い日に近江を去り、母・フリヒメの手に引かれて、母の実家である越前坂井郡の高向に在住していたのだから、これは必然的なことといえるのであろう。

ところで継体の祖父・乎非王が、妻を美濃国から迎えたことは先述した通りだが、継体はおそらくこの美濃を基盤にして、さらに東方への勢力の扶植を図ったに違いない。美濃に隣接する尾張からは、後に安閑天皇・宣化天皇となる二人の皇子を生んだ目子媛を娶っている。こうした継体を含めた若野毛王家一族ともいうべき彼らの姻戚関係を具さにみてみるとき、近江を中心に据えて北は越前、東は美濃から尾張、西へは河内の北部と、それぞれの地域に通婚の圏内がみられる。それはまた同時に、継体の勢力を裏づけてゆくバックグラウンドであり、その後背地は継体の時代において、明らかに拡大されている。先の第三項と第四項で考察してきた息長氏と和珥氏をこれらに重ね合わせるとき、これだけの大勢力を束ねる中心に、継体は位置していたと思われるのである。おそらくその器量も、並外れたものを備えていたに違いない。

大伴金村らが議して継体の擁立を図り、越前の三国にその迎えをたてたとき、『書紀』は前記したように、「於是、男大迹天皇、晏然自若、踞㆓坐胡床㆒。斉㆓列陪臣㆒、既如㆓帝座㆒。持㆑節使等、由㆑是敬憚、傾㆑心委㆑命、冀㆑尽㆓忠誠㆒。」と述べていた。男大迹天皇は既にして悠然と床几に座し、その姿は帝王のようであった。節をもつ使者たちは恐れかしこみ、心命を傾けて忠誠の尽くせることを請い願うたと、いうのである。もっともこの記述を、そのまま史実とうけとめるわけにはいかないが、彼を支えたと思われる皇妃たちの出身氏族をつらつら眺めてみると、継体の優れた人物像が立ち上がってくるのを否めない。こうした継体の姿を井上光貞氏は、

　応神王朝が武烈にいたって皇嗣が絶えたとき、大伴金村らが継体を皇位にむかえたのは唐突ではなかったということができる。なぜなら、若野毛二俣王の家は応神天皇の系譜につながるうえに、允恭朝には皇后をだし、

安康・雄略には外戚の立場にたつ畿内北辺の大勢力だったからである。

継体は北方に突如たちあらわれて大和の王権を簒奪した豪族ではなくて、葛城系の皇統が武烈天皇にいたって絶えたとき、朝廷の人々の目が、しぜんとその血統にそそがれるような存在であったとみることができるのである。(23)

と述べておられる。このようにして、継体は前王朝の血筋を受け継ぐ手白香皇女を皇后として大和に入り、皇統を継いでいる。いうならば入り婿の形である。平野邦雄氏は皇統を継ぐこうした継体のありようについて、「王権をふくむ古代の族長権は男系と女系の双系で考えるべきだ」とし、吉田孝氏の「日本古代の親族組織が、父系・母系いずれでもなかったことは、親族呼称の双系的な性格にもはっきりあらわれている」とする考えに同意を示している。(24)そして井上氏のいう「しぜんとその血統にそそがれた」とする継体の皇親性を、平野氏はさらに別の視点からも論考を進め、次のように述べている。「最後にもう一つ史実を加えておきたい」という書き出しで始まり、継体が即位前すでに、忍坂宮に一時滞在していた、とするたいへん興味深い仮説の提起である。氏が論拠としたのは、「隅田八幡宮人物画像鏡」に記された四十八文字の銘文だが、次のように刻まれていた。

癸未年八月日十大王年、男弟王、在意柴沙加宮時、斯麻、念長奉、遣開中費直穢人今州利二人等、所(取)白上同二百旱所(作)此竟(鏡)。

この銘文の判読は、いまだに諸説があって確定していない。まず冒頭の「癸未年」だけをとりあげてみても、三八三年説、四四三年説、五〇三年説の三説があり、互いが自説を競い合ったが、現在ではほぼ四四三年説と五〇三年説の二説に絞られてきたようである。平野氏は銘文中の「開中費直穢人」に着目し、このカバネの成立時期から、「癸未年」を五〇三年と判断された。そして、これを前提として素直に読み下して行くと、その結果は、重大な推定にわれわれを導くであろう。継体は即位前に、すでに忍坂宮に住んだことがあるということである。

継体は伝統的に大王家に后妃を輩出した、いわば大王家の「女族」ともいうべき息長氏の胎内に成長した王位継承の有資格者である。[25]

と論定する。同じように「隅田八幡鏡」を論じた山尾幸久氏も、平野氏とはや、視点は異なるものの、「フト王（継体）が大和の忍坂の宮居にあったとき、斯麻（武寧王）がフト王の懐柔を策していた」[26]と述べ、いずれにしても平野・山尾の両氏は、継体が即位前すでに忍坂宮にいたとする、極めて大胆な推測をされており、有力な一つの考えとして、その是非は大いに論じられるべきだと思われる。

第二節　継体天皇と物部氏

(一)　大和東南部と摂津の三嶋に介在する銅鐸

即位して二十年、継体天皇は漸く大和入りをはたし、磐余玉穂宮に宮居したと伝えられているが、その所在地を特定することは難しい。『国史大辞典』によると、「大井重二郎氏が奈良県桜井市池之内の旧磐余池の傍」と比定しているようである。現在の安倍文殊院の辺りになるわけで、ここから約三㎞東には、継体がかっての日に滞在しただろうとされている忍坂の地がある。継体の直系の皇孫である舒明天皇の陵もまた、この忍坂の地である。北へ目を転ずると、二、三㎞のところには三輪山がそびえ、こうした大和盆地の東南部の地について横田健一氏は、「ここ（忍坂のこと…住野注）から磐余（桜井市西南方）にかけての一帯は皇室の本貫地ともいうべき地方であると思う。…中略…継体天皇から欽明・敏達を経て押坂彦人大兄皇子、さらに舒明天皇に嫡系はうつってゆくが、舒明天皇の陵が忍坂にあるのは、この地が若野毛二俣王以来の伝領の地であったことを示すものと考えられる。その最大の理由としては『記』『紀』にしるすように、忍坂大中姫命（『記』は忍坂之大中津比売命）が允恭天皇の皇后となり、その名代部として「刑部」が定められたことにあった[27]」と述べ、継体と磐余の地の浅からぬ縁由を説かれる。

いっぽうこの大和東南部地域の考古学的論考に、石野博信氏の興味ある考察があって、その論文を谷川健一氏が披露しておられる。耳を傾けてみよう。「石野博信氏は『橿原考古学研究所論集第四』所収の「大和唐古・鍵遺跡とその周辺」と題する論文のなかで、唐古・鍵遺跡の人たちは、弥生時代の後期末にその地域をはなれて、三輪山麓の纏向の地域に移動したのではないかと推論している。これらの工人たちは唐古・鍵遺跡が当時初瀬川の流域に沿っていたので、その流路をたどって初瀬川の上流四、五㎞にある纏向に移動したことが考えられるというのである。そして纏向に移ってまもなく、みずから銅鐸を破砕したのだったろうかと述べている。その破砕した銅鐸の飾耳は他田坐天照御魂神社の近傍から出土している(28)」と説いている。大和の東南部地域に関連しての工人たちの移動と、銅鐸の破砕を論じているわけだが、他田坐天照御魂神社という名で、しぜんと想起されるのが、摂津三島に鎮座する新屋坐天照御魂神社である。古伝承によると、物部氏の祖の伊香色雄命が、この地の新野郷にある福井というところに入り、丘の神にしめ縄を引いて祭ったのが最初だと伝えられている。祭神の天照御魂神は天日神命と呼ばれ、また饒速日の別名であるともいわれている。いずれにしてもこれらの神名から、物部氏との関わりを抜きにしては考えられない神で、この新屋坐神の屋代に隣接して東奈良遺跡が所在し、ここからは銅鐸や銅戈の鋳型が出土している。これらの事実や伝承から、金属工人の集団をひきいた原物部氏の姿がみえてくるのである(29)。

古来、大和の東南部と摂津の三島は『記』『紀』の伝承によっても、極めて密接な関係で結ばれていた。他田坐神も新屋坐神も銅鐸を共有し、原物部氏の一族が共に斎き祀る神々であったに相違ない。井上光貞氏の言をかりると、この銅鐸文化は、「二・三世紀の弥生後期にもっとも盛大となり、しかも突如としてその伝統を絶って三世紀末、おそくとも四世紀はじめごろから古墳文化が畿内に発達して全国をおおっていくのである(30)」という。そして自らの意志で、自らの伝統というべきか、あるいは神というべきなのか、彼らは銅鐸を破砕した、というよりはそうせざるをえなかった。そうして、その破砕の後へ、新しい大きな力が入ってきたのであろう。

（二）　大和の国魂を司る物部氏

神武天皇は『書紀』の伝えるところによると、東遷の前すでに「虚空見つ日本国」の情報を、塩土老翁からえている。

東有美地。青山四周。其中亦有乗天磐船而飛降者。余謂、彼地、必当足以恢弘大業、光宅天下。蓋六合之中心乎。厥飛降者、謂是饒速日歟。何不就而都之乎。(31)

饒速日を祖神とする物部氏が、天磐船ですでに国の中心に天降っていることを聞き、神武はこの先行者との対決を期している。

東遷した神武軍は難波崎に着き、胆駒山を越えて「美き地」に入ろうとしたが、長髄彦の激しい抵抗にあい、草香津まで退かざるをえなかった。神武はこのあと茅渟の山城水門、紀国の名草邑を経て、熊野の荒坂津に上陸している。軍はこの地の丹敷戸畔を討つが、神の毒気をうけて神武軍は起ち上がれなかったといわれている。このとき熊野の高倉下を名乗る人物が、韴霊《ふつのみたま》と称する剣を神武に献上し、邪気は払いのけられたという。神武軍は再び進軍し、菟田県の魅師《ひとこのかみ》（首長）を討ち、いよいよ大和の東南部、磐余の地へと進み、忍坂などでは激しい戦いを交えた。そうしてここで再度、長髄彦と決戦するにいたっている。この激戦のさなか、長髄彦は神武の軍陣へ使者を遣わした。

嘗有天神之子、乗天磐船、自天降止。号曰櫛玉饒速日命。饒速日、此云儞芸波椰卑。是娶吾妹三炊屋媛、亦名長髄媛、亦名鳥見屋媛。遂有児息。名曰可美真手命。可美真手、此云于魔詩莽耐。故吾以饒速日命、為君而奉焉。夫天神之子、豈有両種乎。奈何更称天神子、以奪人地乎。吾心推之、未必為信。(32)

昔、天神の子が天降って饒速日命と申されたが、妹の三《み》炊屋《かしきや》媛《ひめ》と結婚して可美真手《うましまで》という子までなしている。私はいま饒速日命を君として仕えているが、どうして天神の子に両種あるというのか。どうしていまさら天神の子といって、人の土地を奪おうとするのか、と長髄彦はいうのである。饒速日命はここで長髄彦に帰順をすすめるが、彼は納得しなかったようで、やむをえず饒速日命は長髄彦を殺害し、その軍隊をひきつれ神武の下に帰順している。

天皇素聞㆓饒速日命、是自㆑天降者㆒。而今果立㆓忠効㆒。則褒而寵之。此物部氏之遠祖也。[33]

神武天皇は、もとより饒速日命が天神の子であることをよく承知しているし、今果たして彼は忠誠を示した。神武はこれを嘉している。そして『書紀』はこのときの饒速日命が、物部氏の遠祖であると、しめくくっている。もちろんこの記述は伝承であって、史実とするわけにはいかない。しかし前節で述べてきた弥生終末期の考古学的知見にこの伝承を重ね合わせるとき、大和東南部地域の大きなうねりが、奈良盆地全体に及ぼしてゆく具体的なイメージとなって、脳裏に描き出されてくる。

神武が軍を進めて危機に陥ったとき、邪気を払った神剣にフツノミタマが宿っていたが、そのフツノミタマを祭る石上神宮は、物部氏が斎きまつるところであり、物部氏の本貫の地である。即ち、ここには神武の先住者としての物部氏と、その神武を助ける物部氏とが同時に、この伝承の中で描かれている。折口信夫はこうしてあぶりだされてきた物部氏の本質を、大和の国魂と考えている。つまり、「此神を祀って、代々の主上の御身に、その霊を鎮魂することを司るのが、霊部《モノノベ》の職であった[34]」とするのである。

この意味で、継体天皇は大和東南部の地に宮居を構えた。磐余玉穂宮である。神武がイワレヒコと呼ばれていたように、磐余の地は大和王権にとって、もっとも古い伝承を受け継ぐ地であったと思われる。神武もそうであったが、彼とは別のもうひとりの人、崇神天皇も神武と同じように御肇国天皇《はつくにしらすすめらみこと》と称せられ、磐余の地に隣接する磯城の瑞籬宮（桜井市金屋付近）で都を営んでいる。そしてなによりの大事は、継体にとっての皇祖的存在であった忍坂大中姫の宮居――忍坂宮が、磐余の地と指呼の間に所在していたということである。この意味において継体が大和入りを果たしたとき、彼の宮は大和盆地の東南部をおいて、他には考えられなかったはずである。大和の国魂の付着を何よりも急いだに違いない。その魂を司るのが物部氏であると、折口信夫はいうのである。

（三）　鍛冶集団と物部氏・息長氏

饒速日命を遠祖とする物部氏が、フツノミタマの宿る神剣を斎き奉っていたことは既に述べた通りだが、この饒速日が天磐船で天降ったことも上述している。ところでこの天降りのとき、饒速日と共に天降ってきたのが、天津麻良らの鍛冶集団であったことも、「天神本紀」などの記載によって、よく知られている(35)。

いっぽう『書紀』の記述によると垂仁天皇のとき、新羅の国から天日槍（『古事記』は天日矛と表記）という王子が渡来している。その名前からは鋭い刀剣のたぐいがイメージされ、内側にひそむ金属集団の到来が想像される。直木孝次郎氏は天日槍について、「アマノヒ（天に輝く太陽）を修飾語とするホコ（鉄製武器）というのは、いかにも威圧的である。水や川の神を主要な神として祭る水稲農業の社会――日本――の神にふさわしくない。大陸のきびしい自然と階級支配の進んだ社会における神を思わせる名である」と述べ、このあとへ続けて、「弥生時代の祭器である銅鐸が地中に埋蔵された状態で発見されているところから、銅鐸は地霊・穀霊の依代であって、その宗儀は地的宗儀であったと考え、つぎの時代に北方アジアから天をまつる天的宗儀が伝えられた(36)」と、三品彰英氏の説を引用しておられる。ここからは、日にキラキラと輝く矛が鮮明に描き出され、鋭い武器と、これを支える鍛冶集団の姿がみえてくる。播磨にあった天日槍は、播磨から難波を経て菟道《うじ》河をさかのぼり、近江へと入ってくる。この間の事情を『書紀』は次のように伝えていた。

於是、天日槍自二莵道河一泝之、北入二近江国吾名邑一而暫住。復更自二近江一経二若狭国一、西到二但馬国一則定二住処一也。是以、近江国鏡村谷陶人、則天日槍之従人也。[37]

吾名邑は坂田郡阿那郷（現在の近江町箕浦付近）に比定されているが、鏡村は蒲生郡に所在する。坂田郡は若野毛王家の在住していたところであり、鏡村は近江の神奈備・三上山に隣接している。両邑はともに、〝息長〟一族との関わりに深いえにしをもつ土地柄である。三上山では天之御影命が斎き祭られ、命の娘が息長水依比売とされていたが、鏡村では隣村の篠原で、おびただしい銅鐸の出土をみたと、既に繰り返し述べている。ここでの大事は『書紀』が記すように、鏡村の陶人は天日槍の従人であり、その天日槍の系譜が息長帯比売（神功皇后）につながっていることである。

ところで、大和の箸墓古墳の東に穴師という集落がある。先に述べた他田坐天照御魂神社の東二㎞ばかりの所だが、ここに式内社の穴師坐兵主神社名神大。月次相嘗新嘗が鎮座し、ご神体は日矛だという。[38]吉田東伍博士の『地名辞書』によると、「穴師にあり、蓋大和国魂神の別宮なり。[39]」と記載されている。ことの是非はなおよく吟味しなければならないと思われるが、ここからは、饒速日命と天日矛が二重映しで立ち上がってくるのも否めない。いずれにしても天日矛は、日本列島に金属文化を将来した鍛冶集団で、その表徴であったと思う。この意味でいえば、饒速日命を奉斎していた物部氏もまた「然り」といえるのであって、天日槍と物部氏との関わりが想起されてくるのである。

鍛冶集団には、彼らが崇めるもう一柱の、別系統の神があって、天目《あめのま》一箇命《ひとつのみこと》と呼ばれている。近江にはこの神を祭る社が各地に所在し、御上祝がもちいつく三上神社もこの天目一箇命と関わっていたようで、谷川健一氏は「近江にはなお天目一箇命をまつる神社がある。それが近江富士と称せられる三上山を御神体とする三上神社（御上神社とも書く）である。祭神は天津彦根命の御子の天之御影命であるが、天目一箇命の別名であるということが社伝に記され、今も我が国鍛冶の祖神として崇敬を受けている」と語り、天目一箇命が天之御影命の別名であることを指摘、「三上山のふもとから銅鐸が出土したことはまえにふれた。ちなみに天之御影命の娘が息長水依比売であり、更にその子孫に息長帯比売命があって、ここに息長一族との血縁関係をたどることが可能である[40]」と述べている。天之御影命と天目一箇命が同一神であるかどうかは問題の残るところだが、いずれにしても鍛冶集団の尊崇をあつめたことは事実であり、また息長氏との関わりにおいても、大いに考えなければならない土地柄であることは、谷川氏の指摘の通りだと思われる。

（四）天皇親操斧鉞

継体天皇が大和政権に迎えられて皇位を継ぎ、宮居を営んだ所は北河内の樟葉宮とされているが、その後宮居は山背の筒城宮・弟国宮へと遷り、二十年秋九月に、磐余玉穂宮に入ったと『書紀』は記している。つまり、継体は二十年の歳月ののちに、大和の国魂が鎮まる磐余の地に入ったということである。そして継体が磐余玉穂宮に入ったその翌年の夏六月には、筑紫国造磐井は朝廷の命に背き、高麗・百済などの朝貢の船を略奪し、大和政権に反旗を翻している。世にいう磐井の乱である。継体はその討伐に物部麁鹿火を遣わしているが、『書紀』はそのときの麁鹿火の出立のありさまを、次のように述べていた。

天皇親操二斧鉞一、授二大連一曰、長門以東朕制之。筑紫以西汝制之。専行二賞罰一。勿二煩頻奏一。

天皇は斧鉞を手にして親《みづか》らこれを大連に与え、長門から東は私が統治する、筑紫から西は汝が統治せよ、というのである。私は、ここの所に記されている文章の中でも、とくに注意すべき箇所は、「天皇、親ら斧鉞を操《と》り！……」の一節だと考えているが、この一節を含めたここでの文章そのものを、「漢籍を引用した単なる修飾にすぎない」とする意味の論文を目にしたことがある。しかし私にはとてもではないが、そのようには思えなかった。「斧鉞」

は、人間がまず最初に創り出した、石器時代からの道具である。さまざまの場面で欠かすことのできない、必須の、文明の利器であった。石の時代から金属の時代に変わっても、その必要性は増すばかりであった。このことは、先進の漢民族もそうだったが、後進の倭人たちにも、同じことがいえたのである。その普遍性の故に、「斧鉞」は単なる道具の域を超えていったと思われる。そのような「斧鉞」に、『記』『紀』編者が意味のない文飾として、貴重な紙幅を割くはずがないし、ここでの文脈にも、なんらかの重大な意味が想像されるし、またそうであったに違いない。私は「斧鉞」にこだわる。

むすび

継体天皇の出自は謎につつまれているが、『記』『紀』の伝える「応神五世孫」の文言が問題の発端であった。『記』『紀』はまた、応神の子が若野毛二俣王で、その子である意富富杼王は、息長氏や坂田氏等の祖であると伝えていた。息長氏等一族は近江の坂田郡を本拠としているが、彼らの祖である若野毛自身も、恐らくこの地に土着化していった王族であったと思われる。坂田郡に築造された古墳群のありようなどから考えて、まず間違いはない。この坂田郡の東北隅にはまじかに伊吹山が迫り、古来、伊吹山の吹き下ろす強風を利用したタタラはよく知られている。

こうした坂田郡の若野毛の王族を中心とした息長氏一族の伝承なり、考古学的知見の中に、金属集団の強い関わりをみることができる。そうして、ここへきて「斧鉞」を介し、原物部氏ともいえるその影が、若野毛の王族や息長氏らの一族と共に、幾重にも重なって立ち上がってくるのも否めない。この意味を踏まえて『書紀』の述べている「斧鉞」は、継体と物部氏の、なんらかの関与を示唆するものであったと思う。継体の出自についても、重大なポイントで物部氏は関わっていたのではないだろうか。いや、そうであったに違いないと、私は考えている。

注

（1）昭和二十三年（一九四八）五月、江上波夫氏は岡正雄・八幡一郎・石田英一郎の三氏と「日本民族＝文化の源流と日本国家形成」という表題の座談会をもち、ここではじめて「騎馬民族日本征服論」を語っておられる。ここでの騎馬民族説はその後、『日本民族の起源』（平凡社　一九五八年）、『シンポジウム日本国家の起源』（角川書店　一九六六年）、『騎馬民族国家―日本古代史へのアプローチ―』（中央公論社　一九六六年）などへ発展。

（2）（3）水野　祐『日本古代王朝史論序説』（私家版　一九五二年）。のち増補改訂して『増訂日本古代王朝史論序説』（小宮山書店　一九五四年）。

（4）平野邦雄「継体朝の諸問題」（『大化前代政治過程の研究』吉川弘文館　一九八五年）一五八頁。

（5）『日本書紀』継体天皇元年正月四日条。

（6）塚口義信「継体天皇は新王朝の創始者か」（『歴史読本』84―6）一六五～一六六頁。

（7）薗田香融「日本書紀の系図について」（『日本古代財政史の研究』塙書房　一九八一年）。

（8）黛　弘道「継体天皇の系譜について」（『学習院史学』五　一九六八年）、「継体天皇の系譜についての再考」（『続日本古代史論集　上』吉川弘文館　一九七二年）、のち両論文共に『律令国家成立史の研究』に所収（吉川弘文館　一九八二年）。

（9）黛　弘道　注（8）前掲書。但し四八二頁。

（10）黛　弘道　注（8）前掲書。但し五〇七頁。

ここで黛氏が述べておられる横田健一氏の論文というのは、横田健一「『記』『紀』の史料件」（『歴史教育』七―五　一九五九年。後『日本書紀成立論序説』に所収　塙書房　一九八四年）を指している。

（11）岸　俊男「光明立后の史的意義」（『日本古代政治史研究』塙書房　一九六六年）二二六頁。

（12）塚口義信　注（6）前掲書。但し一六七頁。

（13）『日本書紀』皇極天皇元年十二月十四日条。

（14）井上光貞「ヤマトタケルとオキナガタラシ姫」（『日本国家の起源』岩波新書　一九六〇年）一七八頁。

（15）『延喜式』諸陵寮　息長墓（舒明天皇之祖母名広姫。在二近江国坂田郡一。兆域東西一町。南北一町。守戸三烟。）

（16）林屋辰三郎「近江への道」（『日本史探訪　2』角川文庫　一九八三年）一五八頁。

(17)　岸　俊男「ワニ氏に関する基礎的考察」注（11）前掲書。但し二三頁。
(18)　塚口義信「継体天皇と息長氏」（横田健一編『日本書紀研究　第九冊』塙書房　一九七六年、後『神功皇后伝説の研究』所収　創元社　一九八〇年）。
(19)　岸　俊男　注（17）前掲書。但し七七頁。
(20)　塚口義信「佐紀盾列古墳群に関する一考察」注（18）前掲書。但し二〇五頁（引用頁は後者による）。
(21)　塚口義信「継体天皇と息長氏」注（18）前掲書。
(22)　塚口義信「神功皇后の出自系譜に関する一考察」注（18）前掲書。但し二四五頁（引用頁は後者による）。
(23)　井上光貞「飛鳥の朝廷」（『日本の歴史　3』小学館　一九七四年）。
いまさらいうまでもなく、歴史家としての井上氏の名声は、優れた実証主義による透徹した歴史観にある。その井上氏が、ここではその判断に、揺らぎがあったのだろうか。本文で見たように、井上氏は「朝廷の人々の目が、しぜんとその血統にそそがれるような存在であったとみることができるのである」と書いておられる。しかしその後の氏の叙述は、「上宮記一云」の系譜問題にふれ、「乎非王の存在とその続き柄の場合ははたしてどうか。この点が確認されるとき、はじめてさきの解釈もなりたってくる」と述べ、前言を否定するような文章が綴られている。
(24)　平野邦雄　注（4）前掲書。但し二三九頁の注二五。
(25)　平野邦雄　注（4）前掲書。但し一七五頁。
(26)　山尾幸久「隅田八幡鏡の銘文」（『日本古代王権成立史論』岩波書店　一九八三年）。
(27)　横田健一「物部氏祖先伝承の一考察」（『日本古代神話と氏族伝承』塙書房　一九八二年）二一一頁。
(28)　谷川健一「邪馬台国の東遷」（『白鳥伝説』集英社　一九八六年）二四二頁。
(29)　谷川健一　注（28）前掲書。但し二二七頁。
(30)　井上光貞「神話から歴史へ」（『日本の歴史　1』中公文庫　一九七三年）。
(31)　『日本書紀』神武天皇即位前紀。
(32)(33)　『日本書紀』神武天皇即位前紀戊午年十二月条。
(34)　折口信夫「大倭宮廷の剏業期」（『折口信夫全集　第十六巻』中公文庫　一九七六年）二三五頁。

(35)『先代旧事本紀』巻三「天神本紀」は、次のように記している。「…物部造等祖、天津麻良。…中略…梶取阿刀造等祖、天津麻良。船子倭鍛師等祖、天津真浦。…」。
(36) 直木孝次郎「アメノヒボコ伝承」(『古代日本と朝鮮・中国』講談社学術文庫 一九八八年)一二二頁。
(37)『日本書紀』垂仁天皇二年三月条割注。
(38) 大和岩雄「穴師神社」(『日本の神々—神社と聖地— 4』白水社 一九八五年)八五頁。
(39)『大日本地名辞書 第二巻』三九一頁。
(40) 谷川健一「目ひとつの神の衰落」(『青銅の神の足跡』集英社 一九七九年)一〇八頁。

「補記」

平成八年(一九九六)、大王家と物部氏に関して塚口義信氏が、「神武伝説と物部氏の謎を探る」と題する論文を、八尾文化協会刊『河内どんこう』48号で発表された。先を急ぐので、ここでは氏の結論だけを引いておこう。塚口氏はこの論文で、「物部氏の前身の一族は佐紀西群を築いた政治集団の内部にいた一族とみられるが、…中略…たんなる一族であったのではなく、実は〝佐紀大王家〟の血脈につながる一族であった可能性が強いと思われる」と述べ、たいへん興味深い問題を提起しておられる。私はこの文章に接して、塚口氏の実に思い切った論調に不思議な感銘を覚え、今もそのときの衝撃が脳裏に焼きついている。佐紀西群の古墳群といえば、盟主墓は五社神古墳、即ち神功皇后陵古墳であって、この五社神古墳を取り巻く政治集団は、氏の表現を借りると『佐紀大王家である』という。

平成十七年(二〇〇五)、塚口氏は前説をさらに補強し、「〝神武東征伝説〟成立の背景」を、『東アジアの古代文化』(一二二号 大和書房)に発表された。

いっぽう、森浩一氏は私のこだわっていた「斧鉞」について、思いもかけない視点で、問題を投げかけておられる。『記』『紀』が伝承する四道将軍の派遣だとか、あるいはヤマトタケルの東征の説話であるとか、さらには継体のときの、磐井の乱であるとかは、いずれも国家的な規模における征討の物語であり、これらはまたたんに、物語や伝承にとどまるものではなく、説話の核にまぎれもない史実が潜在していたと思われるのである。四道将軍たちも、ヤマトタケルも、磐井の乱における物部麁鹿火も、天皇の詔《みことのり》を受けて軍を率いているが、天皇がこの詔を授けるときに、その授けるカタチに違いが見られるのである。森氏はこの違いをご自分の著書（『記紀の考古学』初出朝日新聞社刊『論座』一九九九年、のち朝日文庫所収）の中で、次のように指摘する。

印綬をもらい将軍に任じられたオオ彦は、ヤマトから北へ向かって出発しようとした。小さなことだが、将軍が印綬をもらったとする記事に注意しておきたい。『魏志』倭人条で魏の皇帝から倭王卑弥呼が「金印紫綬」をあたえられ、帯方郡《たいほう》から派遣された梯儁《ていしゅん》が倭国までとどけたのが、詔書と印綬であった。これにたいして、景行紀《けいこう》で東国を討つために派遣された日本武尊《やまとたけるのみこと》にあたえられるのは斧鉞《ふえつ》であり、継体・磐井《いわい》戦争にさいして、継体が物部麁鹿火《もののべあらかひ》を大将軍に任じるときにあたえたのも斧鉞であった。俗に四道将軍というものの、斧鉞があたえられたとされていない点は注目してよい。

「斧鉞」ということと、この斧鉞にからむ「物部氏」ということに関して、私が問題を提起したその後に、図らずも二人の先学がその「斧鉞」と「物部氏」を論じられた。内実の是非についてはなおよく吟味しなければならないと思われるが、私にとっては実に有難い論文ではあった。学恩とはまさにこのことをいうのであろう。先学に私は勇気を与えられ、今後においてもいっそうに「斧鉞」と「物部氏」にこだわり、問題の解決を図りたいと考えている。

第二章　近江国の物部氏

――式内社にみる近淡海の古代氏族――

はじめに――継体天皇の出自に関わる息長氏について――

『古事記』及び『日本書紀』に「応神天皇五世孫」(1)と記載されている継体天皇は、その出自に様々の問題を抱え、諸家の論議はいまだに尽きることがない。しかし大すじにおいて、息長氏を有力な出身氏族とみる論者が多いこともまた事実である(2)。論拠として、息長氏の本貫地とする近江国の坂田郡が云々されるのは当然のことだが、その考証の過程で、『古事記』の述べている三上山の息長水依比売が俎上にのぼるのも、必然の流れである。彼女は、「開化記」によると「近淡海の御上の祝《はふり》が以《も》ち伊《い》都《つ》玖《く》、此の三字は音を以ゐよ。天之御影神の女、息長水依比売」と記され、息長という名辞がここで初めて登場してくる。しかも彼女は、近江国の神名備と、深い関わりをもって述べられている。しかしこれだけの大事を、『日本書紀』はまったく記していない。息長水依比売を無視するだけでなく、「開化記」が述べているその父と称する天之御影神を、なんら顧みることもなかった。

　これはいかなる事情によるのだろうか。正史である『書紀』がこの重大事を無視するのはただ事ではなく、『古事記』が意図的に造作を加えたのか、あるいは『書紀』が何らかの都合で明記することを避けたのか、のいずれかでしかありえない。

ところで、息長水依比売の名は『書紀』だけでなく、他の文献史料にもその名を表すことはなかったが、『古事記』の記載する彼女の父の天之御影神については、『書紀』以外の――『先代旧事本紀』や『新撰姓氏録』などに、その名の記載がみられる。したがって息長水依比売の場合とちがい、これらの文献史料の記載からこの神に関しては、考証の余地が残されているといえるであろう。それに何にもましていえることは、近江国を象徴する神南備の祭神であるということが、天之御影神の大きな存在感の裏づけになっていると思う。三上山の祭神であるということは、とりもなおさず、野洲川という近江国の大動脈を抱え込んでいることに通ずるのである。

このことは、『記』『紀』記述の大きな差にもかかわらず、天之御影神と息長水依比売が日子坐王を介することで、近江国が大和政権に深く、関わっていたことを示唆するものであったと思う。また結果的に『記』『紀』の記述の展開は、史実は別としても、その方向へ書き進められている。したがって、この関連のなかで継体の即位事情を解明しようとするなら、天之御影神を掘り下げるしか方法はない。もちろん娘の息長水依比売にしくはないが、上述したように、残念ながら彼女の名は『古事記』以外の史料に全く見あたらない。むしろ存在そのものすらありえたのかどうか、という問題を含んでいる。天之御影神の方は不十分であったにしても、若干の史料は残されており、前述の『旧事本紀』『姓氏録』以外でもその名の記述がみられ、例えば『日本三代実録』や『延喜式』などによって、『古事記』の記していた「御上の祝がもちいつく天之御影神」の姿が、いっそう具体的なカタチで確認できる。いわゆる延喜の制による「式内社」の祭神として奉斎され、従三位に叙せられて神階は高い(3)。

しかしそれにしても近江国には、たいへんな数の神々が集まったようである（図1）。『延喜式』に登載された式内社は一五五座の多きを数え、全国的にみてもずばぬけて多い。この国のもつ特殊な位置づけを示唆するものであろうと思われるが、それだけにこれらの神々のもつ性格を把握したとき、この国の成り立ちが浮上してくるだけでなく、大和政権との関わりも見えてくるに違いないと考えられた。式内社のこれらの神々を文献史料にもとづいて

図１　近江国式内社の分布

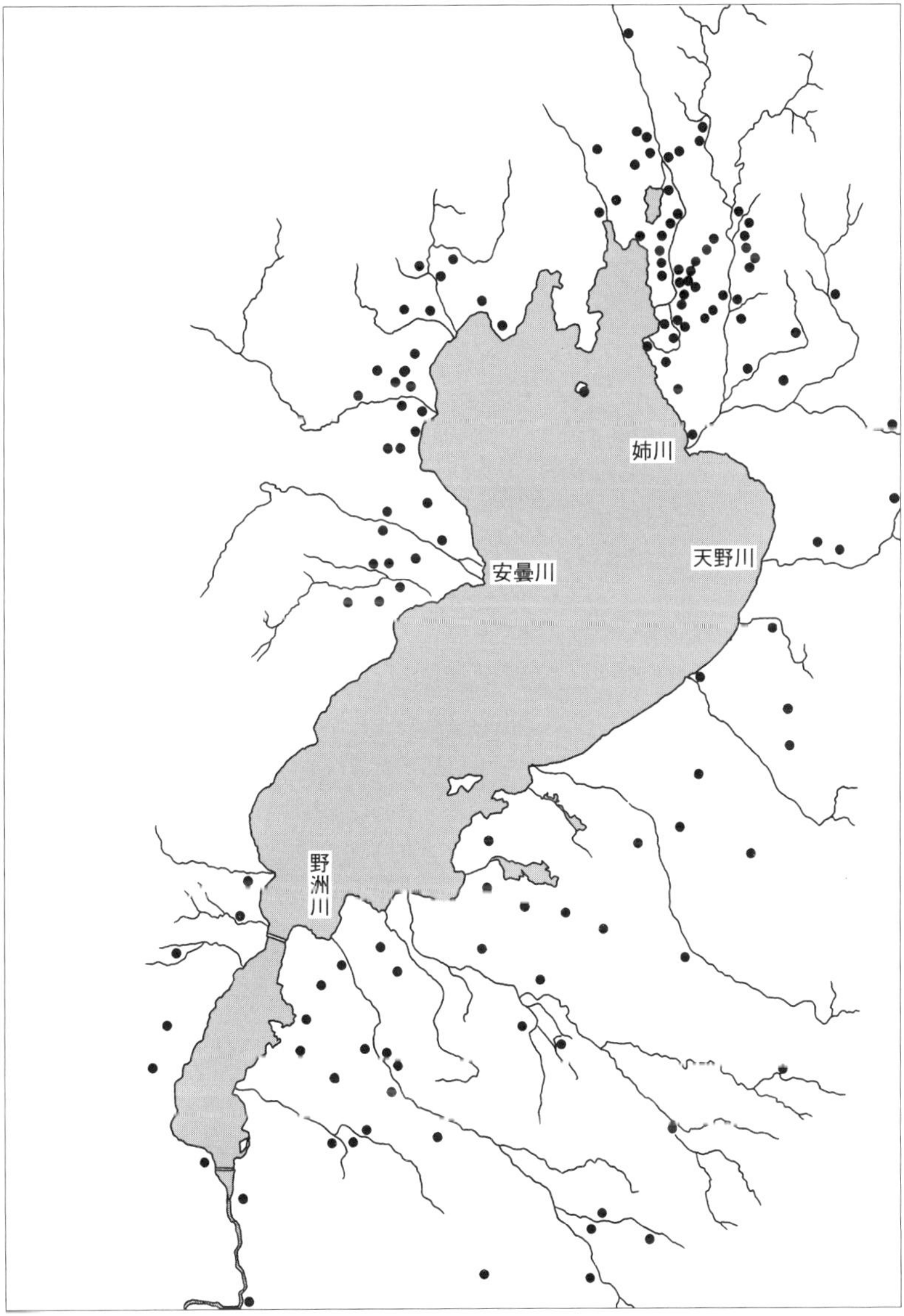

その内性を分析し、えられた項目の共通項を選び出して分類し、把握する。合わせて分布の状態も掌握してゆく。式内社の祭神の内性を抽出するのだから、その作業は各々のウジ族が奉斎したであろう祖神の把握に通じ、その分布状態によって、それぞれのウジ族のエリアも描けるはずである。こうして得られた近江国の神々を、継体の本貫に関わったと思われる天之御影神に照射したとき、私は天之御影神の本来的な姿が、浮上してくるに違いないと考えた。ひいては、娘の息長水依比売のことどもも、おのずから明らかになるだろう。このことは、とりもなおさず継体天皇の出自に関わる、ひとつの視点に通じるであろうと思われた。

第一節　近江国の神々

（一）　突出する式内社一五五座

次頁の表1は、『延喜式』神名帳に登載されている国別の「式内社」を表している。平安初期の制定にかかる五畿七道の天神地祇は、総数で三一三二座である。一見してすぐ分かることは畿内の圧倒的な優位だが、これは当然のこととしても、意外といっては何だが、東山道の近江国一五五座が目をひくのも事実である。国別で上位から数えると、

1　大和二八六座
2　伊勢二五三座
3　出雲一八七座
4　近江一五五座

と並ぶから、全国的にみてもいかに突出していたかが分かる。例えば山陽道の場合、八カ国の式内社の合計が一四〇座だから、近江一国を下回っている。裏返せば、近江国への異常なほどの、神々の集まりぐあいといえるのである。

表1　式内社の国別一覧表（虎尾俊哉『延喜式』吉川弘文館より）

宮　中	36座	美濃	39	美作	11
京　中	3	飛騨	8	備前	26
畿　内	658	信濃	48	備中	18
山城	122	上野	12	備後	17
大和	286	下野	11	安芸	3
河内	113	陸奥	100	周防	10
和泉	62	出羽	9	長門	5
摂津	75	北陸道	352	南海道	163
東海道	731	若狭	42	紀伊	31
伊賀	25	越前	126	淡路	13
伊勢	253	加賀	42	阿波	50
志摩	3	能登	43	讃岐	24
尾張	121	越中	34	伊予	24
参河	26	越後	56	土佐	21
遠江	62	佐渡	9	西海道	107
駿河	22	山陰道	560	筑前	19
伊豆	92	丹波	71	筑後	4
甲斐	20	丹後	65	豊前	6
相模	13	但馬	131	豊後	6
武蔵	44	因幡	50	肥前	4
安房	6	伯耆	6	肥後	4
上総	5	出雲	187	日向	4
下総	11	石見	34	大隅	5
常陸	28	隠岐	16	薩摩	2
東山道	382	山陽道	140	壱岐	24
近江	155	播磨	50	対馬	29

（二）　天つ神・国つ神ということ

いずれにしても近江国に、かくも多くの神々が集まった。『延喜式』による神々だから、いうまでもなく、国家が公認した神々である。

　ところで『延喜式』神名帳の冒頭は、「天神地祇惣三千一百卅二座、社二千八百六十一処」の書き出しで始まっているが、『令義解』はこの地祇について、「大神・大倭・葛木鴨・出雲大汝などの神々である」と解説している。即ち、高天原から天降ってきた神やその子孫の神々に対して、それより以前にこの国に根を下ろしていた土着の神々を地祇—国つ神と規定している。また『延喜式』祝詞大祓条の表現をかりると、天つ神は天上から八重雲を押し分け降ります神であるといい、国つ神は高山・低山の頂きにいます神である、と述べている。いいかえると、天皇家をはじめとした中央豪族の守護神や祖先神が天つ神であり、出雲大汝に象徴される地方的豪族の守護神や土地神が国つ神である。この意味では天つ神・国つ神という表現は、神々の内性に基づくというより、きわめて政治的な色彩が濃いといえるであろう。それだけにこれらの神々を祭神とする式内社の神を、天つ神と国つ神に分類していったとき、一つの政治的色分けが描けるにちがいない、といえる。

　祭神の特定については、非常に困難な問題をかかえているが、幸いにして、先学の優れた研究が積み重ねられている。基礎資料として、私は志賀剛氏の『式内社の研究』(4)を座右とし、他に『式内社調査報告』(5)や『滋賀県市町村沿革史』(6)、それに谷川健一氏編の『日本の神々』(7)などを参考とさせて頂いた。したがって祭神の特定は、若干の例外を除いて、ほとんどが志賀氏の『式内社の研究』に負っている。

　作業の手順としては、特定された祭神をまず天つ神と国つ神に分類し、ついで天つ神を各ウジ族の祖先神として、把握することに努めた。そして各々のウジ族の流れを摑むための手立てとして、得られた祭神を便宜的に記号で表してみた。次の通りである。

国つ神……………△
天つ神・物部系………M
天つ神・中臣系………N
天つ神・和珥系………W
天つ神・息長系………O
金属に関わる神………K
その他の天つ神………天

また、各ウジ族の分布を整理しやすくするため、近江国を五つの地域に分けた。湖南・湖東・湖北・湖西であり、湖西はさらに北と南の二つの地域に分けた。検証の順序は『延喜式』にならった。つまり滋賀郡がその最初で、本稿でいうところの「湖西の神Ⅰ（滋賀郡）」である。ではその滋賀郡から作業を始めてみよう。

（三）　湖西の神Ⅰ（滋賀郡）

『和名類聚抄』でいう滋賀郡である。大津市内から湖西沿いに北へ、比叡山の麓の坂本、そして堅田。堅田をでると真野川、さらに和邇川と続く。この地域一帯は、和珥系集団の真野氏や小野氏の本貫地とされている。水利の便という地理的好位置に恵まれ、早い時期の政治的発展が考えられる。弥生中期後葉から出現する高地性集落がこのことを物語っているが、真野の春日山遺跡や雄琴の高峰遺跡には、狼煙の跡と思われる焼土壙などがみられ、軍

図２　湖西Ⅰの式内社（滋賀郡）

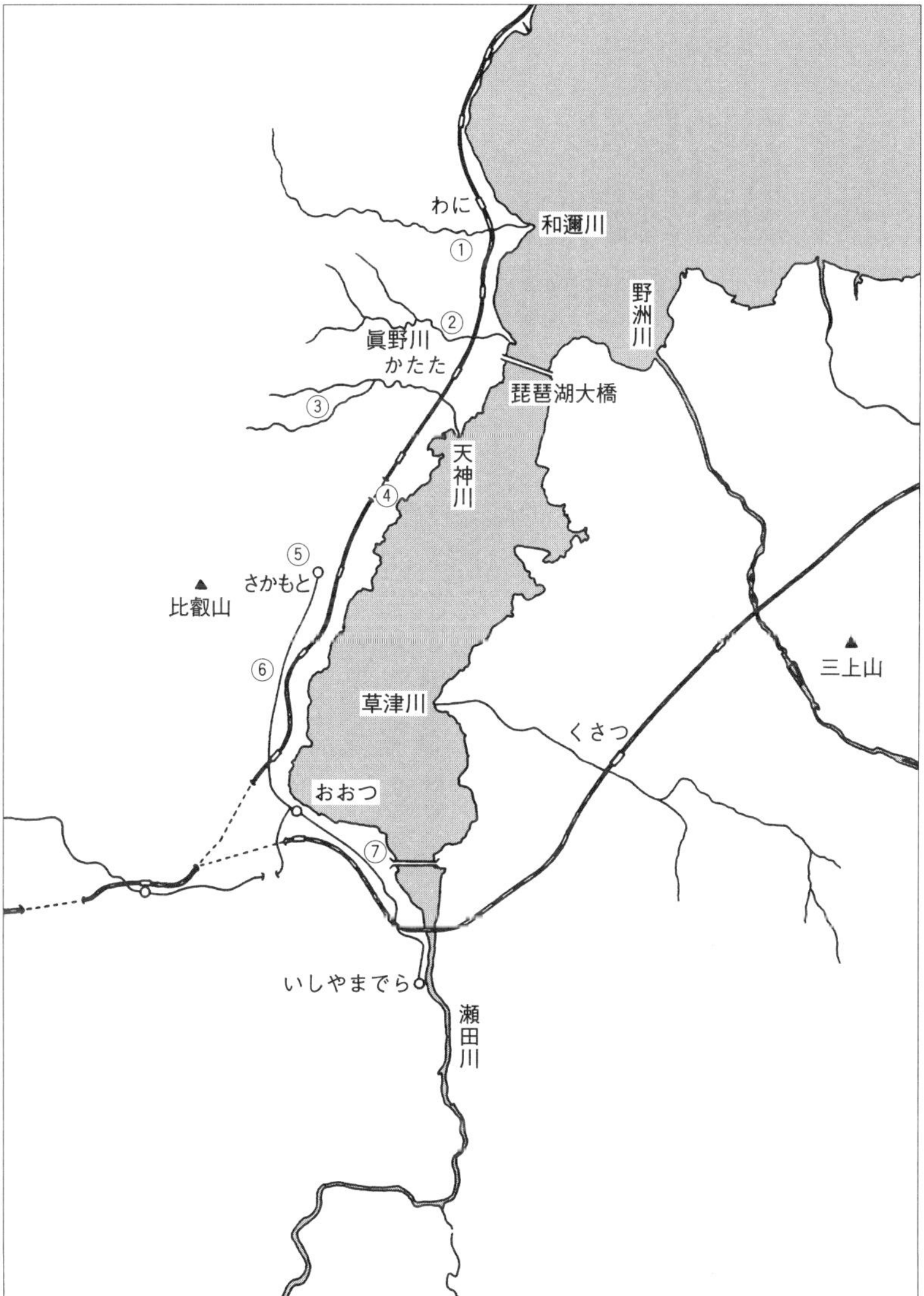

事的緊張のあとがうかがえる。

この地域に、式内社は七処八座である。北から南への順であらわすと、左記（表2）になる。

「滋賀郡の式内社」

表2　滋賀郡の祭神八座〈大三座小五座〉　＊表中の①、②、③、……は、地図の算用数字と同一を示す。

①	小野神社二座 名神大	天足彦国押人命・米餅搗大使主命	WW
②	神田神社	彦国葺命	W
③	小椋神社	闇於加美神	△
④	那波加神社	天太玉命	天
⑤	日吉神社 名神大	大山咋神	△
⑥	倭　神社	建葉槌命	天
⑦	石坐神社	天命開別命・弘文天皇他	天

△	国つ神	二座
W	和珥系	三座
天	その他の天つ神	三座
	計	八座

―天足彦国押人命の系譜と闇於加美神―

小野神社の祭神天足彦国押人命は、「孝昭紀」によると母を世襲足媛とし、弟に日本足彦国押人天皇の生まれたことを述べている。『書紀』の記述はこのあと「六十八年の春正月の丁亥の朔庚子に、日本足彦国押人尊を立てて、皇太子としたまふ。年二十。天足彦国押人命は、此和珥臣等が始祖なり。」と述べ、天足彦国押人命が和珥臣等の始祖であることを記している。

『古事記』もほぼ同様の内容で、天足彦国押人命を天押帯日子命と作り、「春日臣、大宅臣、粟田臣、小野臣、柿本臣、壱比韋臣、牟耶臣、都怒山臣、伊勢の飯高君、壱師君、近つ淡海国造が祖なり」と述べている。『書紀』が和珥臣等が祖と書いているのに比べ、ここでは和珥一族が具体的に、勢揃いしている。『新撰姓氏録』で小野臣を調べると、左京皇別下に、

小野朝臣。大春日朝臣と同じき祖。彦姥津命の五世孫、米餅搗大使主命の後なり。大徳小野妹子、近江国滋賀郡小野村に家れり。因りて以て氏と為す。日本紀に合えり。

という記載がみられ、小野氏が滋賀郡に居を構えていたことが分かる。彦姥津命は「開化記」では日子国意祁都命で表され、丸邇臣の祖と明記されている。また、神田神社の祭神である彦国葺命についても、「崇神記」は丸邇臣の祖を云々し、『書紀』も同様に和珥臣遠祖であると述べている。『姓氏録』を読んでみると、彦国葺命の後裔について次のように記されている。

真野臣。天足彦国押人命の三世孫、彦国葺命の後なり。男、大口納命の男、難波宿禰の子、大矢田宿禰、気長足姫尊（諡は神功）に従ひて新羅を征伐て、凱旋としたまふ日、便ち留めて鎮守将軍と為たまふ。時に彼の国王、猶《い》搨《たふ》の女を娶りて、二男を生めり。兄は佐久命、次は武義命なり。佐久命の九世孫、和珥部臣鳥、務大肆忍勝等、近江国志賀郡真野村に居住れり。庚寅の年に真野臣の姓を負ふ（右京皇別下）。

真野氏は和珥一族のもとにあって、滋賀郡真野村に居住していたことがわかる。

いっぽう、真野村の南を流れる天神川は、源流を比良山系の仰木峠に求めているが、この仰木峠の東三㎞ばかりの山中に、闇於加美神を主神とする小椋神社が鎮座している。『古事記』は火神被殺の段で、次のように述べている。

是に伊邪那岐命、御佩せる十拳剱を抜きて、其の子迦具土神の頸を斬りたまひき。爾に其の御刀の前に著ける血、湯津石村に走り就きて、成れる神の名は、石拆神。次に根拆神。次に石筒之男神。（三神）次に御刀の本に著ける血も亦、湯津石村に走り就きて、成れる神の名は、甕速日神。次に樋速日神。次に建布都神。亦の名は

豊布都神。三神　次に御刀の手上に集まれる血、手俣より漏き出でて、成れる神の名は、闇淤加美神。次に闇御津神。

したたり落ちる迦具土の血から神聖な岩石が得られ、それが火の力で剣となっていく。その一連の流れが八神によって表徴されている。明らかに剣に関わる神々である。小椋社の祭神・闇於加美神は、この記述の最後のほうで登場してくる。橋本鉄男氏は、和邇川上流の山地に点在する古代の製鉄遺跡に言及し、六世紀段階における小野氏の繁栄の裏づけを、この製鉄に求めておられる。(8)闇於加美神の伝承も、このことに関わるものであったに違いない。

―大山咋神と天太玉命―

日吉神社の祭神大山咋神について、『古事記』は大年神の系譜の段で、「大山咋神、亦の名は山末之大主神。此の神は近つ淡海国の日枝の山に坐し、亦葛野の松尾に坐して、鳴鏑を用つ神ぞ」と述べている。大和岩雄氏はこの葛野の松尾社に着目し、賀茂祭に松尾社が関わっていること、松尾社の祭神が大山咋命であることなどから、賀茂下社の祭神は大山咋命であるとする鴨長明の説を、無視できないとされる。「しかも大山咋神を祀る日吉大社には、伴信友が『瀬見小河』で『賀茂県主系図』や『日吉社神道秘密記』などいくつかの文献を引いて考証しているように、賀茂氏がかかわっている」と述べられる。(9)

いっぽう那波加神社の祭神天太玉命は、『古事記』によると布刀玉命の名で天石屋戸や天孫降臨の場面に登場し、忌部首等祖であると記されている。また『斎部宿禰本系帳』では、天太玉命の亦名は天神玉命、天櫛玉命であるとしているが、『旧事本紀』天神本紀は天神玉命を天櫛玉命と表記し、鴨県主等祖であると述べている。つまり、日吉神社と那波加神社のありようは、賀茂氏の関わりを結節点として、大山咋神と天太玉命のえにしを示唆しているのではなかろうか。

―建葉槌命と天命開別命―

建葉槌命を祭神とする倭《しどり》神社は、比叡山の東南の麓、滋賀里に鎮座している。シドリは倭文織の約で日本古来の織物をいうが、シツオリともシヅハタともいう。「武烈即位前紀」に、「大君の御帯の倭文服、結び垂れ」とある。倭文服の帯が結ばれ、前に垂れているさまを歌ったものだが、高貴の帯を意味している。こうした織に携わった人々の氏神が倭文神建葉槌命であって、『書紀』の神代下に割注の形で「倭文神、此をば斯図梨俄未と云ふ」と書いている[10]。

ところで、石坐神社の主神とされる天命開別命と弘文天皇は、天智天皇と大友皇子のことだから、この社は天智天皇父子を祀っていることになる。相祀されている他の四神は、伊賀采女宅子媛命・豊玉比古命・彦坐王命・海津見神だという。伊賀采女宅子媛命は天智天皇の妃であり、大友皇子の母でもあるわけだから、要は残る三神が元の古い形を伝える神であろう。彦坐王命は開化天皇の皇子で、和珥系の意祁都比売命を母としている。豊玉比古命は『古事記』のいう海幸・山幸物語に登場する海神である。『書紀』は海神《わたつみ》と表記し、『古事記』は綿津見神と書く。石坐社の祭神海津見神は、イザナギが禊ぎのときに生まれた阿曇系海人の斎く神である。原初の姿はおそらくこの神が奉られ、時代の流れとともに、幾重にも他の神々が重層していったと思う。

湖西（滋賀郡）の祭神を、北から南へと概括してみた。和邇川から南に隣接する真野町にかけては、ワニ系の祖神といわれる神々が奉斎されていた。真野町の南を流れる天神川の上流に鎮座していた闇於加美神は、水の神であると同時に剣の神でもあったが、ワニ系集団の武力と富を支えた金属神の象徴であったかもしれない。南北に走る比良山系は、鉄鉱石を産出している。ワニ系氏族の強勢を支えた、大きな要因であったに違いない。

ここで一転して、滋賀郡のいちばん南の端に、目を移してみると、天智天皇父子を祀る石坐神社が鎮座していた。

本来の古い形は、阿曇系の神をふくむワニ系集団の神ではなかったか、と考えられた。もしそうだとするならば、滋賀郡の南北はワニ系の神々で占められていたことになる。比叡山の麓の滋賀郡の中央部辺りは、天太玉命・大山咋神・建葉槌命らが祀られていた。南北をワニ系の神々に挟まれたこれらの神は、どう考えればよいのだろうか。先に賀茂氏を結節点として、大山咋神と天太玉命の親縁性を検証したが、天太玉命を祀る那波加社の隣接地に、高地性集落を伝える高峰遺跡がある。真野川の対岸の春日山古墳群にも、高地性集落の跡がみられた。こうした集落跡はここからさらに、普門町の山手の曼荼羅山古墳群へと連なる。高峰や春日山の弥生系高地性集落には、狼煙の跡と考えられる焼土壙などがみられ、軍事的な緊張が伝わってくる。こうした遺跡のありようを、森浩一氏は、

和爾系集団、古墳群、弥生系高地性集落とつらねると、ごく自然に頭にうかぶのが、奈良県天理市の東大寺山遺跡であろう。ここも和爾氏の居住地に近く、さらに大和で数少ない二重の空濠をもつ弥生系高地性集落遺跡があって、そこに古墳群が重複しており、遺跡の在り方が大和と近江とで共通している。

と述べられる。[(11)]滋賀郡のほぼ全域におけるワニ系氏族の存在が、確認できるというものであろう。

(四)　湖南の神（栗太郡・野洲郡・甲賀郡）

ここでは栗太郡・野洲郡・甲賀郡、三郡の神々をとりあげている。畿内に隣接しているだけに、政治的にも文化的にも、畿内との絡みが濃厚に影をおとしている地域である。近江富士と呼ばれる三上山は、これらの意味を包摂して象徴的にそびえ立っている。秀麗な山容は際だって美しい。その麓に鎮座する御上神社をはじめ、この湖南の地域には、栗太郡八座、野洲郡九座、甲賀郡八座、合わせて二十五座の式内社が所在する。栗太郡から検討をはじめてみよう。

図３　湖南の式内社（栗太郡・野洲郡・甲賀郡）

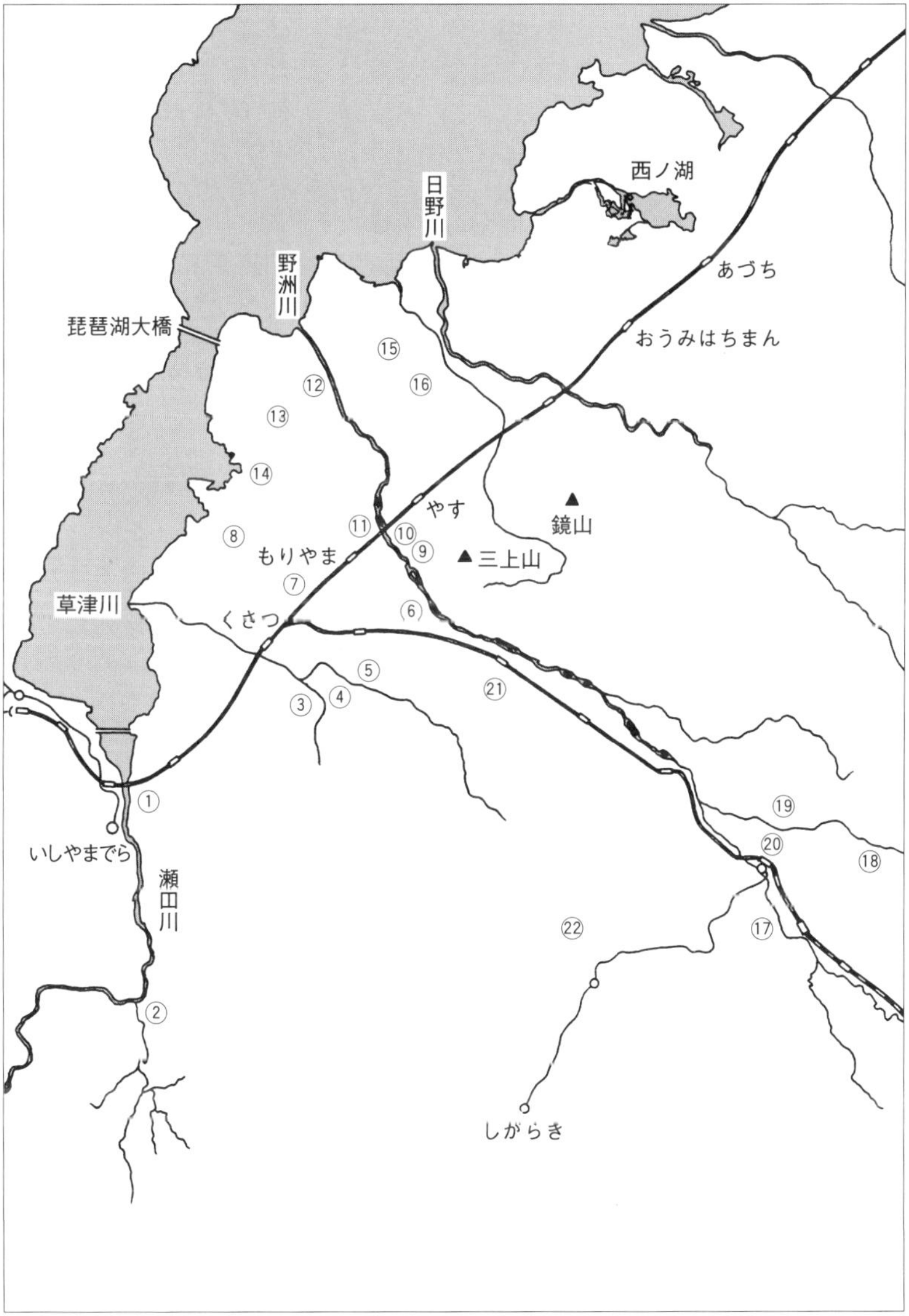

「栗太郡の式内社」

表3　栗太郡の祭神八座〈大二座小六座〉

①	建部大社 名神大	日本武尊	天
②	佐久奈度神社 名神大	天瀬織津比咩尊・天速秋津比咩尊・天伊吹戸主尊	N
③	小槻神社	於知別命	天
④	小槻大社	於知別命	天
⑤	五百井神社	木俣神（亦名御井神）	△
⑥	高野神社	大名草彦命	天
⑦	意布岐神社	多多美彦命	K
⑧	印岐志呂神社	大己貴命	△

△	国つ神	二座
N	中臣系	一座
K	金属に関わる神	一座
天	その他の天つ神	四座
	計	八座

琵琶湖は南端部になると湖幅が急にせばまり、やがて瀬田川となって湖水は南へ流れおちていく。この瀬田川を西南の境にして、北東は野洲川で区切った地域がほぼ栗太郡である。湖岸沿いに広々と平野が展開し、豊かな稔りが想像される。

―日本武尊と建部―

瀬田川と琵琶湖のちょうど接点のような位置に、祭神を日本武尊とする近江国一の宮の建部大社が鎮座している。「景行記」は倭建命子孫段で、「又近つ淡海の安国造の祖、意富多牟和気の女、布多遅比売を娶して、生みませる御子、稲依別王。…中略…次に稲依別王は、犬上君、建部君等の祖。」とある。倭建命は、安国造の祖であるオホタムワケの女を娶って稲依別王を生み、この王が犬上君・建部君等の祖先だというのである。また『続日本紀』天平神護二年（七六六）七月条は、「近江国志賀団大毅少初位上建部公伊賀磨賜二姓朝臣一」と記し、志賀軍団の大毅だった建部公伊賀磨が、この時点で朝臣の姓をえていたことが分かる。これらの記述は、建部氏がこの地の有力な軍事氏族であったことを裏づけるものだが、直木孝次郎氏は、「彼らはその武勇で大和王権に接近し、皇別氏族の身分をえた[12]」と述べ、門号氏族の所以を説かれる。

大和の王権がこの地におよぶ以前、おそらく彼らは、今は相殿に祀られている自分たちの祖神を奉斎していたに違いない。相殿のその祭神天明玉命は、『先代旧事本紀』天神本紀によると、天神が天降るときに随伴した三十二神の中の一神として天降っている（ここでいう天神は、天照国照彦火明櫛玉饒速日尊をさしている）。

高皇産霊尊勅曰はく。「若し、葦原中国の敵、神人を拒ぎて待ち戦ふ者有ば、能く方便為し、誘欺防拒《こしらへふせぎ》て治め平令《むけしめ》よ」とのたまいて三十二人を令て並て防衛と為し、天降供奉らしむ。

この文章に続いて「天神本紀」は三十二神の名をあげ、天明玉命は十番目に記載されている。葦原中国で敵に遭遇したら、よい作戦をたてて平定しなさい、というのであるから、このとき随伴した神々は、武将的な任務も負っていたものと思われる。また『書紀』の神代上第七段（一書第三）によると、天照大神は素戔嗚尊の乱暴で天石窟に閉じこもり、困り果てた神々が天児屋命に祈らせている。

是に、天児屋命、天香山の真坂木を堀して、上枝には、鏡作の遠祖天抜戸が児石凝戸辺が作れる八咫鏡を懸け、中枝には、玉作の遠祖伊奘諾尊の児天明玉が作れる八坂瓊の曲玉を懸け、[13]

と述べられているが、ここでは玉作の遠祖伊奘諾尊の児天明玉とあることに注意をはらわねばなるまい。相殿のありようを考えたとき、大和の王権がおよぶ以前の天明玉命のカタチが暗示されている、といえるのではなかろうか。

―佐久那太理爾坐散久難度神―

一路南下する瀬田川は、田上・信楽の山塊にゆきあたって、急激に右折する。狭い山合いを抜けようとする流れは、水しぶきをあげてサクナダリに落ちて行くが、この地に坐す佐久奈度の神社の名はこの意味あいからきたものであろう。『文徳実録』仁寿元年（八五一）条に、「六月甲寅詔以近江国散久難度神、列二於名神一」とある。また『大祓祝詞』は、

遺る罪はあらじと祓へたまひ清めたまふ事を、高山・短山の末より、佐久那太理爾落ちたぎつ速川の瀬に坐す瀬織津比咩神といふ神、大海の原に持ち出なむ

と述べ、罪と穢れは、急流の瀬に坐すセオリツヒメが大海原へ洗い流すというのである。佐久奈度神社は、この瀬織津比咩神を祭神としている。『大祓祝詞』は『中臣祓詞』とも呼ばれ、『延喜式』祝詞に登載されている。

―草津川・金勝川の祭神―

田上・信楽の山系に源を求める金勝川が山合いを抜け、低い丘陵地帯にさしかかったとき、南から流れて、西へ向きを変えた草津川と合流する。ちょうどその合流点の南側丘陵に、小槻神社が鎮座している。草津川をはさんだ目と鼻先の対岸の台地上は、小槻大社も居住まいを正している。社の北側には、金勝川が安養寺山の麓に沿って西へ流れるのが見られ、その安養寺山の麓にも古社が佇んでいた。五百井神社である。小槻神社・小槻大社・五百井神社の三社は、草津川・金勝川にかかわる一衣帯水の関係にあったと思われる。小槻の二社は祭神を於知別命としている。「垂仁記」によると、「又山代の大国の淵の女、苅羽田刀弁を娶して、生みませる御子、落別王。…中略…落別王は、小月の山君、三川の衣君の祖なり。」と述べている。また『姓氏録』は左京皇別下で、「小槻臣。同じき天皇の皇子、於知別命の後なり。」と書いている。佐伯有清氏は、氏名の由来を地名にもとづくとされ(14)、志賀剛氏も「元来、槻の木を祭った(15)」と述べられる。いずれにしても、在地の豪族が早くに大和政権にとりこまれ、そうして皇別をえたのであろう。

一方、五百井社の祭神は木俣神だという。古代の人々は、木の俣に神の姿をみているが、木俣神の亦名が御井神であるように、井の場合も同様のことがいえる。このあたり一帯は、豊かな湧水に恵まれている。それがそのまま五百井になり、地名となってウジ名になる。『姓氏録』では「姓氏に載せざる姓」で、五百井と登載されている。位置関係などからみて、おそらく彼らは、小槻氏の強い影響をうけていたものと思われる。

―大名草彦命と多多美彦命―

三上山をまじかに望む野洲川の左岸に、大名草彦命を祭神とする高野神社が所在している。『姓氏録』和泉国神別によると、「高野。大名草彦命の後なり。」とある。この場合の高野は、和泉国日根郡高野村の地名にもとづくとされている[16]。『続群書類従』による「紀伊国造系図」では、大名草比古命は紀伊国名草郡を宮地としている。日根郡と名草郡は隣接しているが、いずれの地も近江国栗太郡と結びつかない。ところが貞観十六年（八七四）に作成されていたと考えられる『国造次第』の大名草比古によると、「在山城国風土記」の注記がなされている。また『古事記』の述べる天津日子根命は、木国造や山代国造らの祖であるから、大名草比古の「在山城国風土記」はありえたのではなかろうか。もしこれが許されるなら、山城と近江のかかわりから考えて、近江国の高野と、木国の名草邑がにわかに接近してくる。

一方、多多美彦命を祭神とする意布伎神社は、高野の西、三・五㎞ほどのところにある栗東町綣《へそ》に、大宝神社の境内社として鎮座している。綣という地について『日本国誌資料叢書』は、饒速日命五世孫大綜杵《へそき》命の名をあげ、「大綜杵の綜は、この綣の地名にもとづく」と述べている。その当否に検討の余地はあるものの、当社の北側約一・五㎞ばかりの至近距離に、物部布津命を祀る勝部神社が鎮座しているのは無視できない。

このあたり一帯は、『和名抄』のいう毛乃部郷で、これらのことに関連して、後にもう一度ふれてみることになるが、祭神の多多美彦命について志賀氏は「伊吹山に坐す神で、八岐大蛇とも俗称され」ていたと述べ、強い風の神を示唆する。[17] 伊吹の神は風を得て、鍛冶の神でもある。

―印岐志呂ノ神と銅鐸・銅鉾―

世に聞こえた芦浦観音寺に南接して、祭神を大己貴命とする印岐志呂神社が鎮座している。志賀氏は印岐志呂を息代と解し、「イキシロは風に代わるもの＝風神である」とする。[18] 当社から西へ十分ほども歩くと、志那の湖岸に至るが、ここからは銅鐸が発見されている。また『草津市史』によると、境内地からの出土を云々する広鉾の銅鉾も、伝えられている。当時のものだろうとする歯こぼれが生々しい、と市史は語り、印岐志呂神社の古相を記している。銅鐸も銅鉾も風と無縁でない。精錬に強い風を必要とするからである。この意味でイキシロの神は、志賀氏のいう風神であったといえるだろう。

「野洲郡の式内社」

表4　野洲郡の祭神九座〈大二座小七座〉

⑨	御上神社名神大。月次新嘗。	天之御影神	O
⑩	上新川神社	大新川命	M
⑪	馬路石辺神社	素佐之男命・大己貴命	△
⑫	下新川神社	新川小楯姫命	M
⑬	己爾乃神社二座	天児屋根命	N
		伊香津臣命	N
⑭	小津神社	宇賀之御魂命・小津君	△
⑮	兵主神社名神大	大国主命	△
⑯	比利田神社	比留田ノ神	△

△	国つ神	四座
M	物部系	二座
N	中臣系	二座
O	息長系	一座
	計	九座

—御神ノ山の天之御影神—

天之御影神を奉斎する御上神社は野洲郡三上郷に鎮座する。『和名抄』のいう三上（美加無）郷である。ミカムは御神であるという。つまりこの地から仰ぎ見る三上の山は、御神の山を意味する。円錐形のカタチは実に気高い。気高さの故に、古代の人々はこの山に神の姿を映し、かぎりなく崇敬したにちがいない。『古事記』は開化天皇段で、つぎのように語りかけてくる。

又近つ淡海の御上の祝が以《も》ち伊都久《いつく》、天之御影神の女、息長水依比売を娶して、生める子は、丹波比古多多須美知能宇斯王。

息長水依比売を娶したのは開化天皇の皇子日子坐王で、古代において神の娘と結婚するというのは、その信仰圏の支配も意味しているが、この重大事を『書紀』は語らない。口を開くと不都合な何かがあったのだろうか。『書紀』の沈黙する天之御影神を、『旧事本紀』は天神本紀のなかで、饒速日命が天降るときに随伴する三十二神のなかの一神として、述べている。『姓氏録』も天之御影神は天津彦根命の子である、と説明している。

ここで日子坐王にかかわる『古事記』の記述にたちかえってみると、この王は十一人の御子を設けて一大系譜を展開しているが（第一章「継体朝序説」一七頁の図3参照）、彼自身は崇神天皇と母を異にする兄弟関係にある。崇神天皇の母は物部系の伊香色謎命で、日子坐王は和邇系の意祁都比売命を母としている。そして二人の父の開化天皇がまた物部系を母としている。息長水依比売は、こうした血縁関係にあった日子坐王と結婚したというのである。ところが先にも述べたように、息長水依比売については『古事記』以外の他の文献にその名をみつけることができず、実在の信憑性もはなはだ心もとないといえるのだが、こうした伝承の核心になんらかの史実が潜んでいることも十分に考えられることであって、伝承そのものを全面的に否定することはできないと思う。

大和の力と近江の力がせめぎあう、大きな接点としての表徴が三上山であり、その三上山の神、つまり天之御影神をなかに据えて、歴史の虚実があったにちがいない。『姓氏録』は天御影命の父を天津彦根命としており、彼には何人かの御子があって、そのなかのひとりに、天目一命がいる。「国造本紀」によるとこの命は、神武天皇の即位のときに山代国造を任ぜられ、後の山代直の祖であるという。『姓氏録』は山城国神別で、天麻比止都禰命と表記し、後裔は山背忌寸だと述べている。また『書紀』には、作金者としての天目一箇神が記載されている。(19)『旧事紀』神祇本紀でも、天磐戸が閉ざされたときに、この神が「雑の刀斧及鉄鐸《さなぎ》」を作ったと書いている。研究者によっては、天之御影神の亦名を天目一箇神とするが、あたかもそのことを裏づけるかのように、三上山の周辺部から大量の銅鐸が出土している。天之御影神の亦の名が天目一箇神であったかどうかは即断できないが、近い縁由のあったことは否めないと思う。いずれにしても、三上山の秀麗なカタチの向こう側に、金属にかかわった神々の姿が色濃くたち上がっていた、といえるであろう。

御上神社の神階は高い。『三代実録』の記述では貞観六年（八六四）従五位上をうけ、その後トントンと昇って同十七年、従三位となっている。

―上、下の新川ノ神と石辺公―

三上山の南の麓を通り抜けた野洲川が一㎞ばかり下った地点に、上新川の社が鎮座している。向かい側の左岸には、相い対する形で、馬路石辺神社がたたずみ、ここからさらに下流へむけて五㎞あまり、ほぼ湖岸に近く、下新川の古社が所在している。

上社の祭神は、大新川命が伝えられ、下社のそれは、新川小楯姫命だという。いずれも、新川を名乗る神を共通としているが、『三代実録』貞観十一年（八六九）十二月条によると、上新川の祭神について「近江国従五位上新川神に正五位下を授く」と述べられており、十六年後の仁和元年九月条には「正五位下、新川上神に正五位上を授く」という記述がみえる。『旧事本紀』天孫本紀は、饒速日命の六世孫伊香色雄命が山代県主女荒姫と結婚して生まれた子を、大新河命だと記している。『姓氏録』では「矢田部。饒速日命七世孫、大新川命の後なり」とみえ、天孫本紀の記述と一致する。

一方、下社に関して志賀氏は、『輿地志略』の「下新川大明神は幸津川村にあり、祭礼四月上の辰の日、此神社古昔よりある社と見えて、三代実録に元和元年に新川上社としるし給ふを見れば、野洲川の上社と倶に其時代よりありしと見えたり」を引用し、上古よりの存在を示唆される[20]。天孫本紀に「弟出石心大臣命、此命は掖上池心宮に御宇天皇の御世に大臣と為て大神を斎奉る。新河小楯姫を妻と為て二児を生む。」と書かれている。出石心大臣命は、饒速日命の三世孫であるから、上社・下社はともどもに、饒速日命に祖神を求めていることになる。

ところで、上社の対岸に位置する馬路石辺神社は、須佐之男命と大己貴命を祭神としているが、その社名からも考えられるのは、石辺公との関わりである。『姓氏録』は山城国神別で、「石辺公。大物主命の子、久斯比賀多命の後なり」と述べている。大己貴命の亦名を大物主命ともいうから、石辺公はやはり当社に関わっていた、といえるのではなかろうか。佐伯氏は、石辺という氏名について、「石部神社の鎮座する地名にもとづくものか[21]」と述べている。

―天児屋根命・伊香津臣命と宇賀之御魂命―

下新川の古社をかすめて、南への湖岸沿いに一本の道が伸びている。瀬田へ向けてのこの道沿いに、まるで物差しででも計ったように、等間隔に式内社がならんでいる。新川小楯姫命を祭神とした、野洲川の河口に近い下新川社にはじまって、二㎞南に己爾乃神社。この社のまた二㎞先の南に、小津神社とある。小津神社の二㎞先は、栗太郡の項でみた銅鐸と銅鉾に関わる印岐志呂神社であったが、わずか六㎞余りの間に、奇麗な等間隔を保って四社が並んでいるわけである。起点の下新川社の祭神は小楯姫命であったが、その先の己爾乃神社には、天児屋根命と伊香津臣命が祀られているという。『尊卑分脈』の所載する「藤原氏系図」によると、

天児屋根尊――天押雲命――御多禰伎命――宇佐津臣命――御食津臣命――伊賀津臣命…下略…

とあるが、己爾乃社の祭神伊香津臣命は、ここでは伊賀津臣命と表記されている。中臣氏が祖神とする天児屋根命の五世孫にあたるこの伊賀津臣命は、『書紀』では中臣烏賊津使主・中臣烏賊津連で表され、『続日本紀』は伊賀都臣でみえる。また『帝王編年記』にみえる伊香刀美も同一人物であるとされている。いずれにしても、中臣氏に関わる祖神であることにまちがいない。

己爾乃社の南に鎮座する小津神社の方は、祭神を宇賀之御魂命と伝えている。『古事記』はこの神について、「又大山津見神の女、名は神大市比売を娶して生める子は大年神。次に宇迦之御魂神[22]」と述べている。宇迦はうけの転で穀物・食物を意味し、たまは霊のことであるから、穀霊の神ともいうべきであろう。そして相祀されている小津君について、本居宣長は『古事記伝』のなかで、「さて、小津てふ地名は、彼此ある中に此は神名帳に、近江国野洲郡小津神ある、此地などにやあらむ[23]」と述べている。

この地方を開拓したと思われる小津君と、その小津君が奉斎した穀霊の神のありように、農業神の原初的な姿があったに違いない。

―**兵主ノ神**―

下新川社を起点として、直線的に南下する南側の式内社をみてきた。次は北側のそれをみてみよう。野洲川を北へ越えて東方向に約二㎞、やや北よりに、大国主命を祀る兵主神社が所在している。『三代実録』貞観四年（八六二）正月条に、「近江国従五位上勲八等兵主神に正五位下を授く」とある。兵主神は本来中国の神であるが『国史

大辞典』はつぎのように書いている。

神名は蚕神であっても実体は日本の神であるということであり、わが国の兵主神は中国の八神の一つである丘主に因んだもので、大己貴神（八千戈神）などの武神的性格をもつ日本の神に対する尊称であったと解せられる。

この兵主社の東に所在する比利田神杜は、比留田ノ神を祭神としているが、明らかに地土神である。『滋賀県市町村沿革史』では八重事代主神と大国主神となっている。おもしろいのは比利田神社が、兵主十八郷の兵主二十一社のうちの一社だということである。兵主神のもつ、武神的な性格と併存した農業神であった、と思われる。

「甲賀郡の式内社」

表5　甲賀郡の祭神八座〈大二座小六座〉

⑰	矢川神社	大己貴命・矢川枝姫命	△
⑱	川枯神社二座	川枯神	M M
⑲	水口神社	大水口宿禰命	M
⑳	川田神社二座 並名神大。月次新嘗。	天湯河桁命・天川田奈命	M
		天児屋根命・大己貴命	N
㉑	石部鹿塩神社	鹿葦津姫命・吉比女命	△
㉒	飯道神社	伊弉冉尊	△

△　国つ神　三座
M　物部系　四座
N　中臣系　一座
計　八座

―野洲川の上・中流に坐す神々―

険しい鈴鹿山脈を抜け出した野洲川は、水口の丘陵にさしかかる。ここには、古来からの交通の要地である水口の町をはじめとして、甲南町や、やや下流寄りの甲西町、石部町などの集落を展開しているが、水口を通りすぎた野洲川は、鳥ヶ岳辺りで東南方向から流れてきた杣川と合流する。この両河川が形成する三角地帯に、合流点を頂点として式内社が四処五座と集中している。

まず、野洲川の支流・杣川に鎮座する矢川神社からみてみよう。草津線の甲南駅にほど近く、杣川の左岸に立地する矢川社は、祭神を大己貴命・矢川枝姫命と伝える。矢川枝姫命は、矢川に因んだ矢河比売のいいで、元来は自然神の水神であるという。大己貴命は矢河比売を娶り、この地を開拓したのであろう。(24) 山々で取り囲まれた杣川の右岸にある山系を北へ越えると、野洲川が眼下にながれ、川枯神社が鎮座している。矢川社からは直線距離で、四㎞ばかりである。

『三代実録』貞観三年（八六一）四月条に、「近江国従五位下川枯神に正五位下を授く」とみえる。在地の豪族川枯氏の斎き奉った祖神であろう。『姓氏録』和泉国神別に「川枯首。阿目加伎表命の四世孫、阿目夷沙比止命の後なり」とある。佐伯氏は川枯の氏名を、「地名にもとづくものではなかろうか」と述べるが、『因幡国伊福部臣古志』の内色雄命の譜文によると、「母曰二近江国河枯乃伊波比長彦之女白媛一也」という文言がみられる。(25) また『旧事本紀』天孫本紀は、饒速日命の孫彦湯支命について、次のように語っている。「此命は葛城高丘宮御宇天皇の御世に、元足尼と為り、次に寵《みいつくしみ》て食国政を申す大夫と為て大神を斎奉る。…中略…淡海川枯姫を妾と為し、一男を生む」。つまり綏靖天皇のとき、淡海の川枯姫と結婚して、一男を生んだというのである。

いずれの伝承も、川枯氏の在地の有力者ぶりを物語るものであり、とくに物部氏との関わりは無視できない。このことを補強する材料として、川枯社を三㎞余り下ったところに所在する、水口神社の祭神がある。すなわち、大水口宿禰命がそれである。「崇神紀」七年八月条によると、大水口宿禰は大物主大神・倭大国魂神を祀るにあたり、それぞれの祭主を大田田根子・市磯長尾市とすれば、必ず天下安らぐと、天皇に奏上している。また「垂仁紀」では、倭大国魂神が大水口宿禰に依り憑いている。[26]『姓氏録』によると、この大水口宿禰を饒速日命の六世孫と伝え、[27]伊香賀色雄の男とも述べている。[28]『旧事本紀』天孫本紀では、饒速日命の三世孫出石心大臣命の子となっている。饒速日命の四世孫だというのである。両書とも穂積臣をその後裔とする点は一致している。そうして、弟の大矢口宿禰の後裔は物部氏につながっている。つまり穂積氏と物部氏は同族関係にある。したがって、川枯社と水口社のあいだには、強い関わりがあったものと思われる。

水口社は野洲川の右岸に立地していたが、川田神社は水口社の対岸に所在している。祭神は天湯河桁命・天川田奈命と、天児屋根命・大己貴命であるという。天湯河桁命といえば、鳥取造の祖先である。垂仁天皇のとき、唖の皇子のため白鳥を追って功名をあげている。[29]鳥取氏一族ではもう一人、古代史を彩る著名な人物がいる。『書紀』の崇峻即位前紀（五八七）に、「物部守屋大連の資人捕鳥部萬、一百人を将て、難波の宅を守る」と述べ、その後の奮戦を物語っている。萬はおそらく物部氏に関わる氏族であったと思う。志田淳一氏はこの件りについて、「大連の資人捕鳥部萬が百人をひきいたというから兵力のなかには、物部氏の一族また奴軍のほかに部民である物部も組織されていたものと思われる」と述べておられる。[30]

ところで、川田社のもう一方の祭神は、天児屋根命と大己貴命だという。天児屋根命は天孫に供奉して天降る中臣氏の祖神であるから、国つ神の大己貴命とはつながらない。志賀氏はこの天児屋根命について、「近世になってからの主神で、これにより春日神社とも称した」[31]と述べる。おそらく本来のカタチは、国つ神の大己貴命と物部系の天湯河桁命が祀られていたはずである。このなかへ、中臣系の天児屋根命が割ってはいってきたというのが、筋書きであろうと思われる。

水口町近傍の二股地帯で、いささか時間をとりすぎたようである。大急ぎで野洲川にもどり、再び下ってみよう。川田神社から一一～二㎞先の石部町に、石部鹿塩神社が鎮座している。祭神は鹿葦津姫命・古比女命という女神である。鹿葦津姫は亦の名を木花之開耶姫といい、天孫瓊瓊杵尊と結婚する伝承をもつが、ここでの興味はむしろ石《いそ》部《べ》という社名にひかれる。ここから下流にくだった野洲郡に、やはり石辺《いそべ》を社名とする社があった。馬路石辺神社がそうであった。上流と下流に位置してイソベを共通の社名とするこの二社は、おそらく石辺公との浅からぬ縁由があったにちがいない。もしそうだとすれば石辺公の祖は、先述したように、大物主命の子久斯比賀多命である。この命については、後にもう一度ふれてみたい。

―紫香楽宮と飯道神―

野洲川をはなれて水口の町を西へ辿ると、街道は山路に入る。信楽町へは直線距離で一四㎞ばかりだが、そのなかほどの飯道山の麓に、聖武天皇ゆかりの紫香楽宮址がある。伊弉冉尊を祭神とする飯道神社は、この飯道山の頂き近くに所在し、宮との関係もあってか、神階は高い。『三代実録』によると、元慶八年（八八四）三月、従五位上から従四位下に昇叙している。『新抄格勅符抄』は、宝亀二年（七七一）に食封一戸云々と伝えている。また東大寺二月堂の守護神は、飯道明神他二神だという(32)。東大寺との関わりが深いようである。

湖南の東側地域という一括りのなかで、栗太郡、野洲郡、甲賀郡のそれぞれの式内社の祭神を検討してきた。栗太郡は瀬田川を西の境として、湖岸沿いに北東部へと展開する平坦な地域で、ほぼ真ん中を草津川が流れていた。一方、近江国第一の大河野洲川の下流域にあたる野洲郡は、豊かな平野に恵まれ、近つ淡海の穀倉地帯であった。三上山がその平地の上に、奇麗な三角錐の稜線をみせている。農事始めの彼岸の中日ころは、この神南備の中腹から日が昇る、まさに神の山である。古代の人々は日のもつ偉大な霊威の前に、ひれ伏したにちがいない。

ここを境として、奥へ畳々と山並みがつらなる。甲賀郡である。下流の沃野を潤した野洲川の上流の地域である。

山合いの集落のなかで、とくに見落としてはならないポイントに、水口のまちがあった。かつての伊勢大路の要地であり、東海道五十三次の宿場町であったことを想起せねばならない。この水口のまちを野洲川が貫流している。ツーッと下れば、石部の町から三上山へ、と直ちに通じる。また陸路を東へとれば、美濃、尾張とつながり、西への街道は、信楽から畿内につらなる。水陸両用の拠点にあったのが、このまちである。

こうした意味をふくめて、野洲川はただ単に近江一国の問題だけでなく、広く東西の諸国に影響をもたらす重要な動脈であったと思う。それだけに、栗太・野洲・甲賀の三郡を縫って流れる野洲川の神々は、等閑視できない人きな意義を帯びてくる。今あらためて、この三郡のトータルな形で祭神を眺めてみると、

△　国つ神系　九座
Ｍ　物部系　六座
Ｎ　中臣系　四座
Ｏ　息長系　一座
Ｋ　金属に関わる神　一座
天　その他の天つ神　四座

となり、天つ神十六座のうち、物部系が六座を占めている。これは天つ神全体の三分の一強が、物部系の神であったといいかえることができる。次は中臣系の四座とその他の天神四座が拮抗している。あとは息長系と金属神がそれぞれ一座であるから、いずれてしても、物部系の六座は意外なほど、大きな比重を占めていたといえるであろう。

項をあらためて、この関連はもういちど検証をかさねてみたいと思う。

図 4　湖東の式内社（蒲生郡・神崎郡・愛知郡・犬上郡）

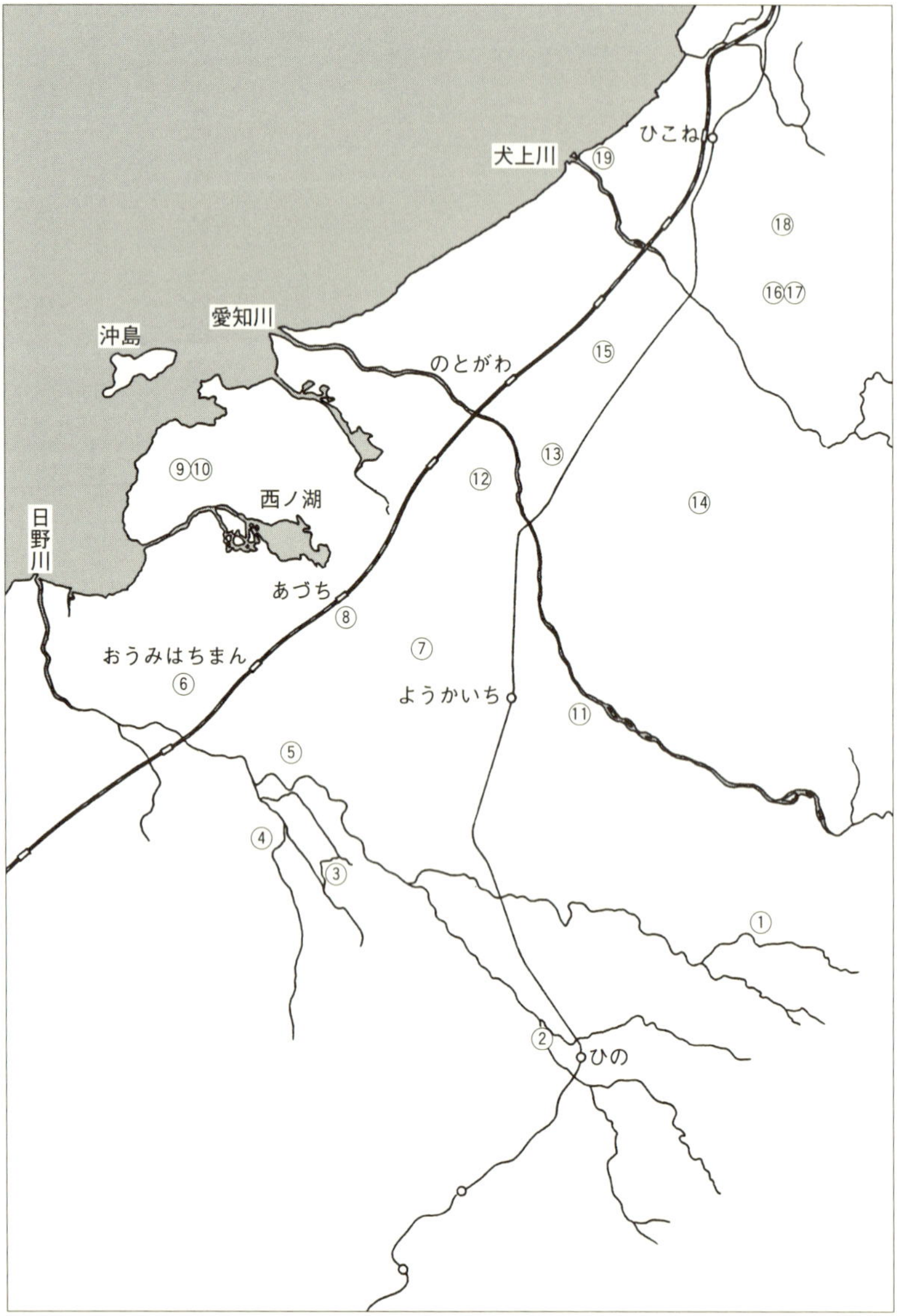

（五）　湖東の神（蒲生郡・神崎郡・愛知郡・犬上郡）

この項では、蒲生・神崎・愛知・犬上四郡の式内社をとりあげている。南は日野川流域を境とし、北は彦根市の北側を流れる矢倉川を北限とするかなり広範囲な地域である。日野川は、近江盆地の真っ只中を東西に流れ、広大な平野部を形成している。日野川を離れて北の方向へ目を向けると、鈴鹿山脈が急速に迫り、平野部を圧迫している。彦根市に至ってその様相はいっそう険しく、湖岸ちかくにまで山岳が迫っている。

南の蒲生郡と、蒲生郡を除いた中部から北にかけての、二つの地域に大別して考えてみようと思う。作業は、南側地域の蒲生郡からはじめていく。

「蒲生郡の式内社」

表6　蒲生郡の祭神十一座〈大一座小十座〉

①	大屋神社	五十猛命・大屋彦命・大屋姫命	△
②	比都佐神社	天津彦根命	天
③	苗村神社	那牟羅彦神・那牟羅姫神・国刺槌命	△
④	石部神社	天照大神	天
⑤	馬見岡神社二座	天津彦根命・天戸間見命	天天
⑥	菅田神社	天目一箇命・天津彦根命	K
⑦	奥石神社	天津児屋根命	N
⑧	沙沙貴神社	大彦命	M
⑨	大島神社	大国主命	△
⑩	奥津島神社名神大	奥津島姫命	△

△	国つ神	四座
M	物部系	一座
N	中臣系	一座
K	金属に関わる神	一座
天	その他の天つ神	四座
	計	十一座

―日野川に坐す天津彦根命―

日野川は、蒲生町のあたりで南北二つの流れに変わり、北側の支流を佐久良川といい、この上流の川辺に、祭神を五十猛命とする大屋神社が鎮座している。南側の本流の方は、遡るとさらに二つの流れにかわるが、この合流点に比都佐神社が鎮座して、天津彦根命を祀っている。五十猛命は父を素戔嗚尊とし、『書紀』によると、神代上第八段に、「初め五十猛神、天降ります時に、多に樹種を将ちて下る。然れども韓地に殖えずして盡くに持ち帰る。遂に筑紫より始めて、凡て大八洲国の内に、播殖して青山に成さずということ莫し。所以に、五十猛命を称けて、有功の神とす[33]」とあるように、大八洲国を緑で埋め尽した神である。大屋神社はその所在地を杉村と呼ばれているが、上古いらい、杉の大材を伐りだしていたに違いない。野洲川の上流一帯は、東大寺の造営時に建築材の伐採で活躍しているが、ここ大屋社も、そうした一連の動きのなかにあったものと思われる。

ところで、この地点から湖岸にほど近く所在する菅田神社にいたるまでの間に、数社の式内社が鎮座していて、祭神はいずれも天津彦根命か、またはこの命に縁由をもつ神が名を連ねている。まずいちばん上流は、出雲川が日野川に合流する二股地点の比都佐神社である。次は竜王町の石部神社。ここは天照大神を祭神としている。『古事記』の記述にしたがうと、天津日子根命は天照大神の御子神として生まれ、「凡川内国造、額田部湯坐連、茨木国造、倭田中直、山代国造、馬来田国造、道尻岐閇国造、周芳国造、倭淹知造、高市県主、蒲生稲寸、三枝部等が祖なり[34]」と書かれている。

凡川内国造や山代国造などの記述も目をひくが、ここではとくに蒲生稲寸に注意せねばなるまい。蒲生郡の真っ只中にあるのだから、蒲生稲寸等の祖とあるのは、当然すぎるほど当然であろう。日野川をはさんでこの石部社の対岸に、馬見岡神社が鎮座している。この社もまた、天津彦根命を祭神としている。しかし、ここにはもう一柱べつの神が祀られ、天戸間見命と呼ばれていた。『姓氏録』摂津国神別は、「国造。天津彦根命の男、天戸間見命の後なり」と述べている。天戸間見命は天津彦根命の御子神であり、国造氏の祖先神であったことが分かる。馬見岡社の下流にある菅田神社の場合も、祭神は天津彦根命である。ここでも、別のもう一柱の主神が祀られていた。天目一箇命がそうであると伝えている。ところが、この神もまた天津彦根命の御子神なのである。『旧事紀』神祇本紀は「復た天目一箇神に令して雑の刀斧及鉄鐸を為造む」といい、作金者《かなだくみ》の神であったことを述べている。

こうしてみてくると、上流の比都佐の社にはじまって下流の菅田社まで、『延喜式』に登載の式内社は五処六座のうち、苗村神社を除いた五座が、天津彦根命か又はその系譜にかかわる神々を祭神としていることが分かる。馬見岡社の東四㎞あまりの所に、奥石《おいそ》神社が鎮座している。祭神は天津児屋根命だとされているが(35)、上田秋成の『春雨物語』に「目ひとつの神」という、近江国の老蘇《おいそ》森に住む一つ目の神の話がみられる。秋成も何かの資料にもとづいて書いたのであろうが、その何かが私には分かっていない。しかし祭神を天津児屋根命とするわざとらしさに比べ、何かの資料にもとづいたと思われる「目ひとつの神」、つまり天目一箇命のほうが、より真実を帯びていると思う。周囲の神々のありようから考えてみても、そういえるのではなかろうか。繰り返しになるが、天目一箇命は天津彦根命を父神としている。

いずれにしてもこの地域一帯――日野川流域の蒲生郡は、天津彦根命をヌキにしては考えられない地域のようである。

――大彦命と、大国主命・奥津島姫命――

日野川の流域を離れると、式内社は「西の湖」を中にして、北に大島神社と奥津島神社、東に沙沙貴神社の三社が鎮座している。大島神社と奥津島神社は、長命寺山のふところに抱かれて同じ境内地に所在しているが、この形に落ち着くまで、幾多の変遷があったと伝えられている。祭神は大島社が大国主命、奥津島社が奥津島姫命を祀っており、ともに須佐之男命に系譜を求める神々である。『記』『紀』の記述によると、大国主命は須佐之男命の娘婿を伝えられ、また五世孫であるともいわれている。奥津島姫命のほうは、天照大神と須佐之男命の誓約《うけひ》のときに生まれた須佐之男の娘で、宗像大社の祭神として知られている。したがって、大島社と奥津島社は須佐之男命に系譜がつながるものであり、おそらく両社は、強い絆で結ばれていたと想像される。

一方、沙沙貴神社の祭神とする大彦命は、周知のように、世に知られた四道将軍の一人である。『書紀』は崇神天皇十年条で、大彦命の北陸への派遣を述べている。そして、阿倍臣・膳臣・阿閇臣・狭狭城山君・筑紫国造・越国造・伊賀臣凡て七族の始祖であるという。『古事記』もほぼ同様の内容で、高志国への派遣云々を伝えている。(36)『書紀』の系譜によると、大彦命は弟の開化天皇と母を同じくしている。即ち、饒速日命の五世孫鬱色謎命がその人で、孝元天皇の皇后である。(37)この意味では、大彦命は饒速日命の系譜、つまり物部氏の系譜を、鬱色謎命を介することでひきつぐものであったと、いえるであろう。

いずれにしても越国への派遣ということは、近江路がたいへん重要な位置を占めていたにちがいない。それはただ単に、通過点としての近江を意味するものでなく、大和王権とのさまざまな関わりのなかで、地元の豪族は対応したはずである。

蒲生郡十一座に続いてつぎは、神崎郡、愛知郡、犬上郡の検討に入りたい。この三郡には十二座の式内社が鎮座している。みてみよう。

「神崎郡・愛知郡・犬上郡の式内社」

表7　神崎・愛知・犬上三郡の祭神十二座〈小十二座〉

	〈神崎郡〉二座並小		
⑪	川桁御河辺神社	天湯川板挙命	M
⑫	乎加神社	宇賀御魂神	△
	〈愛知郡〉三座並小		
⑬	石部神社二座	大物主命・久斯比賀多命	△△
⑭	軽野神社	袁邪本命	W
	〈犬上郡〉七座並小		
⑮	阿自岐神社二座	阿遅須岐高彦根神・道主貴神	△△
⑯	多賀神社二座	伊邪那岐命・伊邪那美命	天天
⑰	日向神社	天津日高日子火之瓊瓊杵尊	天
⑱	山田神社	猿田彦大神	△
⑲	都恵神社	大国主神・事代主神・綿津見神	△

△　国つ神　七座
M　物部系　一座
W　和珥系　一座
天　その他の天つ神　三座
計　十二座

—愛知川の神々と袁邪本命—

神崎郡と愛知郡には『延喜式』による式内社は、四処五座が登載されている。そのうち四座は愛知川流域に所在し、祭神を袁邪本命とする軽野神社だけが、犬上川と愛知川の中間地点にある秦荘町に位置していた。

愛知川四座の祭神と位置関係から始めてみよう。まず中流の左岸に川桁御河辺神社が、天湯川板挙命を奉斎して鎮座している。八日市市の東のはずれあたりになる。ここから八kmばかり下ると、左岸の能登川町に乎加神社、右岸の愛知川町に石部神社が向かい合って鎮座している。乎加社は宇賀御魂神を祀り、石部社は、大物主命と久斯比賀多命の二神をいただいている。

位置関係と祭神が分かったところで、つぎへ検証を進めよう。川桁社の神は天湯川板挙命だったが、この命は、甲賀郡のときにみたように、鳥取造の祖であった。その一族の捕鳥部萬は蘇我氏と物部氏の争いのなかで、物部守屋の資人として壮絶な死を遂げている。

式内社ではないが、愛知川上流の永源寺町に、大滝神社という古社が所在している。この社が天湯川桁命を祭神としている。つぎに、下流へくだってみる。JR稲枝駅の西に、金田という集落がある。ここからさらに西へ、湖岸の近くに甲崎という集落がある。いずれにも川桁神社という同名の社があって、それぞれに天湯川桁命が祀られている。『延喜式』から外れてはいたが、愛知川には上流・中流、そして下流という具合に、実に几帳面に天湯川桁命が祀られていた。鳥取氏一族が、ということは、物部系集団が愛知川の全水系を押さえていたのではなかろうか。

このことを補強するという意味において、愛知川町の石部神社がある。祭神は大物主命と久斯比賀多命だったが、久斯比賀多命は大物主命の御子神だから、石部社は、大物主父子を祀っていたということになる。この大物主命は、おそらく物部氏と関わりがあったと思う。今はそれを論ずる余裕もないし、また確かな論拠も持ち合わせていないが、研究者のなかには、大物主と物部氏の関係を云々される方もおられる(38)。後考に委ねてみたい。

いずれにしても大物主父子は、愛知川が中流から下流にさしかかろうとする最も枢要な地点に鎮座していた。その上流と下流に配するようなカタチで、天湯川桁命が祀られていた。石部社の大物主父子が物部氏と関わりをもつとするならば、愛知川流域の全域は物部系集団の支配下にあったと考えられる。

愛知川の流域から目を東に転じてみよう。石部神社から四～五㎞ばかりのところに、祭神を袁邪本命とする軽野神社が所在している。このあたり一帯は蚊野郷とよばれ、『和名抄』にも登載されている。「開化記」は、日子坐王が春日の建国勝戸売の女沙本大闇見戸売を娶り、生まれた子が袁邪本王であると述べている。そしてこの王は「葛野の別、近淡海の蚊野別の祖」であると記述を続けている。王の母系にみられる沙本にしても、あるいは春日もそうだが、これらはいずれも和珥系氏族につながるものであり、王の母方は和珥氏系であったとみて、まず間違いない。父の日子坐王にしても、その母は和珥臣の祖とされる日子国意祁都命の妹・意祁都比売命であるから、父系にも、和珥氏の影が色濃く投影されているといえるであろう。

袁邪本王は、和珥系氏族の強力なうしろだてを得て、この蚊野の地に本拠を構えたものと思われる。

―犬上郡の阿遅須岐高彦根神と道主貴神―

考察の対象を犬上郡にうつしてみよう。ここでの式内社の神々は、五処七座である。犬上川の北の地域に四処五座が鎮座し、南側には一処のみ、豊郷町に阿自岐神社が所在している。祭神は阿遅須岐高彦根神と道主貴神の二座となっている。『古事記』は大国主神裔の段で、「大国主神、胸形の奥津宮に坐す神、多紀理毘売命を娶して生める子は、阿遅鉏高日子根神。次に妹高比売命。亦の名は下光比売命。此の阿遅鉏高日子根神は今、迦毛大御神と謂ふ神なり。」と語っている。また大国主神が結婚した多紀理毘売命は、須佐之男命が天照大神と誓約のときに生まれた女神であるが、『書紀』によってその件りの三女神のことを読むと、第三の一書に、「即ち日神の生れませる三の女神を以ては、葦原中国の宇佐嶋に降り居さしむ。今、海の北の道の中に在す。号けて道主貴と曰す。」と書かれている。

つまりこの社では、大国主の御子である迦毛の大御神と、海北道中の神・道主貴が、所を同じくして祀られているのである。きわめて暗示的な、相祀の姿といえるであろう。

―イザナギ、イザナミをめぐる犬上川流域の神々―

『古事記』は身禊の段で「伊邪那岐大神は、淡海の多賀に坐すなり」と述べている（真福寺本）。ところが、伊勢系本は「淡路の多賀」と書いていることから、伊邪那岐大神の鎮座地をめぐって、古来より論争が続けられている。淡海か、淡路か、の決着は未だについていない。しかし、伊邪那岐・伊邪那美の二柱を祭神とする、淡海のここ多賀大社に即していうと、『延喜式』神名帳の表記は「多何神社二座」であり、『和名抄』のいう「田可郷」がその鎮座地であるということになる。犬上川の中流域に位置している現・多賀町がそれである。境内に、瓊瓊杵尊を祀る日向神社がある。平田篤胤は『古史伝　七』の中で、この社を語っているが、そのくだりを大和岩雄氏が紹介しておられる。読んでみよう。

大和国城上郡にも、大三輪神社に並て、神坐日向神社あり、三代実録仁和元年の処に、近江国犬上郡少初位下神人氏岳と云人ありて、姓氏録に、神人、大国主命五世孫、大田田根子之後也と有るは由ありげなり。(39)

とある。篤胤は大和国の日向神社と犬上郡の日向神社との関連を想定している。神人《みわひと》氏岳が実在していたのであるから、その可能性は十分ありうる。大和氏はさらに、篤胤と同じように、神人氏岳について書いている度会延経の『神名帳考証』を取りあげる。延経は「古今集云、犬上乃鳥籠乃山在流率川、按日向神者、天日方奇日方命、大和国率川阿波神社同」と述べ、祭神は天日方奇日方命だというのである。(40) 神人の一族がからむのであるから、大物主の御子である天日方奇日方命は理にかなう。ところが、彦根藩神社取調書による祭神は、冒頭に記した瓊瓊杵尊である。何故ならば「多何神社の境内にあるを思ふに必ず同社の御子神なるべし」というのである。志賀氏もこれに依拠しておられる。(41)

ここでは基礎資料の『式内社の研究』にしたがって瓊瓊杵尊としておくが、一考を要する問題だと思う。

―衢《ちまた》の神猿田彦大神―

葦原の中国を平定し終わって、いよいよ邇邇藝命の天降りがはじまるが、『古事記』の記述によると、「爾に日子番能邇邇藝命、天降りまさむとする時に、天の八衢に居て、上は高天の原を光し、下は葦原の中つ国を光す神、是に有り」と書かれている。ときに、天宇受売神は八衢の神の前に進み出て、「吾が御子の天降りする道を、誰ぞかくて居る」と詰問する。八衢の神は「僕は国つ神、名は猨田毘古神ぞ。出で居る所以は、天つ神の御子天降りますと聞きつる故に、御前に仕へ奉らむとして、参向へ侍ふぞ。」と答え、天孫の先導を申し出る猿田彦の姿が語られている。

天の八衢に立って天孫を迎えた猿田彦を、『書紀』もまた衢神と表現している。[42] 衢神は禍を防ぐ塞の神である。邑に入ってくる邪神を防ぐために、集落の外れに立っているのである。この衢神猿田彦大神を祭神とする山田神社は、多賀大社の北二㎞ばかりのところに所在し、山の斜面に鎮座している。大社を守るに相応しい立地であると、考えられる。このことは、大社の西方に位置する都恵神社についてもいえそうである。社名の都恵は杖である。古代の杖は、国占めのための神の依代である。『古事記』に「投げ棄つる御杖に成れる神の名は、衝立船戸神」[43]とある。『書紀』は岐神と表記して、フナドノカミと訓ませている。[44]『日本古典文学大系　古事記』の頭注によると、道饗祭の祭神の一柱に「久那斗神」があり、フナドは経勿所、クナドは来勿所と表記され、どちらの場合も、ここから来るなの意味であるという。都恵社の現在の祭神は、大国主神・事代主神・綿津見神となっているが、志賀氏は『志略』による祭神岐神《ちまたのかみ》などのことどもを記している。[45]

いずれにしても、都恵社にしろ或いは先述の山田社にしても、『記』『紀』のいう衢神を共通の内性としている。多賀大社や日向神社との関わりが考えられ、興味をひく神々のありようであるといえるであろう。

愛知川をなかに挟んだその南北の、湖東地域をみてきた。蒲生・神崎・愛知・犬上四郡の式内社の内訳は、

△	国つ神	十一座
M	物部系	二座
N	中臣系	一座
W	和珥系	一座
K	金属に関わる神	一座
天	その他の天つ神	七座
	計	二十三座

となった。検証をはじめた最初の湖西地域の祭神は、国つ神が二座、天つ神が六座であった。また、野洲川を中心とした湖南の地域は、国つ神が九座、天つ神が十六座であった。二つの地域は、いずれも天つ神系の祭神が、国つ神系の祭神を上回っていた。しかしこの湖東の地域に入って、その数字が逆転している。畿内を遠ざかっていくのであるから、当然といえば当然の帰結といえるのであろう。

（六）　湖北の神（坂田郡・浅井郡・伊香郡）

ＪＲの米原駅を北上するあたりから、車窓の向こう側の情景が変化してくる。現象的にはとくに取り立てていえる変化ではない。何が変わったのか、とあらためて問われると、答えに窮する。しかし明らかに何かが動いている。空気の匂いが違うし、色も変わってきている。そして、なによりもいちばん大きく変化したのは、時間の流れのようである。長浜を過ぎて、姉川を北へ渡ると、いちだんときわだってくる。それは、スローモーションのような感

図５　湖北の式内社（坂田郡・浅井郡・伊香郡）

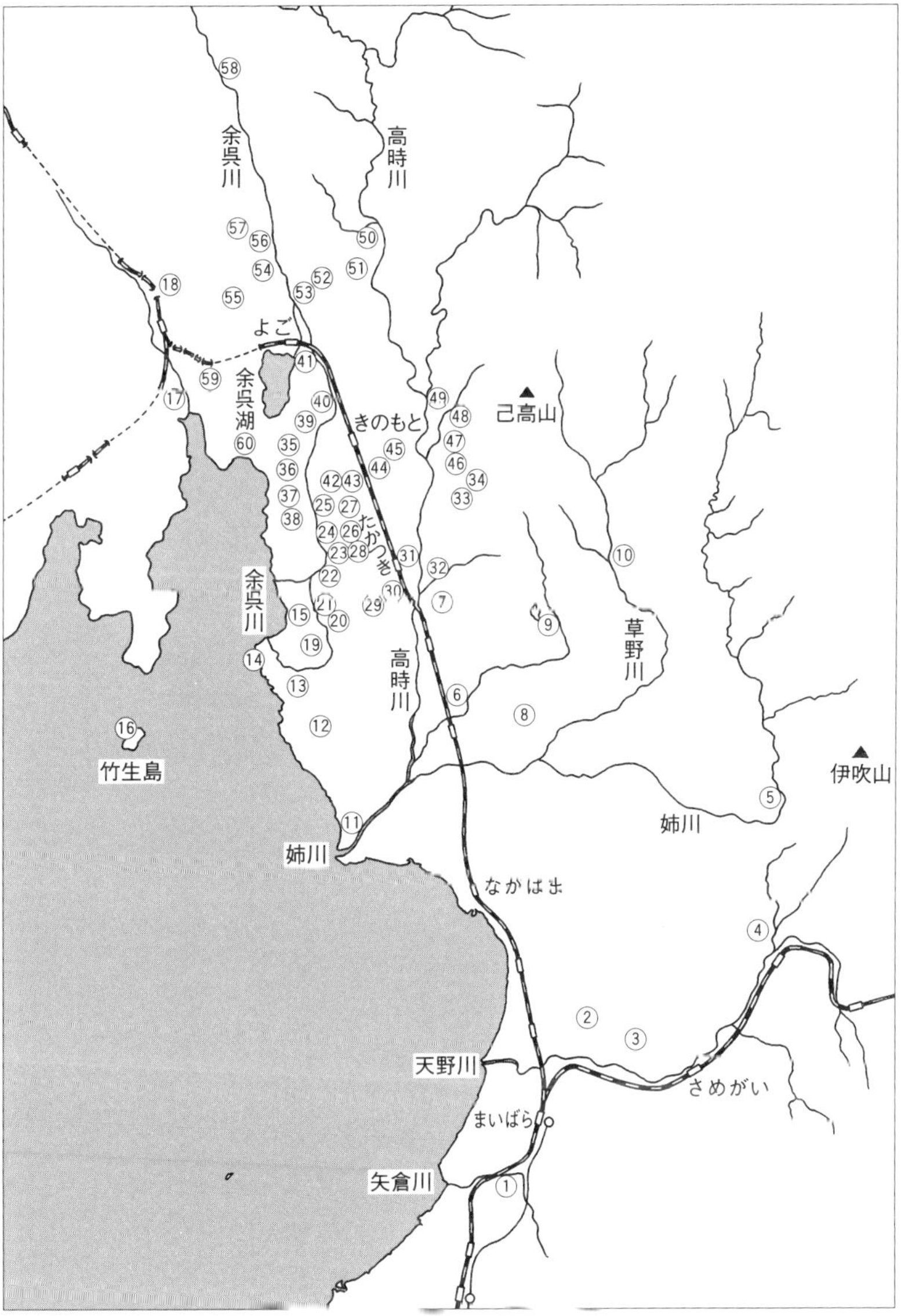

じですらある。

この項では、姉川を挟んだ南北の地域をとりあげている。息長氏の本貫地とされる南側の地域――坂田郡と、北側の浅井・伊香の二郡である。検討の順序として、坂田郡と浅井郡をひと括りとし、伊香郡を別枠とした。というのは、伊香郡には式内社が四十六座を数え、たいへんな密度で集中しているからである。たとえば、お隣りの伊賀国の場合、一国で二十五座の式内社であることをみても、異様なほどの集中ぶりといえる。とくに余呉川と高時川に囲まれた地域――現在の高月町周辺にその傾向が著しい。したがって伊香郡については、二つの地域に分割してみた。一つはいま述べた現高月町の、約五km四方の町域であり、他のひとつは、これを除く伊香郡全体である。

まず坂田郡と浅井郡の検証から始めてみよう。

「坂田郡と浅井郡の式内社」

表8　坂田郡・浅井郡の祭神十九座 並小

	〈坂田郡〉五座 並小		
①	山田神社	稚渟毛二俣王	O
②	日撫神社	少名彦命	△
③	山津照神社	国常立尊	△
④	岡　神社	須佐之男命	△
⑤	伊夫岐神社	伊富岐大神	K
	〈浅井郡〉十四座 並小		
⑥	矢合神社	葦那陀迦神	W
⑦	岡本神社	素戔嗚尊・大山咋命・大物主命	△
⑧	湯次《ゆすき》神社	建御名方命・瀬織津姫命	△
⑨	波久奴神社	大物主神・物部守屋	△

〈坂田郡〉
△　国つ神　三座
O　息長系　一座
K　金属に関わる神　一座
計　五座

〈浅井郡〉
△　国つ神　十座
M　物部系　一座

⑩	上許曾神社	草野姫命・大己貴命・事代主命	△
⑪	大羽神社	瓊瓊杵尊	天
⑫	麻蘇多神社	白髭王・大山咋神	M
⑬	比伎多理神社	瓊瓊杵尊	天
⑭	小江神社	事代主命	△
⑮	片山神社二座	天日方奇日方命	△△
⑯	都久夫須麻神社	浅井姫命	△
⑰	塩津神社	塩土老翁神	△
⑱	下塩津神社	塩土老翁神	△

W 和珥系 一座
天 その他の天つ神 二座
計 十四座

―天野川流域の息長氏と伊吹山―

坂田郡内の式内社は、五座のうち三座が天野川流域に鎮座している。天野川をはなれた他の二座の場合でもそのうちの一座は、天野川に沿ってのびていく街道が、やがて湖岸に出ようとする地点で南下を始めるが、南下して二kmあまりの所に鎮座している。この意味合いからいうと、式内社五座のうち四座は天野川に関わっていたといえるだろう。そのなかの中心的な存在が、天野川のほぼ中ほどに位置する近江町の日撫神社であり、山津照神社であったに違いない。川をはなれて南よりに立地する、山田神社の祭神が猿田彦大神であるから（『滋賀県市町村沿革史』による。表中の稚渟毛二俣王については後述）、塞の神として、猿田彦は中心部を守る位置にあったと思う。その中心部にあたる近江町の二座には、少名彦命と国常立尊が祀られていた。西側の日撫社が少名彦命を、東側の山津照社が国常立尊を祭神としている。いうならば、天野川に坐す神々である。周知のように、天野川は息長川とも呼ばれ、またこの辺りは『和名抄』のいう阿那郷でもあり、息長氏の本貫地とされるエリアである。それだけに、少名彦命や国常立尊という祭神は、意外の感をまぬがれない。このことは、上流の岡神社についてもいえることであって、山東町に鎮座するこの社には、須佐之男命が祀られ、天野川に坐す神々は国つ神で占められていた、といえるのである。ところで『近江国坂田郡志』は、山津照神社の祭神と境内で発見された古墳について、つぎのように述べている。

按ずるに山津照神社は延喜式内の古社にして、其の地古への名族息長真人家の住地なるより考ふるも、同族が其の祖先を祀りし神なるは疑ふ可からず。即ち、神々位階を贈られしは、本郡内他の神社に見ゆるも、天平神護元年に神封六戸を此の社に寄せられしは、他社に見ざる特例なり。当時息長真人の一族は其の勢力熾にして、奈良朝廷の要路に立ち居たりしは国史に明なる所たり。かかる名神の鎮座地に此の古墳の発見を見たるは亦、尋常貴人の墳墓にては非ざるべし。土地の伝説には神功皇后の父君なる息長宿禰王の墳墓と言ふ。

神功皇后の父君といえば、そのことの事実関係は別としても、単純にいうと応神天皇の外祖父にあたるわけだから、四世紀中葉ころから後半にかけて活躍した人物といえるだろう。しかるに、『郡志』が息長宿禰王の墳墓とする山津照古墳は、考古学的知見において六世紀前葉ころの築造とされており、(46) 一世紀半から二世紀にちかい誤差を生ずる。したがって古墳の主は、息長氏一族の誰かである可能性はあっても、息長宿禰王でないことは確かである。『滋賀県市町村沿革史』によると、祭神は山津照大神となっている。また『特選神名牒』は、「祭神国常立尊と云説もあれど取に足らず、扶桑略記に山津照子乃明神とあり、いかなる神を祭れるか詳ならず」と書いてある。いずれにしても、『郡志』のいう息長氏の祖神につながる名がみえてこない。このことは天野川流域の他の社についても、同じことがいえる。ただ山田神社の場合は、少し様子がちがってくる。

『神祇志料』によると、「按新撰姓氏録、息長真人、坂田酒人真人、坂田宿禰等並に応神天皇皇子稚渟毛二俣王の後にして、近江国に住みて槻本公を賜へる事見えたるを思ふに、皇極紀息長山田公あり、此国に由あり、然れば本社は其祖先を祭れるなるべし」とあって、牒はこれにもとづいて祭神を稚渟毛二俣王とし、志賀氏もこの説を推している[47]。稚渟毛二俣王は、応神天皇が息長真若中比売と結婚して生まれた皇子であり[48]、王自身も母の妹、つまり叔母の弟日売真若比売命と結婚して、忍坂大中津比売命を生んでいるから[49]、見方によれば息長氏にどっぷりつかった王であるともいえる。この意味で山田社の祭神を稚渟毛二俣王とすると、ここで初めて、坂田郡における息長氏の祖神的存在がみえてくるわけである。しかし問題は、志賀氏が牒によるとして祭神を特定しながら、現在の祭神は猿田彦大神・誉田別尊・三女神云々と書かれていることである[50]。『市町村沿革史』は誉田別尊・思姫命・湍津姫命・市杵島姫命・猿田彦大神と書いている。三女神はおそらく宗像の三女神を暗示するものであろう。基底に猿田彦をおいて重層していった神々の姿を、物語っているのかもしれない。そうすると、山田社の祭神稚渟毛二俣王は、はなはだ心もとないのである。

一方、伊夫岐神社は姉川の上流に位置して、伊富岐の大神を祀っていると伝える。『文徳実録』嘉祥三年（八五〇）十月条に、「授近江国伊富岐神従五位下」と記されており、最終的には従三位まで昇っている[51]。立地的には一見、天野川流域と無関係に思えるこの社も、内容をよくみると、かなり関わりをもっていたのではなかろうか、という節々を感じさせる。天野川上流の山東町に所在した岡神社から、伊夫岐神社までの直線距離は、五㎞たらずで意外に近い。北へのびる天野川の支流に沿って一本の道が走っている。この道をたどることで、姉川が思いもかけないほどの近さに、たぐり寄せられている。右手の山合いに、伊夫岐神社が鎮座している。姉川沿いに左手へ赴くと、垣籠の集落に出る。この辺りから西へ向けて、一群の古墳群が形成されている。いわゆる坂田古墳群である。四世紀に始まった築造は、全長一三〇mといわれる丸岡塚古墳をピークとして五世紀にわたり、十二基の前方後円墳が築かれている[52]。これだけの古墳群を存在せしめた集約的な形として、伊夫岐社はあったのだろうか。

伊富岐ノ神は、製鉄技術集団の祖神である、とする説がある（井塚政義『技術文明史の年輪』）。井塚説の大略を、江竜喜之氏が紹介しておられる。少し長いが引用させていただく。

イブキの「イ」の音は言葉の勢いを強めるための接頭語で、それ自体に意味はない。「イブキ」の動詞形が「いぶく」で、これは「フク」という動詞を強めた言葉である。そして「フク」とは本来、呼気を強く出すことを意味するが、もう一つ、強い風を送って火力をあげ、鉱石を溶かして金属を精錬するという意味がある。ゆえに伊吹山は金属を「フク」山、すなわち鉄精錬の山であったと考えられる。そして伊吹山付近の風土や地名は製鉄の存在を裏づけている。伊吹颪という強い北東風は、自然通風に依存していた古代製鉄には好適であり、伊吹山の地層をみると小規模ではあるが鉄鉱床が各所に点在し、あたり一帯は森林におおわれていて、当時の精錬に必要な木炭の原料を提供していたと思われる。さらに「金糞」とか「鍛冶屋」など製鉄のなごりと考えられる地名も多く残っている。これらのことから伊吹山付近は古代製鉄の中心地であったにちがいなく、その製鉄に従事していた人々が自分たちの技術の神、団結の神として祀ったのが当社をはじめとするいくつかのイブキ神社ではなかろうか(53)。

この話はきわめて示唆的で、強い説得力をもってせまってくる。日本武尊が伊吹山中で白い猪に出会って失神したり(54)、あるいは大蛇と出会うことで、酔ったようにふらふらになるなどの説話は(55)、尊が製鉄集団と何んらかの関わりをもったことを暗示するものだと思う。関わりというのは、ひょっとすると、戦いであったかもしれない。いずれにしても、日本武尊は危険を承知で、伊吹の山中に踏み込んだのであろう。そこには井塚氏のいう鉄の神が坐して、技術の神、団結の神として奉斎されていたにちがいない。

坂田古墳群に眠る人々は、伊吹山の鉄を背景にして力をえた古代の豪族ではなかろうか。全長一三〇mという県下第二位の丸岡塚古墳が、その勢威のほどを物語っているようである。

―浅井郡の神々（高時川以東の地域）―

浅井郡の南の境はほぼ姉川で区切られ、坂田郡と接している。東西に流れる姉川には、三本の支流が北から南へと流れこんできている。西から数えて、高時川・田川・草野川となるが、高時川は姉川を凌ぐほどの大河なので、支流とはちょっといいづらい。浅井郡の真ん中を南北に流れて、この郡を大きく東西に分断している。浅井郡の検証は、高時川の東側の地域からはじめてみる。式内社は五座――矢合神社・岡本神社・湯次神社・波久奴神社・上許曾神社の五処五座の神々である。

矢合社は、高時川と田川が姉川に合流しようとする手前の、二股の地点に鎮座している。祭神について『式内社の研究』は、「江戸時代からの諸書に八相大明神と書かれ[56]」ていたとする程度で、明示していない。『市町村沿革史』は、葦那陀迦神を祭神としている。葦那陀迦神といえば、大国主神の孫にあたる国忍富神が結婚した姫神のことで、亦の名は八河江比売である[57]。『新訂古事記』の脚注を読むと、「応神紀に、宮主矢河枝比売があり、春日祭祝詞に八桑枝とある。桑の意を含むとみられる[58]」とある。矢合社の祭神八河江比売が、もし「応神紀」の矢河枝比売に関わりがあるとするなら、即断は許されないが和珥系氏族の姫神であった可能性がでてくる。

興味をひかれるものに、矢合社周辺部の遺跡のありようがある。当社の南に三川という集落があって、ここからは三世紀後葉の築造とされる丸山古墳が、昭和五十三年（一九七八）に発掘されている。県内最古の古墳と位置づけられているが、同時に出土した後漢初期の製作とみられる舶載鏡などから、海人系にかかわる首長の墳墓と、考えられなくもない。いうならば、この墳墓と隣合っているのが矢合社の祭神八河江比売である。したがって舶載鏡などの関わりから、「応神紀」で述べている和珥系の姫君と回路はつながりうる。矢合社のそばを流れる田川を少しばかり遡ると、雲雀山古墳群に出会う。いちばん古い一号墳は、四世紀代の築造と考えられている[59]。丸山古墳との関連などを検討すべきかもしれないが、ここではいったん遺跡からはなれて、地域全体の式内社五座に、一通りの目をとおしておきたい。

矢合社については今述べたように、大国主の孫国忍富神と結婚した八河江比売を祀っていたが、この社の三㎞ばかり北にある岡本神社には、素戔嗚尊をはじめとして、大山咋命と大物主命が祀られていた。大山咋命は、素戔嗚尊の御子大年神の子であるから、素戔嗚尊にとっては孫にあたる。また大物主命は大国主命の亦の名でもあるわけだから、岡本社では大国主命の系譜がそのまま祭神になっている。

一方、矢合社の東に立地する湯次神社は、建御名方命を祭神としている。この神も国譲り神話で建御雷神と戦って敗れた大国主命の御子神だから、やはり系譜を大国主に求めているといえる。田川の上流に鎮座する波久奴神社もまた、大物主神を祀っていた。草野川の上流の山間部に位置する上許曾神社は、草野姫命を主神としているが、ここにも大己貴命と事代主命が相祀されており、いうならばこの地域一帯は、大国主命系の神裔で固められていた、とみてよいであろう。しかし、こうした神々の何気ない表づらに、先にも述べたようにそれぞれの神に遺跡のありようや、あるいは残された地名などを重ね合わせながら検討を押し進めると、今まで見えなかった襞のようなものがみえはじめるから面白い。

たとえば、丸山古墳が所在した三川という集落を考えると、ここに玉泉寺と呼ばれる寺がある。時代は下るが、延暦寺中興の祖といわれた慈恵大師（九一二〜九八五）はこの玉泉寺で生をうけ、母は物部氏の出自だという。この地域の式内社の祭神は、湯次社の建御名方命であったから、いっけん物部氏とはつながらない。しかし父神が大国主命であり、またこの地域は、大国主や大物主の神で占められていたから、その系譜で物部氏を語ることも可能なはずである。しかしここではもっと直截に、地名からはいってみよう。『東浅井郡志』に、

江北に於ける物部氏の氏人、若しくはその部曲の人々の分住せる所、伊香郡には物部・柏原の二邑に過ぎざれども、我が浅井郡には、少なくとも矢田部（今伊香郡永原村大字）弓削・唐国の三邑あり。この他尚多少の疑あるものの中に

は、八木・曾根の二邑あり。

と記されている。玉泉寺のある三川から西へ、田川を越えると唐国の集落である。その西に隣接して弓削の邑がある。さらに西隣に、八木の集落が連なっている。『郡志』のいう物部氏に縁由のある唐国・弓削・八木の各集落が、三川の地から踵を接しているわけである。また矢合社の二kmばかり上流にある雲雀山古墳群は、十六基の円墳で構成されているが、もっとも古い一号墳は四世紀代の祭祀遺構と考えられている（『日本古墳大辞典』）。先述した三川の丸山古墳が三世紀後葉の築造といわれているから、雲雀山古墳群は丸山古墳に連続している。またこの古墳群の先には大物主を祀る波久奴社が鎮座していた。そうして、物部守屋が相祀されている。社伝によると、蘇我氏との戦いに敗れた守屋が、密かにこの地にのがれたという。土地柄を含めたもろもろの事柄を考えると、たんなる伝説とすますわけにいかない節々がある。

いずれにしてもいえることは、古墳時代と呼ばれるそのもっとも古い時期に、この湖北の地は政治的に、すでに動きはじめていた。この意味では坂田郡が始動をはじめる前に、姉川の北側の地域、つまり浅井郡は一歩先んじて確実に、動きだしていたといえるであろう。その証しともいえる丸山古墳については、後節で、もう少し詳しく触れてみたい。

—浅井郡の神々（高時川以西の地域）—

姉川の川口から余呉川の川口に至るまでの、南北七km余りの湖岸沿いに、四座の式内社がほぼ等間隔に鎮座している。南から数えていくと、びわ町大浜の大羽神社、同町益田の麻蘇多神社、湖北町今西の比伎多理神社、同町尾上の小江神社の四社である。祭神は大羽神社から述べていくと、瓊瓊杵尊・白髭王・瓊瓊杵尊・事代主命となっている。

いちばん南の大羽社から、検証をはじめてみよう。この社の祭神は瓊瓊杵尊だったが、当社の場合は祭神云々よりも、むしろ所在地周辺のありように興味がひかれる。立地する大浜の北側に八木浜という集落が展開し、さらに下八木・上八木と呼ばれる邑が連なっている。『東浅井郡志』は、この地に八木造氏が分住していた、と書いている。『姓氏録』右京神別下は、「八木造。和多羅豊命の児、布留多摩乃命の後なり」と述べている。佐伯氏は和多羅豊命について、「羅」は「罷」の誤写で、「豊」の下に「玉彦」の二字が脱落しているのではなかろうか、とする[60]。つまり八木造は、和多罷豊玉彦命の児、布留多摩乃命の後裔だというのである。和多罷豊玉彦命という名は『姓氏録』にみえている。右京神別下に「安曇宿禰。海神綿積豊玉彦神の子、穂高見命の後なり」とあるのがそれである。『古事記』では綿津見神と述べられ、阿曇連等之祖神と書かれている。したがって八木造は、海部を率いる阿曇氏の一族であったことがわかる。天長十年（八三三）三月四日付けの「八木造大庭麻呂墾田売券[61]」によると、大庭麻呂が浅井郡湯次郷の中嶋連大刀自咩に、墾田を売却していることがわかる。湯次郷は既述した湯次神社の所在地であるから、八木造大庭麻呂はおそらく八木の地の墾田を湯次郷の大刀自咩に手放したのであろう。『東浅井郡志』のいうここ八木の地は、阿曇氏の支族である八木造が居住していた可能性が大きい。

一方、八木の北に隣接して鎮座する麻蘇多神社の祭神は白髭王だったが、この王の意味がもう一つよく分からない。もし白髪皇子とするなら、後の清寧天皇にあたるわけだから、雄略天皇の皇子である白髪皇子が、この湖北の地に結びつくとは考えられない。ところが、「雄略記」に白髪太子の御名代として、白髪部の定められたことが記されている。『姓氏録』山城国神別によると、「真髪部造。神饒速日命の七世孫、大売大布乃命の後なり」とみえる。真髪部については、佐伯氏が「もと白髪部、白髪武広国押稚日本根子天皇（清寧天皇）の名代部である。白髪部の伴造氏族であったことにもとづく[62]」と述べておられる。麻蘇多社の祭神白髭王は、おそらく、『姓氏録』のいう真髪部にかかわっていたと思われる。真髪部造は、饒速日命の七世孫大売大布乃命の後裔であるから、物部氏の一族につながるわけで、当社の南に隣接していた八木の東には、弓削・唐国の邑が所在し、物部氏に縁由を求めていたのである。これらの延長線上にある真髪部を考えることは、まず大過ないものと思われる。

つぎに、麻蘇多社をはなれて北へ赴いてみる。二㎞足らずで余呉川の下流に出会うが、その手前の今西という集落に、比伎多利神社が鎮座している。眼前に、湖北の神南備と呼ばれる山本山が構えている。南流してきた余呉川は、山本山の東の麓で向きを西に変えて山すそに沿うようなカタチで流れ、今西に至って北へ急迂回し、湖岸に達する。ここには祭神を事代主神とする小江神社が、入江の内懐に抱かれるようにして鎮座している。

比伎多理社の祭神については、私が基礎資料としてきた『式内社の研究』は特定を避けていたが、『市町村沿革史』は瓊瓊杵尊を伝えていた。大羽神社の祭神も瓊瓊杵尊を伝えていたが、実体は綿津見神であったような節が見受けられ、比伎多理社の場合も大羽社と同じように、一考を要する問題を含んでいると思われる。その辺りを少し考えてみようと思うが、まず立地の条件を再確認しておきたい。比伎多理社は、余呉川が急旋回して北流を始めるその起点の所に、位置していた。北流する余呉川は一㎞余りで湖岸に達し、小江神社はこの川口に所在していた。両社から東に仰ぎ見る山本山は、共に神南備として奉斎したにちがいない。こうした周囲の状況は、やはり海の神が祀られるに相応しい。ここに四世紀前半代の築造とされる、全長五〇mの前方後円墳がある。若宮山古墳と呼ばれ、湖北最古のものだという(63)。位置関係からみて、比伎多理社も、小江社も、神南備に築かれた若宮山古墳と、深く関わっていたと思われる。

山本山を起点として、湖岸沿いに北へ丘陵がのびている。面白いのは、この丘陵上に展開している、古墳群のありようである。四世紀代から五世紀代の築造とされるこの古墳群は、古保利古墳群と名づけられ、大小一二五基が尾根上に点在している。そうして、湖岸側の眼下には片山神社が鎮座して、天日方奇日方命を奉斎している。天日方奇日方命は大物主命に系譜を求める神である。比伎多理社・小江社とは、直線距離で二㎞前後の隣り合わせにあるわけだから、この二社は当然片山神社の強い影響をうけたと思う。丘陵上の古墳群は、これらの神々の紐帯を物語っているのかもしれない。

―竹生島と塩津の神々―

麻蘇多神社からながめる西の湖上に、濃い緑に包まれた竹生島が浮かんでいる。『帝王編年記』養老七年条に、夷服岳と浅井岳が高さを競う、山争いの説話が記載してある。争いに敗れた夷服の神は、腹立ちまぎれに、浅井岳の浅井比売の頭を切りおとした。頭は湖に落ちて「都布都布《つぶつぶ》」いいながら、竹生島になったという。都久夫須麻神社の祭神浅井姫命の起源説話である。国つ神同士の争いが、説話化されたのだろうか。

竹生島から湖上を北へ向かうと、琵琶湖の最北端の湾入部に入っていく。内陸部を深くえぐりとり、もっとも奥まった所に大川が流れこみ、北陸へぬけていく交通の要地である塩津の港が所在している。式内の塩津神社は大川の川口と、上流の山間部にそれぞれ鎮座し、上流の方を下塩津神社と呼んでいる。祭神は両社ともに、塩土老翁神である。塩土老翁は『古事記』の海幸山幸の物語に登場し、兄の海幸彦にいじめられて困っている、山幸彦を助けている。老翁はこのとき、綿津見神の宮を教えているが[64]、『書紀』もほぼ同様の説話を伝えている[65]。いずれにしても水陸交通の要地である塩津は、綿津見神の活躍をなくしては考えられない土地柄であるといえるであろう。

坂田郡・浅井郡の検討が終わった。式内社十九座のうち、十三座が国つ神で占められていた。天つ神六座のうち、息長系・和珥系・物部系・金属神はそれぞれ一座ずつであった。数字をみるかぎり、天つ神系の比率は低い。しかし検証の過程で、国つ神の裏側に潜んでいる表づらとは別の影も、みえたようである。

つぎに、四十六座の式内社をもつ伊香郡の検証にうつる。対象が多いということと地域性のからみ、の二点から、検証の対象を二つの地域に分割した。伊香郡の中の高月町のみの十八座と、高月町を除いた伊香郡二十八座の二地域である。

かつては、物部村を称したと思われる(66)高月町からはじめてみよう。

「伊香郡Ⅰ（高月町）の式内社」

表9 伊香郡Ⅰ（高月町）の祭神十八座 並小

⑲	甘櫟前神社	米餅春大使主命	W
⑳	意波閇神社	宇迦魂神	△
㉑	天八百列神社	八瓜入日子王	O
㉒	久留弥多神社	久留弥多神	△
㉓	比売多神社	菟上ノ王	W
㉔	赤見神社	赤水三社明神	△
㉕	桜椅神社	素戔嗚尊	△
㉖	横山神社	大山祇命	△
㉗	兵主神社	大国主命	△
㉘	乃伎多神社	櫛玉饒速日命	M
㉙	乎弥神社	武甕槌命	N
㉚	天石門別命神社	天石門別命	N
㉛	神高槻神社	天児屋根命	N
㉜	走落神社	天津児屋根命	N
㉝	高野神社	大山咋命	△
㉞	天比比伎命神社	天比比伎命	天
	桜市神社	不明	
	多太神社	不明	

△	国つ神	七座
N	中臣系	四座
W	和珥系	二座
O	息長系	一座
M	物部系	一座
天	その他の天つ神	一座
	不明	二座
	計	十八座

――余呉川に坐す神々と物部古墳群――

先の浅井郡の項でみた山本山は、伊香郡との境を画していた。山腹を利用して四世紀前半代に築かれた若宮山古墳は、西に湖上を望み、東と南に湖北の平野を一望に見下ろせる、絶好の位置に所在していた。米餅春大使主命を祭神とする甘櫟前神社も又、山本山の山腹に鎮座していたから、おそらく、若宮山古墳とは何んらかの関わりがあったものと、考えられる。『伊香郡神社史』は、「往古の鎮座地の丘陵地に、いちいの大樹叢林ありしと伝え、その下の田地を杜の下と称し、又東につづく田地二町歩余を〈いちいはら〉と称し、その山によりたる方を〈いちい崎〉と今に称えている」と述べ、「いちい」のいわれを伝えている。『姓氏録』は左京皇別下で、「櫟井臣。和安部と同じき祖。彦姥津命の五世孫、米餅春大使主命の後なり」と記している。また同じ左京皇別下の小野臣条で、「小野朝臣。大春日朝臣と同じき祖。彦姥津命の五世孫、米餅搗大使主命の後なり。大徳小野妹子、近江国滋賀郡小野村に家れり。因りて以て氏と為す。日本紀に合へり」とみえ、櫟井臣が小野氏と祖を同じくする和珥系氏族であることが確認できる。『和名抄』のいう安曇郷のこの地に、櫟井氏の一族が住んでいたことは、まずまちがいないであろう。

甘櫟前社の前を流れる余呉川を一㎞ばかり遡ると、天八百列神社という式内社に至るが、この社の東五〇〇mほどのところに、やはり式内の意波閇神社が鎮座して、宇迦魂神を祀っている。社名の意波閇について志賀氏は、上古において意波閇は伊波比、祝、つまり祭るである、(67)と述べている。社地の側に沼があって清水を湧き出している。人々はこの地に穀霊の宇迦魂を祀り、豊かな稔りを祈ったのであろう。一方の天八百列神社のほうは、八瓜入日子王が祀られていた。「開化記」は、日子坐王が息長水依比売と結婚して生まれた子が、八瓜入日子王である、と書いている。そしてこの王は、三野国の本巣国造、長幡部の祖であるという。「国造本紀」も同じような内容を伝えているが、三野国本巣は『和名抄』の登載する美濃国本巣郡美濃郷であろう。当社の三㎞ほど東に高時川が流れており、これを遡ると八草峠に出る。今も国道三〇三号線がはしり、峠を越えると美濃国である。ところで、この工には美しい二人の娘がいて「景行記」に、娘の父親としてふたたび登場してくる。天皇が姉妹を迎えようとする話になるのだが、日子坐王に系譜をもつ一族の、なんらかの史実であるやもしれない。

天八百列神社から余呉川を上ると、久留弥多神社、比売多神社、赤見神社と、踵を接するようにして川沿いに並んでいる。久留弥多・赤見の両社は久留弥多神を祀っているが、比売多社は、菟上王が祭神であると伝えている。そうして、面白いのは先の天八百列社の祭神と同じように、この王もやはり系譜を日子坐王に求めていることである。「垂仁記」によると、垂仁天皇の御子本牟智和気王は、年が長じても口がきけなかった。出雲の大神の祟りだというのである。そこで天皇は、日子坐王の孫にあたる曙立王と菟上王を、御子に副えて出雲へ遣わしている。「大神を拝みたまひしに因りて、大御子物詔りたまひしき。故、参上り来つ」と二人の王が天皇に復命しているように、御子の参拝で出雲大神の祟りは納まったようである。垂仁天皇はいたく喜び、菟上王に神の宮を造らせ、御子のための鳥取部、鳥甘部などを定めたというのである[68]。また「開化記」は、「菟上王は比売陀君の祖」と書いている。王の祖父日子坐王の母方が和珥系であったことを想起すると、この地一帯は和珥氏一族で固められていたと思われる。

ところで、赤見神社をわずかに北へ行くと、余呉川に注ぎこむ小さな流れがある。赤川とよばれている。流れは北東方向からのびてきており、その先の源は、湧出山《ゆるぎやま》である。高月町の北端に位置している。山頂からは、南へ展開する湖北平野を、一望のもとに見渡せる。桜椅神社は、湧出山の南麓を流れる赤川沿いに、鎮座していた。志賀氏は、桜は水を探ることから出ているとされる。探る→サクリ→サクラの音韻変化である。水を探るというのは、その年の豊凶を探る意に通ずるという[69]。祭神の素戔鳴尊は、国つ神を代表する神である。桜椅社はまた、代表神を祀るに相応しい好位置に立地している。平野部の北端にあって、湖北平野が一望なのである。当社のすぐ南に横山神社、兵主神社が鎮座し、それぞれに大山祇命・大国主命が祀られている。いずれも国つ神を代表する神々である。

その意味では、実に強力な国つ神の顔ぶれが揃っている。

しかし『市町村沿革史』によると、横山神社の境内社に天満宮・八幡宮・式内兵主社が記載されている。ここからは、祭神が微妙に動き始めた、一つの姿をかいま見る思いがする。たとえば、兵主社の祭神は大国主命となっているが、本来的には兵主神のはずである。この神は風の神であると同時に、金属に関わる神でもある。また野洲郡のときにも述べたように、八千戈の神が本義なのである。そうしてここには、六世紀前半ころの、周濠を伴う横山神社古墳(70)が築かれている。北には湧出山古墳群、南には姫塚、父塚などの古墳が築造され、これらを総称して、物部古墳群と呼ばれている。兵主神という金属に関わったここでの祭神は、おそらく、横山神社古墳の被葬者と深く結びついていたにちがいない。

このように、多くの問題をかかえているこの地域のわずか七～八〇〇m南に鎮座する乃伎多神社の存在も、おろそかにはできない。所在位置は、東物部という集落と西物部のちょうど境目に立地し、正確を期すると、伊香郡高月町東物部の西端ということになる。祭神は、『式内社の研究』では櫛玉饒速日命となっているが、『市町村沿革史』は神味饒田命を伝えている。

『古事記』に、神武天皇が兄師木・弟師木を討ったとき、邇藝速日命が天皇に奏上するくだりが記されている。読んでみよう。

　「天つ神の御子天降り坐しつと聞けり。故、追ひて参降り来つ。」とまをして、即ち天津瑞を献りて仕へ奉りき。

　故、邇藝速日命、登美毘古が妹、登美夜毘売を娶して生める子、宇摩志麻遅命。此は物部連、穂積臣、婇臣の祖なり。(71)

邇藝速日命は登美毘古の妹と結婚して、宇摩志麻遅命を設けているが、この命が物部連、穂積臣、婇臣らの祖であるというのである。

『書紀』にも、神武即位前紀でほぼ同様のことがみえる。また『旧事本紀』天孫本紀によると、宇摩志麻遅命の子が味饒田命で、阿刀連等の祖であると述べている。『姓氏録』も山城国神別などで、同様のことを伝えている。したがって、『市町村沿革史』のいう祭神が味饒田命であったとしても、饒速日命の系譜に明記された、物部系の祖神であることにちがいはない。佐伯氏は、「阿刀の氏名は安斗・安刀・安都・迹などとも書き、後の河内国渋川郡跡部郷（大阪府八尾市植松町一帯）の地名にもとづく(72)」と記している。渋川郡跡部郷といえば、物部氏の河内の本拠地である。

いずれにしても、伊香郡高月町に現存するここ物部邑は、祭神のありようや古墳の存在、さらには遺存している物部の地名などから、物部氏との関わりを抜きにしては、語りえない土地柄である。後に再度ふれてみることにする。

―高時川をめぐる神々―

伊香郡高月町の祭神の検証は、神南備の山本山・山麓から始まり、物部邑の乃伎多神社でだいたい西側半分の地域が終わった。地勢的には余呉川の流域と、その東側に展開する湖北の平野に祀られた神々であった、といえる。つぎは当然、町域の東側地区へ移るわけだが、ここでまず目につくのは、南北に流れる長大な帯の高時川である。湖北平野の名残りを吸収するようにして流れるこの川の東側は、慌ただしく、険しい山塊へとつらなっていく。式内社は高時川の西側、つまり平野部に三社、東側に、つまり山岳部に三社と、等分されている。平地の方の三社は、町域の南の端に近く、ほぼ等間隔に並んでいる。いちばん西側の乎弥神社から検証をはじめてみよう。この社は、高時川と余呉川の中ほどに立地し、先に述べた饒速日命を祀る乃伎多社の南、約二㎞の地点に所在している。『式内社の研究』は祭神について明言を避けているが、牒による考証として、中古に春日明神が祀られていたことは触れている(73)。一方、『市町村沿革史』による祭神は武甕槌命と記述され、社名も春日神社となっている。武甕槌命、そして春日神社と並べば、すぐに想起されるのが藤原氏のことである。ここでは、武甕槌命に関する記事を、『書紀』で読んでみたいと思う。神代下第九段に、葦原の中つ国平定の話が記載されている。すでに、二度にわたって中つ国へ遣わされた神々が、いずれも平定に失敗し、さて、次はどうしたものだろうか、というすじ建てで展開している。

是の後に、高皇霊尊、更に諸神を会へて当に葦原中国に遣すべき者を選ぶ。僉曰さく、「磐裂（磐裂、此をば以簸娑窶と云ふ）根裂神の子、磐筒男・磐筒女が生める子経津（経津、此をば賦都と云ふ）主神、是佳けむ」とまうす。時に、天石窟に住む神、稜威雄走神の子甕速日神、甕速日神の子熯速日神、熯速日神の子武甕槌神有す。此の神進みて曰さく。「豈唯経津主神のみ大夫にして、吾は大夫にあらずや」とまうす。其の辞気慷慨し。故、以て即ち、経津主神に配へて、葦原中国に平けしむ。

武甕槌命は「経津主神だけが大夫で、この私は大夫でないというのか」と語気鋭く詰めより、結局、経津主神と随伴して中つ国を平定している。いうならば、武甕槌命は神々の会議の決定を、修正させていることになる。私はこの伝承のなかに、藤原氏の強い介入をみるのだが、乎弥社の場合も、こうした介入の一端を覗かせているのではないだろうか。

この乎弥社から北東方向へ一・五㎞ばかりの間に、天石門別命神社、神高槻神社の二社が鎮座している。祭神は、前者が社名の通りの天石門別命で、後者は天児屋根命（『市町村沿革史』による）となっている。天石門別命について、『古事記』は「次に天石戸別神、亦の名は櫛石窓神と謂ふ。此の神は御門の神なり。[74]」と書いている。また、御門祭の『祝詞』によると、「櫛磐牖《まと》、豊磐牖《まと》命と御名を申す事は、四方内外の御門に湯津磐村の如く塞り座して」と述べている。『古事記』も『祝詞』も、共に天石門別命を、御門を守る岩石の神だというのである。ところで、湯津磐村といえば、『古事記』は剣についた血が「湯津の石村に走りつきて成りませる神の名」が建御雷男神であると書いている。そして亦の名が建布都神だというのである。(75) 建御雷男神はここでも、布都神と関わっている。この意味で天石門別命神社は、先の乎弥神社と結びつきがあったものと思われるが、神高槻社の祭神が天児屋根命とされているから、(76) これらの三社は、紛れもなく中臣系氏族の祖神を表している。

　神高槻神社を東へ向かうと、高時川を越えてすぐに走落神社に至るが、面白いのは、この社もまた祭神を天津児屋根命（『市町村沿革史』による）としていることである。高時川をはさんだこの地域一帯は、祭神をみるかぎり、明らかに中臣氏一族のエリアを示している。

　走落神社の北約三㎞のところに、高野という集落がある。式内の高野神社と天比比伎命神社は、大山咋命と天比比伎命を祭神として、この地に鎮座している。大山咋命は須佐之男命に系譜を求める国つ神であるから、そのまま素直に受け止めておいていいであろう。一方の天比比伎命は、志賀氏によると日置部の祖神だという。『伊香郡志』が当社の創建を日置部氏と伝えており、志賀氏はこれをうけて、日置と比比伎の音韻変化をヒオキ→ヒキ→ヒヒキと説き、日置部の祭神を確定している。氏はまた当社の大祭にふれ、氏子の一人ひとりがローソクを手にして参拝する風習を述べている。(77) 日置氏が、神霊を迎えるための聖火の材料を調達したり、製作したりする氏族であったことを想起するとき、今に伝わるローソクの火に、日置氏の想いがこめられていたのであろう。天比比伎命は志賀氏が語るように、日招《ひおき》の技に優れた日置氏の祖神であったと思う。

　伊香郡高月町は、町域二八㎢という小さな町である。ここに式内社が十八社、ひしめいていた。所在地・祭神ともに不明という二社があったものの、それでも十六社を数えているから、平均的には、一・七五㎢に一社の式内社ということになる。これはたいへんな数である。どう考えればよいのか、詳しくは後項にゆずるとして、ここでは祭神の大略の分類を述べておく。

不明の二社を除いた十六社の祭神のうち、国つ神系は七座であったから、約四割にあたる。湖東の地域からずっと続いてきた国つ神の優位が、ここで逆転したことになる。つぎに神々は、大きくみて余呉川と高時川の流域を中心に、鎮座していたといえる。そして余呉川水系の祭神は、和珥系と物部系で占められ、高時川のそれは、中臣系の神々が祀られていた、ということになる。

さて次は、高月町を除いた残りの伊香郡全体を検証してみよう。

「伊香郡Ⅱ（高月町を除く）の式内社」

表10　伊香郡Ⅱ（高月町を除く）の祭神二十八座〈大一座小二十七座〉

㉟	伊香具神社 名神大	伊香津臣命	N
㊱	伊香具坂神社	天種子命	N
㊲	布勢立石神社	大山咋命	△
㊳	阿加穂神社	豊受比売命	△
㊴	黒田神社	大己貴命・黒田大連	N
㊵	大沢神社	沢道彦命	W
㊶	乃弥神社	野水神	△
㊷	石作神社	建真利根命	M
㊸	玉作神社	天明玉命	M
㊹	等波神社	神功皇后	O
㊺	意富布良神社	素盞嗚尊	△
㊻	神前神社	素盞嗚尊	△
㊼	與志漏神社	素盞嗚尊・波多八代宿禰命	K
㊽	伊波太岐神社	保食神	△

△	国つ神	十三座
N	中臣系	三座
W	和珥系	三座
K	金属に関わる神	三座
M	物部系	二座
O	息長系	一座
天	その他の天つ神	一座
	不　明	二座
	計	二十八座

㊾	佐波加刀神社	日子坐王他七神	W
㊿	丹生神社 上	丹生津比売神・弥津波能売命	△
51	丹生神社 下	丹生津姫命	△
52	大水別神社	大水分神	△
53	鉛練比古神社	大山咋命・天日槍命	K
54	草岡神社	彦坐王命	W
55	天川命神社	天川命	△
56	佐味神社	佐美持神・豊城入彦命	天
57	大浴神社	玉依比売命	△
58	椿　神社	猿田彦命	△
59	足前神社	葦穂神	△
60	波弥神社	波多八代宿禰命	K
	大椋神社	不　明	
	意太神社	不　明	

――名神大社伊香神と余呉川の流域――

『延喜式』で、伊香郡四十六座の最初に記載されている伊香具神社は、貞観八年（八六六）、従四位上に叙せられている。[78] 伊香郡の大音という、近江国の北の果てにあるにもかかわらず、神階は高い。高月町の物部邑を三㎞ばかり北上すると、古戦場で名高い賤ヶ岳の丘陵地にさしかかるが、大音の邑は南の麓にひっそりと静まっている。『日本国誌資料叢書　近江』の記述にしたがうと、祭神伊香神は、当地の名族伊香連によって奉斎されており、[79] 彼ら一族の由来は、『帝王編年記』の「近江国風土記」逸文でしることができる。

「古老伝曰」ではじまる周知の羽衣の伝承がそれで、この地に住む伊香刀美という男が、天女を妻とする物語である。彼女は恵美志留ら四人の子を生み、その子供たちが伊香連の祖であるというのである。『姓氏録』左京神別上に、「伊香連。大中臣と同じき祖、天児屋根命の七世孫、臣知人命の後なり」とみえ、伊香連が大中臣氏と同族であることが分かる。また『伊香郡志』は「伊香刀美とは、天児屋根命四世の孫に御食津臣命ありて、其の子の伊香津臣人と同人なり。また其の子恵美志留はまた意美志留とも書かれ、臣知人命と言わるる人に当り」と述べており、羽衣伝説の恵美志留が天児屋根命の六世孫だというのである。

一方、郡の名称が伊香であることから、物部氏の祖の伊香色雄命、伊香色謎命の伊香に関わるとし、伊香連を物部氏と考える説もある(80)。高月町の検証のときに、中臣氏と物部氏の関わりがみられたが、その延長線上にこの説がある。立地的にも無理がない。伊香連の物部氏説は、大きな問題をかかえていると思う。

次は、伊香具社以外の余呉川沿いの神々をみてみよう。この社の南一㎞の地点に、天種子命を祭神とする伊香具坂神社が鎮座している。『書紀』の神武即位前紀によると、

行きて筑紫国の菟狭に至ります。時に菟狭国造の祖有り。号けて菟狭津彦、菟狭津媛と曰ふ。乃ち菟狭の川上にして、一柱騰宮を造りて饗奉る。是の時に勅をもて、菟狭津媛を以て、待臣天種子命に賜妻たまふ。天種子命は、是中臣氏の遠祖なり。

とあって、天種子命が中臣氏の遠祖であることが分かる。ちなみに『尊卑分脈』の「藤原氏系図」をみると、

天児屋根尊―天押雲命―天多禰伎命―宇佐津臣命―御食津臣命―伊賀津臣命―梨迹臣命―神聞勝命…下略…

と書かれている。当社の祭神天種子命（天多禰伎命）をはじめ、先の伊香具社のときにも登場した名が、いっせいに披露されている。両社は明らかに、中臣系を主張している。

伊香具坂神社の前の余呉川を南に下ると、布勢立石神社と阿加穂神社が、踵を接するようにして鎮座している。祭神は大山咋命と豊受比売命だという。後者の阿加穂神社について、志賀氏は社名と地名の由来を、後背地に産出

する赤埴に求めている。即ち赤埴は、アカハニ→アカホニ→アカホと変化する[81]からである。そうすると、ことは大きくなってくる。古代の赤埴は、重大な意味をもっているからである。ところで、阿加穂社のすぐ北側に布勢立石社が所在し、大山咋命を祀るとつたえているが、当社の場合、古くは三郷―赤尾・北布施・布施の総社だったという。布施の地名は字名で現存しているが、志賀氏の提出する注進状によると、「而るに赤尾村なるを土人立石明神と称すること宝暦中の届書にも見え、又古く布勢村とも云々と」みえる[82]ことから、この辺り一帯は布勢村という、大きな一つの括りであったと思われる。布勢という全体的な大きさで把握すると、しぜんと想起されるのが、阿倍氏一族の布勢氏のことどもである。話がここまで発展すると、いささか屋上屋を架す感なきにしもあらずだが、志賀氏が提示するもう一つの文書を読んでおこう。

越前気比大明神千年忌ニ付キ若州酒井殿、御奉行ヨリ角鹿郡刀根村田中神社使ニテ参詣スベキ案内アリシヲ以テ、
赤尾安国代参云々ト見ヘタリ

とある。志賀氏は「気比神宮との関係も考えられる」と述べ、阿加穂社と気比神宮との関わりを示唆しておられる[83]。

布勢三郷がおわったところで、今度は余呉川を北へ遡ってみる。この川は、賤ヶ岳丘陵の東のへりを伝いながら、北東方向に遡行してゆくが、伊香具社の所在した大音から次の集落の黒田までは、距離にして一㎞ばかりだろうか。黒田の邑に式内社が二座鎮座し、黒田神社・大沢神社と呼ばれている。余呉川はこのあたりから真っ直ぐに北上し、やがて左手に余呉湖を望もうとするあたりで、乃弥神社と出会う。祭神は野水神というから、明らかに産土神である。下流の、黒田神社のほうは、大己貴命と黒田大連を祀っていた。大沢神社のほうは、沢道彦命を祭神としていた。ここでは黒田大連と沢道彦命という、二柱の祭神を考えてみたい。

黒田神社について『伊香郡志』は、「上古此地を開拓せし黒田大連を合祀す」と書いている。『尊卑分脈』は、黒

田大連を継体天皇の時代に活躍した人だという。『群書類従』の中臣氏本系帳によると、黒田大連は塩屋牟漏連の女都夫羅古娘と結婚して、中臣常盤大連公を生んでいる。そして彼の義父である塩屋牟漏連は、葛木曾都比古命の後裔だというのである。また中臣常盤大連公は、鎌足の曾祖父であるといわれている。こうした事柄のひとつひとつが史実であると否とにかかわらず、黒田大連と中臣氏の縁由は、あさからぬものがあったのであろう。ところで、もういっぽうの祭神沢道彦命は、どのような内性をもっていたのだろうか。検討してみよう。沢道彦命の名は、『姓氏録』河内国皇別に「豊階公。河俣公と同じき祖。彦坐命の男、沢道彦命の後なり」とみえる。栗田寛は、

沢道彦命は開化天皇の皇子彦坐命の子、沙本毘古王の事と聞ゆ、古事記（開化段）に、此天皇云々娶二丸邇臣之祖日子国意祁都命妹意祁都比売命一、生御子日子坐王とありて、日子坐王娶二春日建国勝戸売之女名沙本之大闇見戸売一生子沙本毘古王、次袁邪本王、次沙本毘売命、亦名佐波遅比売とみゆ、此亦名によりて、沢道彦命と申は沙本毘古王ならむとは推測せらるるなり。

と述べ、沢道彦命は、実は沙本毘古王であろうと指摘する[84]。佐伯氏も栗田説をうけて、「沢道彦命は沙本毘古王（狭穂彦王）の亦の名であろう」と述べている[85]。また沙本毘古王の同母弟に、葛野別、近淡海蚊野別の祖である袁邪本王がいる[86]。沙本毘古王自身は日下部連らの祖であるから[87]、この二人の兄弟を祖として、山城国、近江国、河内国に広がっていった、彼らの後裔を想い描くことができる。和珥系氏族の、エリアの拡大を暗示するものであろう。

―石作連と玉作連―

布勢立石神社の東二㎞ばかりの地点に、石作神社と玉作神社の二社が鎮座している。余呉川と高時川のほぼ中ほ

どである。ここから北東方向へ約二㎞足らずの間に、式内社は二座鎮座している。等波神社と意富布良神社の二社がそれで、北側の意富布良社は大洞山の麓に立地している。志賀氏は、「意富布良の語源は大洞《オホホラ》であろう。大洞山にあり、かつ、大ホラ→大フラと転音する」と述べ、祭神については「非常に祟る神」という(88)、抽象的な表現にとどめている。また等波社の祭神については不明であると記しているが(89)、『市町村沿革史』によると、意富布良社は素盞嗚尊、等波社は神功皇后が祭神であるとしている。

つぎに石作、玉作の二社であるが、石作社の場合、祭神は建真利根命を伝えている。『姓氏録』左京神別下に、「石作連。火明命の六世孫、建真利根命の後なり。垂仁天皇の御世に、皇后日葉酢媛命の御為に、石棺を作りて献りき。仍りて姓を石作大連公と賜ふなり」とみえる。「皇后日葉酢媛命の御為に」云々は、「垂仁記」にも同様の記述がみられ、また『旧事紀』天孫本紀では、饒速日命の六世孫建麻利尼命として語られ、「次に建麻利尼命石作連、桑内連、山辺県主等の祖なり」とみえている。これらの記載によって、祭神建真利根命が石作連らの祖であったことが確認できる。

一方、玉作社の場合は祭神を天明玉命としているが、『古事記』では玉祖命と表記され、天石屋戸の段などで、「玉祖連等が祖なり」と語られている。『姓氏録』右京神別上によると、天明玉命の後裔は「玉祖連と号ひ、亦玉作連とも号ふ」と出ている。佐伯氏は「おそらく玉作連の本宗氏族が玉祖連と称した」と述べ、その賜名の時期は、

『和州五郡神社神名帳大略注解』国造神社条所引の「社家者玉作連説曰」に「神功皇后征二伐三韓一之年、荒木命令レ扈二従於豊浦海浜一。得二如意宝珠一献二上之一。負二玉祖名一為レ氏」とあるによれば、神功皇后朝のことと伝えられていたであろう。

という(90)。ところで、当社のお隣りの式内は等波神社だったが、祭神について志賀氏は触れていなかった。しかし、『市町村沿革史』の方は神功皇后と伝えている。玉作連の賜姓が佐伯氏の提示する神功皇后のときとするならば、

玉作社と等波社の祭神のありようは、にわかにその関わりを強めるものである、といえるであろう。

玉作りにからんでもう一つ見落としてはならないものに、石上神宮と玉作部の関わりがある。「垂仁紀」を読むと、五十瓊敷命が剣一千口を造り、神宮に奉納する記事がみえる。命はこのときの功で、玉作部などの十種の品部を賜っている。[91]寺村光晴氏は日本海沿岸の、とくに敦賀から鳥取県にかけての玉作の遺跡のありようと、石上神宮で発掘された玉類などを『書紀』の記述と結びつけ、「物部の軍事性と祭祀性と、石上神宮の玉作部の伝承から、物部と玉作の関係が求められる」と語っておられる。[92]大いに耳を傾けねばなるまい。

―高時川に坐す神々―

高月町を南北に貫流した高時川は、伊吹の山々に分け入っていくが、その途中、川合という集落で杉野川とに分流する。高月町の北の端に立地していた天比比伎命神社から、この川合という高時川と杉野川の二股地点までは、距離にして約三㎞余りである。この間のほぼ川沿いの山合いに、式内社が四社鎮座している。南から数えて、神前・與志漏・伊波太岐・佐波加刀の各社である。祭神は、神前神社が素戔嗚尊、與志漏神社は素戔嗚尊と波多八代宿禰命を合祀している。つぎの伊波太岐神社は保食ノ神、最後に、佐波加刀神社は日子坐王他七神を祀っている。素戔嗚尊と保食ノ神は国つ神であるから、検証は與志漏社からはじめてみる。

製鉄遺跡で知られた古橋という集落をはなれ、急坂をわずかに上ると、すでに山中深く分け入ったように感じられるが、その山腹に、與志漏社は鎮座していた。祭神とする波多八代宿禰命について、『記』『紀』はともに武内宿禰の男だと書いている。[93]『姓氏録』河内国皇別によると、「道守朝臣。波多朝臣と同じき祖。武内宿禰の男、八多八代宿禰の後なり。日本紀に合へり。」とある。おそらく道守氏か、あるいは波多氏が当社を氏神としていたのであろう。ところで、古代の風格を滲ませる本殿の趣きもさることながら、隣接する己高閣に収蔵された数多の神像、仏像には驚かざるをえない。きらぎらしい神仏像が所狭しと立ち並び、與志漏社とどのように関わったのか、山中の古社であるだけに、想像はふくらむ。境内を出てものの一〇〇mか二〇〇mも裏道を上ると、古代の製鉄炉の跡をみることができる。昭和六十年（一九八五）に調査されたというタタラ跡は、六世紀末から七世紀初頭のものとされているが、全国的にみても最古の製鉄遺跡だという。波多氏の流れをくむ氏族か、あるいは道守氏の一門がこの富を手にしたにちがいない。その富は、権威の象徴として、神仏の像に表されていたのかもしれない。いずれにしても、古代の鉄は富と武力をもたらす。

つぎに進もう。與志漏社の北には保食神を祀る伊波多岐の社が所在し、さらにその北の高時川と杉野川の合流点には佐波加刀社が鎮座している。祭神は日子坐王他七神を伝えている。七神は大俣王・小俣王・志夫美宿禰王・沙本毘古王・佐波遅比売命・室毘大王をいう(94)。室毘大王を除くと、いずれも日子坐王の御子たちが祭神となっている。室毘大王にしても、「開化記」では室毘古王という名がみえているから、おそらく回路は日子坐王につながっているのであろう。和珥系氏族が斎き奉っていた、と考えてまず間違いないと思う。

―丹生三郷と越への道―

伊香郡は南の高月町を除くと、ほとんどが東と北の険しい山並みに取り囲まれている。この山合いに向けて、南から北へと遡行するのが高時川と余呉川である。高時川の上流に、丹生という名の集落が上と下に所在している。丹生の邑から西側を流れている余呉川までは、直線距離で三㎞余りだが、余呉川沿いの山合いにも中之郷をはじめ、いくつかの邑が点在している。上・下の丹生の邑をふくめたこの辺り一帯は、古来丹生二郷と呼ばれ、北の国へぬけて行く要路として知られていた。また丹生という地名からも分かるように、この地は朱砂を産出している。いわゆる赤い埴土である。朱砂は辰砂・丹砂とも呼ばれ、神聖なる丹である。上と下の邑で神聖な丹を産出し、それぞれに丹生津比売神を祭神とする丹生神社を斎き奉っている。

「丹生津比売及高野大明神仕丹生祝氏」の言葉ではじまる『丹生祝氏文』によると、紀氏と出自を同じくする丹生氏の系譜に、物部氏の一族佐夜造と姻戚関係を結んだ丹生首麻呂の氏系が記されている。『姓氏録』には佐夜部首は、伊香我色雄命の子孫であると述べられているから(95)、丹生氏一族と物部氏との関わりを知ることができる。ところで丹生三郷とは、上下の丹生神社が鎮座する上之郷と、中之郷、それに余呉川を遡った所に立地する、東野・今市などの邑をふくんだ下之郷をさしているが、上之郷の検証を終えたところで、つぎは中之郷の神々である。ここには大水別神社と鉛練比古神社が所在し、前者は大水分神を、後者は天日槍命を祀っているという。水分神は、伊邪那岐・伊邪那美神話で生まれた水の配分を司る神で、当社が立地する大水ケ谷の名に相応しい場所に坐すが、後者の鉛練比古という社は、ずいぶん奇妙な名の神社である。志賀氏は地勢による社名を江並と考え、音韻変化で鉛練《えれ》になったと説く(96)。『伊香郡志』は、この地にとどまった天日槍が山を削りとり、余呉湖の四分の一を埋めて土地を開拓した、と書いている。この伝承を谷川健一氏は、鉄器を用いての開拓を暗示する典型的な、蹴裂《けさく》伝説だと指摘される(97)。周辺地に「日槍屋敷」という小字名が現存し、また「日槍塚」と名づけられた古墳などもみうけられる(98)。土地の人々は、おそらく天日槍の説話を語り伝えたにちがいない。

一方、余呉川の西に位置する下之郷には、草岡神社、天川命神社、佐味神社、大浴《おおあみ》神社の四社が鎮座している。祭神は彦坐王命、天川命、佐美持神・豊城入彦命、そして大浴社の玉依比売命となっているから、天つ神と国つ神が交互に祀られているカタチとなっている。草岡社の彦坐王は、繰り返しになるが、開化天皇と丸邇臣祖日子国意祁都命妹意祁都比売命との間にできた御子で、母方は明らかに、和珥氏の血筋をひいている。佐味神社の豊城入彦命は、崇神天皇が木国造荒河刀弁女遠津年魚目目微比売《とほつあゆめまくはしひめ》と結婚して生まれた子で、上っ毛野君、下っ毛野君等祖であるという(99)。『姓氏録』によると、「佐味朝臣。上毛野朝臣と同じき祖。豊城入彦命の後なり。日本紀に合へり」

とあって、佐味氏の氏神と思われる佐美持神が豊城入彦命と関わりのあることが分かる。佐味について佐伯氏は、「上野国緑野郡佐味郷の地名にもとづく」とし、「越前国司解」などにより、越前丹生郡に多くの佐味氏が居住していたことを指摘する。(100)

伊香郡IIの二十八社のうち二十三社の検証が終わった。残った五社のうち二社は祭神や所在地が不明とされ、あとの三社も、いうならば僻遠の地の神々である。そのうちの一つ、北の果ての椿神社は、北国街道が越前へ抜けていく、椿坂という峠道に鎮座している。祭神は猿田彦命を伝えている。天孫降臨のとき、猿田彦は天の八衢で天孫たちを待ち構え、「僕は国つ神、名は猿田毘古神」と名乗って天降りの先導をつとめている。北国街道が越の国へぬけてゆく椿坂に、八衢の神猿田彦命はふさわしい。

つぎに二社目の足前神社は、北陸本線が余呉トンネルを抜け出たすぐの集落、祝山に鎮座している。祭神について、志賀氏は葦穂の神と述べる程度で、明解な特定を避けているが、『市町村沿革史』は経津主神をあげている。葦原中国平定に関わる物部氏の祖神であるが、この神については、後節でもう少し考えてみたい。残った三番目の波弥神社は、木之本町から賤ヶ岳のトンネルを西へくぐりぬけた、湖岸の飯浦の地に所在している。祭神は波多八代宿禰命を伝えている。(101)既に述べたように、この命は武内宿禰の子で、『古事記』は波多臣・林臣・波美臣・星川臣・淡海臣・長谷部君の祖であると語っていた。志賀氏は、「こんな田舎にかかる名族の祖神が祭られるはずはない」(102)と述べるが、この辺りの祭神のありようなどからみて、私には、波多氏と同族の道守氏が関わっていたように思われてならない。

最後に、不明の二社が残った。大椋神社は祭神も所在地もまったく分かっていない。意太神社も同じように不明は不明だが、わずかな資料から所在地は確かめられるように思われるものの、志賀氏は否定的である。(103)意太社については後に、もう少し述べてみることにする。

式内社二十八社という伊香郡Ⅱ地域の大きな数の検証が、やっとおわった。不明の二社を除いた二十六社のうち半数は、天つ神で占められていたという結果がでている。近江国の最北の地で、いいかえれば大和の王権から最もはずれた僻地で、この数と内容は驚きである。湖東地域から湖北の坂田郡・浅井郡にかけて、天つ神は減少の一途だった。それだけにここへきて、伊香郡の天つ神の数の大きさは、よけいに目立つ。なかでも中臣氏系の神々が目につく。ついでは和珥氏系の神々である。こうした辺りのことどもを、部分的な小さな地域に限定せずに、もう少し大きなまとまりで考察したとき、また別な考え方もできるだろうと思う。後節に委ねてみたい。

（七）　湖西の神Ⅱ（高島郡）

西湖岸の北半分の地域が高島郡である。南は滋賀郡に接し、北は東の部分で伊香郡と隣合うから、かなり広範囲な地域といえる。しかし西側からは比良山系が湖岸を圧迫し、平地は少ない。わずかに安曇川の下流域に高島平野が開けるていどで、郡全体は山々に覆われている。

湖岸に沿って西近江路が敦賀へはしり、若狭街道は今津から若狭国へとのびているように、高島郡は日本海を結ぶ交通の要の地となっている。湖岸には当然、要所々々に津が設けられている。かつて戦いに敗れた藤原仲麻呂は、高島町の勝野の浜から塩津を経て、北国へ落ちのびようとした。大和と日本海を結ぶ水陸の要路が、高島郡なのである。この地に、三十一処三十四座の式内社が鎮座している。南から数えて、祭神は次のようになる。

図６　湖西Ⅱの式内社（高島郡）

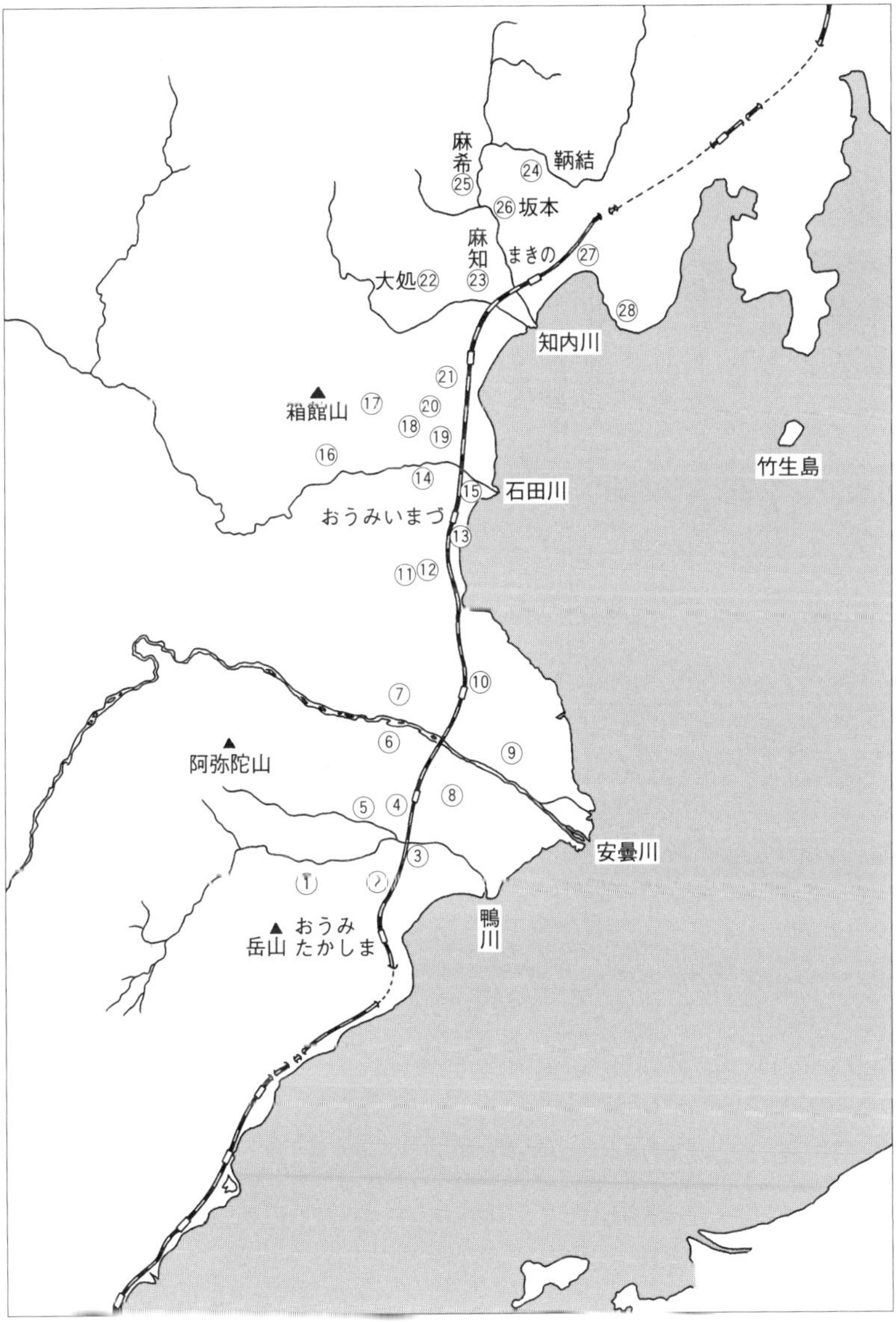

「高島郡の式内社」

表11　高島郡の祭神三十四座〈大二座小三十二座〉

①	水尾神社二座（並名神大。月次新嘗。）	磐衝別命・猿田彦命・天鈿女命	天△
②	長田神社	事代主命・天鈿女命	△
③	志呂志神社	瓊瓊杵尊・玉依姫命	天
④	箕島神社	大山積命	△
⑤	宇伎多神社	八重事代主命	△
⑥	三重生神社二座	彦主人王	OO
⑦	大荒比古神社二座	大荒田別命・豊城入彦命	天天
⑧	與呂伎神社	古守神・勝手神	天
⑨	大田神社	大年神	△
⑩	大寸神社	猿田彦神	△
⑪	波爾生神社	波爾山比売命・弥都波能売命	△
⑫	熊野神社	須佐之男命	△
⑬	大水別神社	天水分神	△
⑭	阿志都弥神社	木花開耶姫命	△
⑮	小海神社	伊奘諾尊	天
⑯	弓削神社	誉田天皇	O
⑰	日置神社	日置宿禰他七神	天
⑱	田部神社	田部大明神	△
⑲	津野神社	木角宿禰	天
⑳	櫟原神社	天照大神・豊受気大神	天
㉑	大野神社	大山咋神	△
㉒	大処神社	大処ノ神	△
㉓	麻知神社	櫛真知命	N

△	国つ神	十五座
O	息長系	四座
N	中臣系	一座
W	和珥系	一座
天	その他の天つ神	十座
	不明	三座
	計	三十四座

㉔	鞆結神社	誉田別命	O
㉕	麻希神社	御気津神	△
㉖	坂本神社	豊城入彦命	天
㉗	小野神社	天足彦国押人命	W
㉘	大前神社	素戔嗚尊	△
	大川神社	祭神不明	
	荒椋神社	祭神・所在地共不明	
	槻　神社	祭神・所在地共不明	

—鴨川と安曇川に坐す神々—

高島郡は先にも述べたとおり、平野部に乏しい。しかし、比良山系を抜け出した鴨川と安曇川が作りあげた高島平野は、湖西最大の平野部を形成している。南側を流れている鴨川に坐す、五処六座の神々から検討をはじめてみよう。

比良の山合いから平地に出た鴨川は、拝戸という小さな集落にさしかかるが、名神大社の水尾神社は、ここにひっそりと鎮まっている。祭神について『高島郡誌』は、「南本殿磐衝別命、北本殿比咩神」とし、「従来南は猿田彦、河内の社と号し、北は天鈿女命、河北の社と称せり。されど三尾君の族が其祖を祀れるなり」と書いている。「垂仁紀」によると、天皇が山背に行幸したとき、山背大国不遅女綺戸辺を招して妃とし、磐衝別命を生んでいる。「是三尾君の始祖なり」[104]ということである。

橋本鉄男氏は和邇估容聡の手になる『三尾大明神本土記』をとりあげ、由来伝の大意を紹介しておられる。「その最初は垂仁天皇の第一皇子磐衝別命で、この皇子が三尾郷に来て猿田彦命を三尾の神として祭り、そこに神戸を寄付された。ゆえにそこを拝戸の宮という」とある。氏はさらに語をついで、「もちろん縁起類の常として仮託付会の面もあるが、その大筋は史実によったものと思われる」[105]と結んでいる。継体天皇は三尾氏の女を妃にいれているが、このこともさることながら、継体の母振媛の先に、偉波都久和希の名があったことを見落としてはならない。これらのことを合わせ考えるとき、橋本氏のいう「大筋は史実」といえるのであろう。

水尾神社の東に、事代主命を祀る長田神社が鎮座している。事代主命といえば、葛城鴨族の総元締めだが、鴨川の流れが近いだけにその関わりが気になるものの、資料が見当たらない。むしろ、長田社の北東にある志呂志神社のほうが面白い。この社は、鴨川沿いの南側に立地しているが、社を取り囲む周辺地の名称がユニークである。所在地の集落が鴨であり、東の邑は出鴨、西のそれは宿鴨、北へ川を越えると、北鴨という具合になっている。祭神は、瓊瓊杵尊と玉依姫を祀っている[106]。玉依姫は『古事記』の語る海神の女[107]として、うけとめておきたい。瓊瓊杵尊は、天孫族の象徴と解釈していいだろう。したがってここでも、国つ神に天つ神が重なっていく一つの姿を、描いていると思う。志呂志社の北に所在する箕島神社の祭神大山積命もまた、海に関わる神である。『釈日本紀』に引用されている『伊予国風土記』を読んでみよう。

伊予の国の風土記に曰はく。乎知の郡、御嶋。坐す神の御名は大山積の神、一名は和多志の大神なり。是の神は、難波の高津の宮に御宇しめしし天皇の御世に顕れましき。此神、百済の国より度り来まして、津の国の御嶋に坐しき。云々。御嶋と謂ふは、津の国の御嶋の名なり。

大山積神——山の精霊の神が、和多志の神、つまり航海の大神だというのである。そうして、この神は摂津の三島から伊予の三島へ移ったという。摂津国島下郡には今も三島鴨神社が、大山積神と事代主神を奉斎して、鎮座している。ここでは三島の神と、鴨の神が結びついている。同じようにして、高島郡でも鴨の神が大山積神と共存している。大山積神を祭神とする箕島神社の西に立地する、宇伎多神社の祭神が八重事代主神であるし、先に述べた長田社の祭神も事代主神であった。いずれにしろ、鴨川の流れをはさんで居住していた、航海の術に長けた人々の姿が、彷彿として立ち上がってくる。それでは、安曇川の場合はどのような神々が坐したのか、をみてみよう。

　比良山系の水を集めた安曇川は、右手に泰山寺野台地をかすめながら高島平野へとさしかかるが、式内の三重生神社は、この台地の東端に鎮座している。祭神について、志賀氏は確定を避けているが、『市町村沿革史』によると、彦主人王と振媛を伝えている。継体天皇の父と母が祀られているということになるわけだが、後背地の泰山寺野台地に田中王塚と呼ばれる全長七〇mの帆立貝形古墳があって、彦主人王の墓だというのである。宮内庁管轄下の陵墓参考地となっており、築造年代は五世紀末から六世紀初頭ころとされているから、文献史料との間に若干の誤差を生じている。しかし先にも少しふれたが、「継体紀」によると、彦主人王は三尾の別業の地にあって、越前坂井郡から振媛を迎え入れ、継体天皇が生まれたと記している。そして継体はのちに、三尾君　族から妃を二人招じているから、継体も、その父母も、縁由あさからぬ土地柄のはずではある。

　ところで、三重生社の対岸に鎮座する大荒比古神社の祭神にも、興味ある神々の名が連なっている。崇神天皇の皇子の豊城入彦命と、大荒田別命がその神々であるが、『姓氏録』によると、大荒田別命は豊城入彦命の四世孫[108]となっている。読んでみよう。

　広来津公。下養《しもかひ》公と同じき祖。豊城入彦命の四世孫、大荒田別命の後なり。

と書かれている。広来津の氏名は尋来津とも表記されるが、佐伯氏は広来津の氏名について、「倭国の吾礪《あと》の広津広津、此をば比廬岐頭と云ふ。邑」（「雄略紀」七年是歳条）と記されている地名、つまり河内国渋川郡の跡部郷にもとづくと述べている[109]。跡部郷は現在の八尾市植松町付近に比定され、物部氏の本貫の地とする所である。尋来津としての氏名を『姓氏録』でみると、「尋来津首。神饒速日命の六世孫、伊香我色雄命の後なり。」と記載されており[110]、大荒田別命の後裔である尋来津氏が、物部氏の同族であった可能性もでてくる。

大荒比古神社から安曇川を三㎞ばかり下ると、川岸の南寄りに與呂伎神社が所在している。社伝によると、元は古守社を称し、祭神は古守の神を奉斎するという。古守社で頭に浮かぶのが、丹後国一宮のこもり神社、すなわち籠神社のことである。現在は「このじんじゃ」と呼んでいるが、元は「籠守《こもり》」と呼ばれている。累代の宮司家海部氏が、今も彦火明命を斎き奉る名神大社であり、祭神の火明命は、尾張連らの祖神である。ここ與呂伎社の場合、社伝が古守社を云々しているからということで、丹後の籠神社との結びつきを考えるのは早計かもしれない。しかし、先の三重生神社の摂社に気比神社の存在がみえたり、あるいは次に述べる大田神社の祭神に住吉三神の影がみえたりすると、あながち早計といえなくなってくる。

その大田神社は與呂伎社の北東に所在し、安曇川のもっとも下流域に立地する式内社である。祭神は大年神とされているが、『高島郡誌』によると、安曇氏が表筒男・中筒男・底筒男の住吉三神を、祖先神として祀っていたという。この伝承のなかにも安曇族の早い時期の来住が考えられ、いずれにしても安曇川の周辺部には、綿津見の神々の根強い結びつきが感じられるのである。

―木津、今津と箱館山の山麓―

今津町の南の端に、小さな港がある。木津《こうつ》と呼ばれている。『和名抄』に記載される、いにしえの木津郷の中心地で、古代は若狭からの物資がここで船積みされたという。

この地域に式内の三社が鎮座している。波爾生神社、熊野神社、そして大水別神社の三社である。社名からも想像されるように、祭神は三社とも国つ神が祀られている。その神々のなかで目をひかれるのが、熊野社の祭神である。志賀氏は、波爾生社の境内社となっている熊野神社を式内としているが、当地にはこの他に、安曇川上流の上古賀や、石田川上流の蘭生という邑にも熊野社が鎮座している。これらの三社はいずれも、饗庭野台地の周辺を取り巻くようにして所在し、この台地が元は熊野山と呼ばれていたことから、熊野社はもともと一社であった可能性を示唆する橋本氏の説もある[111]。祭神についても、氏は実に興味ある資料を提示しておられる。それによると、『大日本史』神社志は、物部の同族である熊野連が祖先を祀っていたと述べ、これをうけて『神祇志料』は味饒田命を、『神名帳考証』は饒速日命を、それぞれ祭神としていた、というのである[112]。今これらの神々を検証する余裕はないが、表向きの現在の祭神とは別に、見えない芯の部分で、物部氏の影があるように思われてならない。

つぎに、石田川の周辺と、箱館山の麓から今津の浜にかけてをみてみよう。石田川は、若狭街道の起点となる今津の町を南北に分断しているが、その南岸に二つの式内社が鎮座している。木花開耶姫命を祭神とする阿志都弥神社と、伊奘諾尊を祀る小海神社が、それぞれに国つ神と天つ神を分けあっている。上流の北側には、誉田天皇を祀る弓削神社がある。ちょうど、箱館山の南の麓にあたる位置である。ここから北東へ約二km、次は箱館山の東の麓に、日置神社が鎮座している。祀られている素戔嗚尊をはじめとした祭神八神のなかに、日置宿禰の名がみえる。弓削と日置、この二つが並ぶと、剣一千口を石上神宮に奉納した五十瓊敷入彦命のことを思い出すが、このときの功で入彦命は十箇の品部を賜わっている[113]。楯部などとともに、神弓削部、日置部の名がみえており、彼らが共に物部氏に関わっていたことは見逃せない。

ところで面白いことに、日置神社を上の宮と称し、日置社の東、湖岸寄りの津野神社が下の宮と呼ばれて、鎮座していることである。津野社は祭神を武内宿禰の子・木角宿禰と伝えているが、志賀氏は、武内宿禰が高島郡と何ら関係をもつものでなく、後世の付会であろうと述べている[114]。当社の所在地は『和名抄』のいう「角野都乃」郷であり、祭神は木角宿禰よりは、石田川上流の角川から角野郷にかけてを支配していたと思われる、角氏の祖神と考えた方が合理的である。既にふれたように、謀反をおこして戦いに破れた藤原仲麻呂が、高島の角家足の宅に一時身を寄せている。家足の本貫地は、おそらく角野郷であったにちがいない。

角家足らが斎く津野神社は下の宮と呼ばれていた。上の宮は日置神社であった。日置社は弓削神社とセットで考えられる。そうすると日置社を中に据えて、弓削社と津野社の三位一体が考えられる。津野神社の祭神に、物部系か、物部系に近い、たとえば和珥系であるとかが、ありうる。またその蓋然性は高いはずである。

この地域にはあと三社、つまり田部、櫟原、大野の各社が、式内社として鎮座している。祭神は田部神社が田部大明神、櫟原神社が天照大神と豊受気大神、大野神社が大山咋神となっている。天照大神を除けば、素朴な先住の神々という感じである。

―知内川流域と海津に坐す神々―

知内川と百瀬川が作り出した扇状地に、マキノの町がある。西の外れに一社、南北に走る街道と、東の海津へ行く街道の交点、いわゆる大町に一社、合わせて二社の式内がこの町に鎮座している。前者は『和名抄』の大処郷の中心に位置して大処神社、古くから「処の神様」と呼ばれ、崇敬を集めていたという。原初の姿を残した、素朴な地主の神といえるだろう。後者の町なかの麻知神社は、櫛真知命を祭神と伝えている。『延喜式』神名帳によると、大和国十市郡に天香山坐櫛真命神の記載がみられる。『大倭国正税帳』に、久志麻知神とみえることから、櫛真命は「櫛真知命」が正しいとされている。志賀氏は、近世の知識人がこの真知命を付会したとするが、周知のように、天香山は埴土に由来する神聖な霊山である[115]。『中臣の寿詞』によると、

この玉櫛を刺し立てて、夕日より朝日の照るに至るまで、天つ詔との太詔と言をもちて告れ。かく告らば、麻知は弱韮《わかひる》にゆつ五百篁生ひ出でむ。その下より天の八井出でむ。こを持ちて天つ水と聞しめせ

とある。

麻知は、占いや祝いなどの表れる、神聖な場所のことだとされているが[116]、クシマチと考えて、差し支えないので

はなかろうか。永留久恵氏は、クシマチを亀卜の神であると述べ、対馬の太祝詞神社の話のなかで、このことを書いておられる。そして、その神名のありようなどから、対馬卜部の祭神であると結んでいる。(117) 卜部氏は中臣氏に通ずるから、麻知神社の櫛真知命は、中臣系氏族の斎く祭神であったと考えて大過ない。

次は知内川流域の神々をみておこう。北近江の野坂山地を出てきたこの川は、追坂峠で行く手をさえぎられ、西方へ大きく転回する。山崎山の台地状の裾野をゆっくりと弧を描き、白谷の付近で再び南下をはじめ、牧野、津久保を経て湖岸に達する。この川沿いに、上流から数えて、靹結・麻希・坂本の三社が、山崎山を取り囲むようにして、鎮座している。祭神はそれぞれに、誉田別命・御気津神・豊城入彦命を伝えている。麻希神社の御気津神は、靹結神社が祭神とする誉田別命（応神天皇）と名をとりかえた、伊奢沙和気大神のことであるから、この両社は一体だとみなしうる。いっぽう坂本神社の祭神豊城入彦命は、先述したように、尋来津首を介することで物部氏につながる可能性を含んでいた。このことは、当地の牧野一帯が古代の製鉄遺跡であったことを考えると、蓋然性はかなり高まってくる、といえるであろう。

最後に残ったのが、海津の集落に鎮座する小野神社である。古来からの交通の要衝で、ここに天足彦国押人命を祀っている。小野一族が斎く和珥氏の祖神である。ここで少し元にもどって整理をしてみると、知内川の小さな扇状地に、ＪＲのまきの駅を中心にして麻知・坂本・小野の三社が鎮座していた。そしてその祭神は、麻知社が櫛真知命で中臣系であった。小野神社の祭神はまぎれもなく和珥氏系である。問題は坂本社だが、尋来津首を介することで物部氏系であったとすれば、知内川の河口に近く、中臣系、物部系、和珥系の三社が対峙していた、といえるのである。

滋賀郡から始まった式内社祭神の分析作業が、ようやく終わった。結果を地域別の数字にまとめてみた。先学の

表12　近江国の式内社155座の内訳

		国つ神	中臣系	物部系	和珥系	息長系	金属に関わる神	その他の天つ神	不明	合計
		△	N	M	W	○	K	天	×	
湖西Ⅰ	滋賀郡	2	0	0	3	0	0	3	0	8
	小計	2	0	0	3	0	0	3	0	8
湖南	栗太郡	2	1	0	0	0	1	4	0	8
	野洲郡	4	2	2	0	1	0	0	0	9
	甲賀郡	3	1	4	0	0	0	0	0	8
	小計	9	4	6	0	1	1	4	0	25
湖東	蒲生郡	4	1	1	0	0	1	4	0	11
	神崎 愛知 郡 犬上	7	0	1	1	0	0	3	0	12
	小計	11	1	2	1	0	1	7	0	23
湖北	坂田郡	3	0	0	0	1	1	0	0	5
	浅井郡	10	0	1	1	0	0	2	0	14
	伊香郡(Ⅰ)	7	4	1	2	1	0	1	2	18
	伊香郡(Ⅱ)	13	3	2	3	1	3	1	2	28
	小計	33	7	4	6	3	4	4	4	65
湖西Ⅱ	高島郡	15	1	0	1	4	0	10	3	34
	小計	15	1	0	1	4	0	10	3	34
合計		70	13	12	11	8	6	28	7	155

研究成果を殆どそっくり頂きながら、なおかつ、祭神を確定することの困難さ、国つ神・天つ神を各ウジ族のそれぞれの祖神とする判断のありようなどなど、これらのことが困難であればあるほど、基礎資料となる、特定された祭神の信頼性が問われることは、明らかである。そうした問題を含みながら、祭神の内性を文献資料の一つひとつで洗い流し、できるかぎりの裏づけをとることで進めた作業結果が、とにもかくにも表れた。

表をみてすぐ気づくことの一つに、湖南における天つ神系の比重の高さである。五一頁の図3に即して湖南全体をみるとき、とくに野洲川を中心とした天つ神のありように、顕著な現象が表れている。そしてもう一つは、はじめにも触れたが、湖北における目をみはるばかりの、神々の集合である。しかし同じ湖北という一つのくくりの中でも、坂田郡と、浅井・伊香二郡の間に、かなり大きい断層がみられた。いいかえると、姉川の南と北で著しい差があるということである。姉川を挟んだ南と北に、大きく分断した何かがあったにちがいない。

節をあらためて、これらの二つの問題点——野洲川の流域と、湖北三郡の、とくに姉川の北側の地域を考えてみたいと思う。

第二節　野洲川の流域について

（一）　饒速日命の系譜

野洲川は近江国第一の大河で、その源を鈴鹿の連山に発している。東から西へ、山合いを抜け出した流れは水口の町の手前で、まず最初の式内社に出会う。『延喜式』神名帳近江国甲賀郡条に記載されている、川枯神社である。在地の豪族川枯氏の氏神社であったことは、想像に難くない。『旧事本紀』が述べる淡海川枯姫がこの地を本貫としたことも、まず動かないであろう。彼女はすでに述べたように、饒速日命の孫彦湯支命と結婚して、一男を設けている。『旧事本紀』のいう出石心大臣命がその一男であるが、この命の子・大水口宿禰命がつぎの式内社、水口神社に関わってくる。

川枯の地をはなれて野洲川を四、五㎞ばかり下ると、水口の町に至る。古代の伊勢大路がはしり、近世の東海道五十三次の宿場町でもあった古来からの交通の要衝である。水口の社はこの地に鎮座して、出石心大臣命の子・大水口宿禰命が祀られていた。淡海川枯姫に即していえば、孫にあたるわけである。饒速日命からは四世孫になり、穂積臣・采女臣等の祖である[118]、といわれている。弟が一人いて、大矢口宿禰命と呼ばれ、その孫の伊香色雄命が物部氏の祖とされている[119]。

面白いのは対岸の下流寄りに、祭神を天湯河桁命・天児屋根命とする、川田神社が鎮座していることである。天

図7　物部氏の系譜（『先代旧事本紀』天孫本紀による。〈畑井弘『物部氏の伝承』吉川弘文館より。一部改変〉）

天照孁貴《アマテラスヒルメノムチ》—正哉吾勝々速日天押穂耳尊《マサヤアカツカツハヤヒアマノオシホミミノミコト》
高皇産霊尊《タカミムスビノミコト》—豊秋幡豊秋津師姫栲幡千々姫《トヨアキハタトヨアキツシヒメタクハタチチヒメ》
　—天照国照彦天火明櫛玉饒速日尊《アマテルクニテルヒコアマノホアカリクシタマニギハヤヒノミコト》—以下、次の系図1・2・3参照
　—天饒石国饒石天津彦彦火瓊々杵尊《アマノニギシクニノニギシアマツヒコヒコホノニニギノミコト》

［系図1］　注・（神武）……神武天皇のとき、「奉斎大神」。以下、（開化）までは同じ。（崇神）……崇神天皇のとき、「奉斎石上神宮」。

〔児〕　〔孫〕　〔三世孫〕　〔四世孫〕　〔五世孫〕　〔六世孫〕

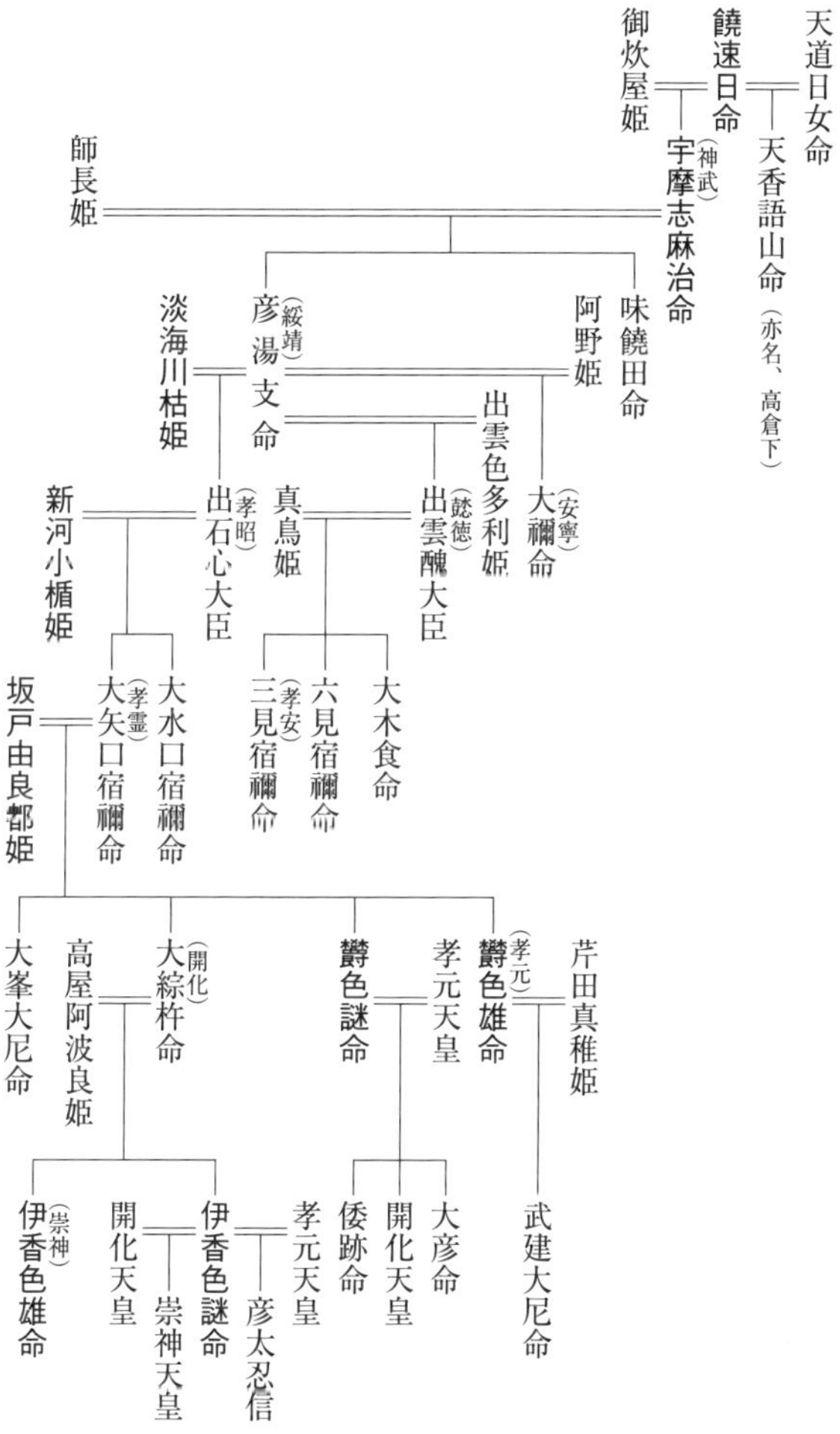

〔系図２〕　注・（崇神）……崇神天皇のとき「奉斎石上神宮」。以下同じ。

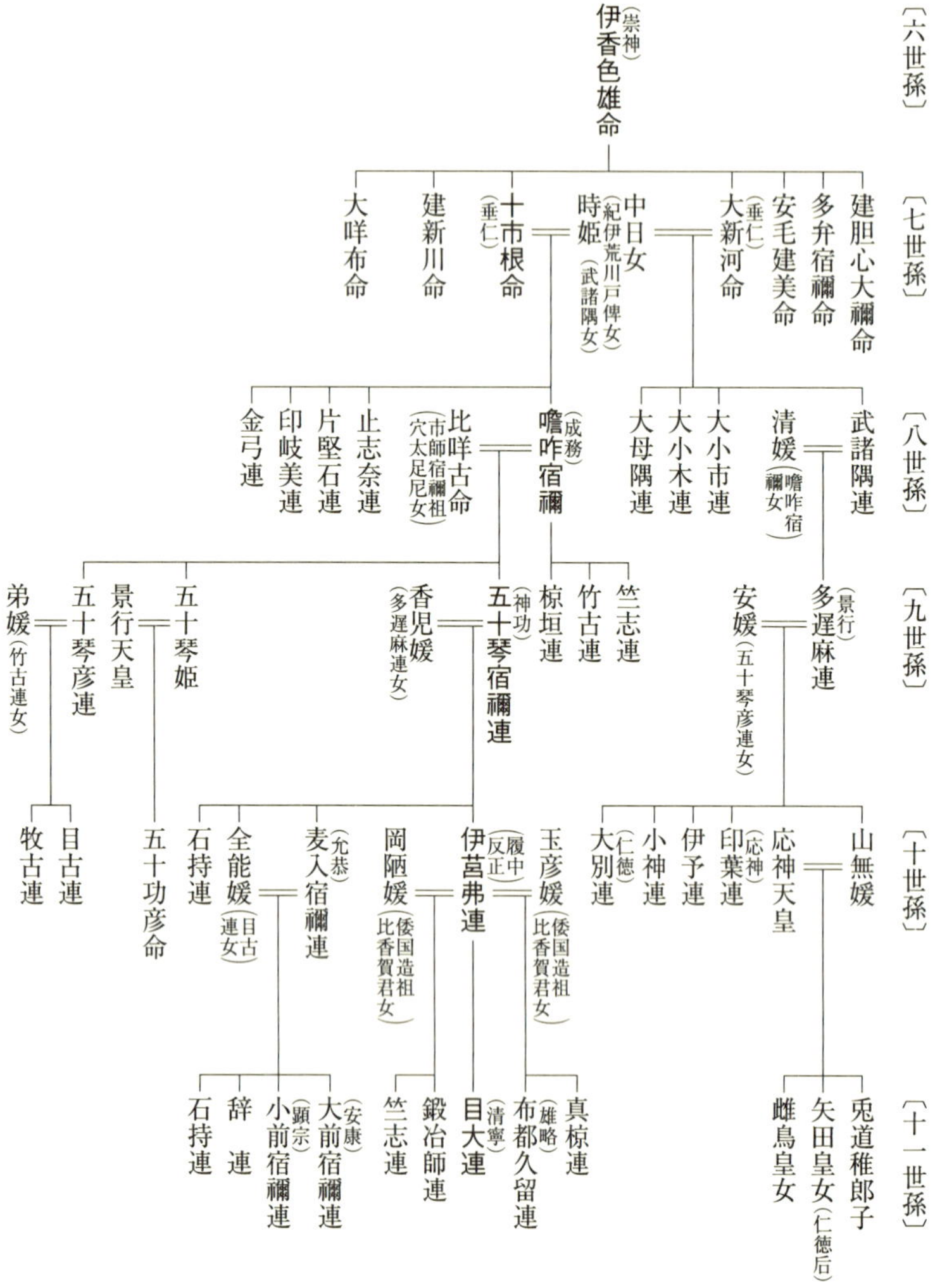

〔系図3〕

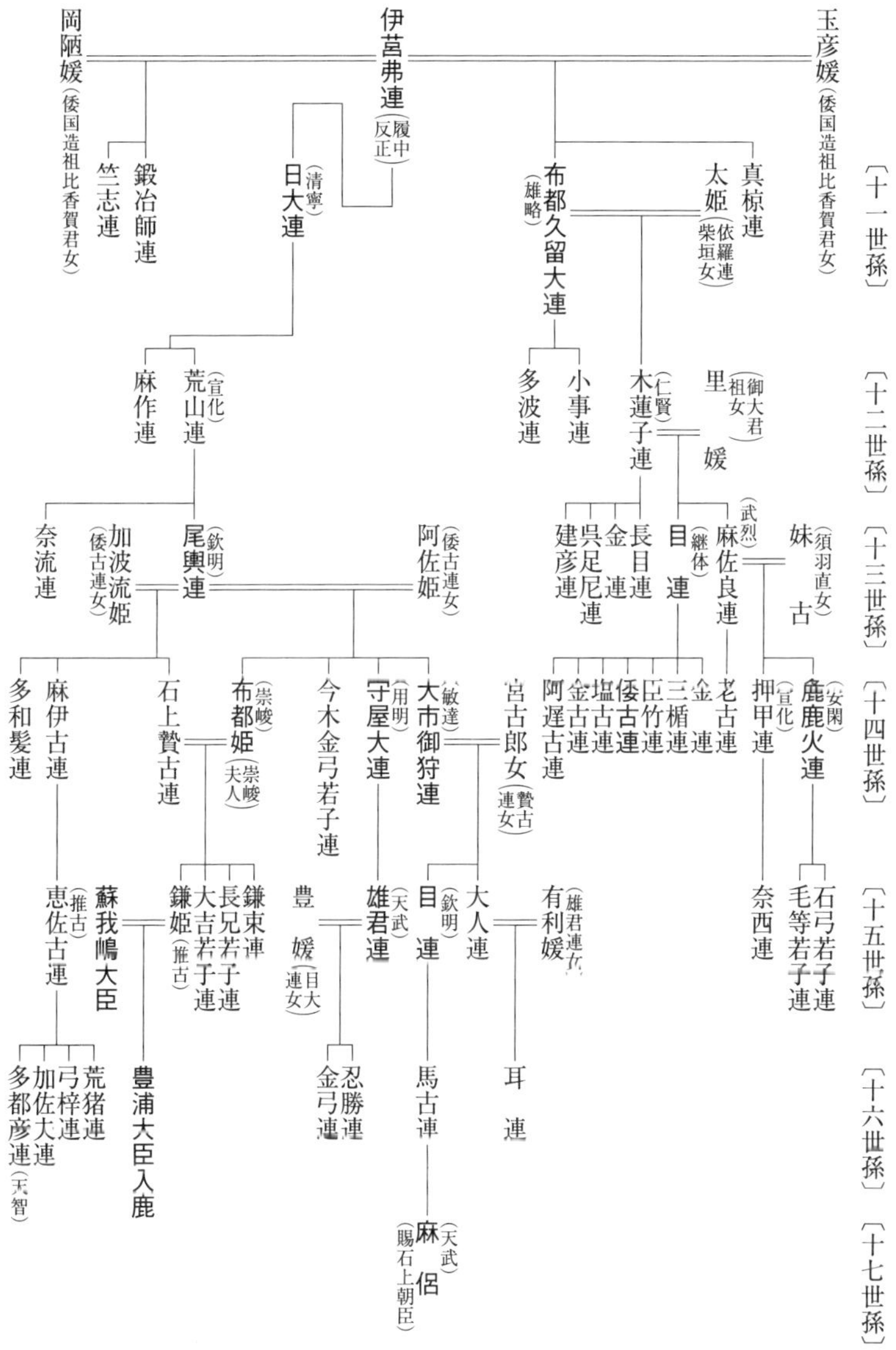
〔十一世孫〕
〔十二世孫〕
〔十三世孫〕
〔十四世孫〕
〔十五世孫〕
〔十六世孫〕
〔十七世孫〕
玉彦媛（倭国造祖比香賀君女）
伊莒弗連（履中反正）
岡陋媛（倭国造祖比香賀君女）
真椋連
太姫（依羅連柴垣女）
布都久留大連（雄略）
日大連（清寧）
鍛冶師連
竺志連
里媛（御大君祖女）
木蓮子連（仁賢）
小事連
多波連
荒山連（宣化）
麻作連
妹古（須羽直女）
麻佐良連（武烈）
目連（継体）
長目連
金連
呉足尼連
建彦連
阿佐姫（倭古連女）
尾輿連（欽明）
加波流姫（倭古連女）
奈流連
麁鹿火連（安閑）
押甲連（宣化）
老古連
金連
三楯連
臣竹連
倭古連
塩古連
金古連
阿遅古連
宮古郎女（贄古連女）
大市御狩連（敏達）
守屋大連（用明）
今木金弓若子連
布都姫（崇峻）（崇峻夫人）
石上贄古連
麻伊古連
多和髪連
石弓若子連
毛等若子連
奈西連
有利媛（雄君連女）
大人連
目連（欽明）
雄君連（天武）
豊媛（目大連女）
鎌束連
長兄若子連
大吉若子連
鎌姫（推古）
蘇我嶋大臣
恵佐古連（推古）
耳連
馬古連
忍勝連
金弓連
豊浦大臣入鹿
荒猪連
弓梓連
加佐夫連
多都彦連（天智）
麻侶（天武）（賜石上朝臣）

湯河桁命といえば、繰り返しになるが物部氏の資人として、古代に勇名を馳せた捕鳥部萬の祖神である。水口社のありようなどと関連して、川田神社は明らかに物部系の古社と呼んで差し支えないと思う。しかるにこの社に、天児屋根命が配祀されていることは既に述べたとおりだが（六三頁）、物部氏系に介入してくる中臣氏の具体的なカタチが、こうした現象を通じてうかがえるようである。この場合は天湯河桁命という、天児屋根命とは何の関わりもない神が、共に祀られていたが故に、際立ってその違和感がみえてくる。中臣氏の露骨な関与があったとしかいいようがない。

水口の集落を出て、さらに下流に向けて下ってみよう。石部町から野洲町にかけて、石部鹿塩上神社→高野神社→御上神社の順に三社が鎮座している。石部鹿塩社は鹿葦津姫という国つ神を祭神とし、高野神社は大名草彦命という天つ神を祭神としている。両社に関して、ここではとくに取り立てて云々するような問題点は、見当たらない。しかし三社のなかで次の御上神社は、大きな問題を抱え込んでいる。祭神は天之御影神で、その娘が息長水依比売と呼ばれていたことは、すでになんどか述べている。『旧事本紀』天神本紀は饒速日命が天降るとき、随伴する三十二神のなかに天之御影神を天御蔭命として、その名を記載している。そして天御蔭命が、凡河内直等祖であると書いている。凡河内といえば『古事記』が誓約の段で、天津日子根命は凡川内国造等祖である、と述べていたのを思い出す。これは凡川内氏をめぐって、『記』はその祖を天津日子根命であるといい、『旧事本紀』は天御蔭命だというのだから、両書のくいちがいを示している。ところが『姓氏録』を読むと、

額田部湯坐連。天津彦根命の子、明立天御影命の後なり。(120)

と記載されており、天津彦根命と天御影命が父と子の関係にあったことが分かる。したがって『古事記』と『旧事本紀』の記述の差も、父と子の違いはあるものの、凡川内は一致しているといえる。天之御影神の実態を解く鍵はこのあたりが、つまり、凡川内が糸口を与えてくれるのではなかろうか。

さて、これから先の下流域は、湖岸に向けて近江国でも最大にして、最も豊潤な野洲の平野が展開している。そしてここには、上新川と下新川の二社の式内社が鎮座している。上新川神社には饒速日命の七世孫大新川命が祀られ、川口に近い下新川神社には、三世孫出石心大臣命の妻となった新川小楯姫が祀られていた（五八〜五九頁参照）。『旧事本紀』天孫本紀によると、

大新河命。此命纏向珠城宮御宇天皇御世、元為二大臣一。次賜二物部連公姓一。

と記されている。垂仁天皇のとき、はじめて物部連公姓を賜わったというわけだが、興味をひかれるのはこの命の弟建新川命のことで、『姓氏録』に建新川命は大宅首の祖である、と記載されていることである。左京神別上に、

大宅首。大閇蘇杵命の孫、建新川命の後なり。

とある。大宅氏ということになると、これは和珥氏にも回路をもつはずだが、いずれにしても、『姓氏録』のこの記述は見逃せない。いっぽう、下新川神社の祭神新川小楯姫命は、先述したように、饒速日命の三世孫と結婚し、大水口宿禰命と大矢口宿禰命という二人の男子を所生している。大水口は穂積臣らの祖であり、大矢口の場合は、その子の大綜杵命が物部氏の遠祖であった。

野洲川の上流から下流へと下ってきた。下りながら大急ぎで流域の神々をみてきたが、ざっと見渡していえることは、川筋のほとんどの祭神が、饒速日命に関わる神々であったということである。そこでもう一度整理しながら、饒速日命の系譜に即して、祭神たちがいかに野洲川に関わっていったのかを、みてみよう。

まず川上と川口で、饒速日命の孫と曾孫が、それぞれに在地の淡海川枯姫、新河小楯姫を娶っている。四世孫の大水口宿禰命は、上流の交通の要衝、水口の町に祀られていた。穂積臣らの祖である。弟の大矢口宿禰命は、坂戸由良都姫と結婚している。彼らの間にできた子が五世孫の大綜杵命で、『古事記』は物部氏の遠祖であると述べていた。この命が結婚した相手は、「天孫本紀」によると高屋阿波良姫だと記述されている。

ところで、孫と三世孫が結婚した相手は、いずれも在地の娘たちであったが、四世孫と五世孫が娶った妻たちについては、出身地を示す直接の文献は見当たらない。しかし、彼女らの名前が手掛かりを与えてくれそうである。四世孫大矢口宿禰命の妻となった、坂戸由良都姫から検討してみよう。

坂戸で想起するのは、直線的に頭に浮かぶのが、坂戸物部である。『姓氏録』に、「坂戸物部。神饒速日命、天降りましし時の従者、坂戸天物部の後なり」[121]とあって、坂戸は、河内国古市郡尺度郷の地名にもとづくとされている。[122]坂戸物部について、栗田寛博士は「酒人物部」を云々し、佐伯氏も「酒人物部」が「坂戸物部」を意味するものであったろうと述べている。[123]地理的には、物部氏の本貫地とされている跡部郷の外縁部にあたる。坂戸物部は、物部本宗家の一支族であった可能性がつよい。そして、坂戸由良都姫の出身は、この坂戸物部氏と考えて大過ないであろう。

五世孫の大綜杵命と結婚した高屋阿波良姫の場合も、由良都姫と同じようなケースが考えられる。「安閑記」に「河内国古市高屋村」とみえ、『延喜式』神名帳でこの地に、高屋神社の所在していることが分かる。祭神は饒速日命を伝えており、『姓氏録』河内国神別によると、「高屋連。同じき神の十世孫、伊己止足尼大連の後なり」とある。「同じき神」は饒速日命を意味しているから、高屋連氏は明らかに物部系の一族である。また高屋村は、応神天皇陵の南に位置して、先の坂戸と隣接している。高屋阿波良姫はこの高屋の出自と考えて、ほぼ間違いないであろう。つまり、彼女ら二人の出身地は河内国の古市郡で、坂戸と高屋は互いに隣接していたのである。その彼女らが、近江国に根を下ろした饒速日命の、四世孫・五世孫に迎えられたということであろう。

物部氏の遠祖といわれる大綜杵命と結婚した高屋阿波良姫は、開化天皇の妃となる伊香色謎命を生んでいる。男子も一人所生して伊香色雄命と称し、その子が大新河命を名乗り、上新川神社に祀られていた。後に崇神天皇を生む伊香色謎命は、大新河命にとっては伯母にあたるわけで、崇神とは従兄弟同士の関係であったといえる。

このように、野洲川の流れの全体像を俯瞰すると、国つ神を除いた流域の祭神は、上流から下流までほとんど全域にわたって、饒速日系の神々が鎮座していた、といえるであろう。ただわずかに、三上山の周辺部の二神だけが、例外のようにみうけられる。しかし流域全体の鳥瞰図からもの申せば、果たして、三上山だけが例外でありえたのかどうか、の疑問もでてくる。

項をあらためて、この問題を考えてみたい。

(二)　銅鐸、銅矛のこと

野洲川の流れが広大な近江盆地にさしかかろうとするとき、三上山はその秀麗な姿をみせる。平地の上にほぼ単独で立ち上がっている円錐形の稜線は、平野部でのたたずまいであるが故に、際だっている。古代の人々がそこに神の姿を描いたことは、想像に難くない。そのことを裏づけるかどうかは別の問題としても、三上山に隣接する大岩山遺跡から大量の銅鐸が発見され、弥生時代のさまざまな問題を語りかけている。前後二回にわたって発見されたその数は二十四口にもおよび、同一地域にこれだけの大量の出土は研究史上でも珍しく、その他の地域では摂津の桜ヶ丘や、出雲の荒神谷にみられる程度である。

出土した二十四の銅鐸は、何を訴えようとしているのだろうか。銅鐸の変遷からムラムラの統合の過程を読み取り、大きな政治的集団の力が作用したとする説が有力だが[124]、三上山を中心に据えた、壮大な政治のドラマが展開していたのだろうか。この意味で『記』『紀』の語る天日槍の伝承は、その一環で考えることができると思う。「垂仁紀」三年条に、

是に、天日槍、菟道河より泝りて、北、近江国の吾名邑に入りて暫く住む。復更近江より若狭国を経て、西、

但馬国に到りて則ち住處を定む。是を以て、近江国の鏡村の谷の陶人は、天日槍の従人なり。

とある。天日槍は暫く吾名邑に住み、いま鏡村の谷に住んでいる陶人たちは、彼に従ってきた人々であったという。では天日槍が暫く住んだという吾名邑は、どこであったのだろうか。野洲郡の穴村だとする研究者もいれば、坂田郡の阿那郷とする説もあるが、大勢は後者の阿那郷が有力なようである。

いずれにしても、天日槍は、日にキラキラと輝く矛を捧げている。矛だから当然武器を象徴している。武器であると同時に祭器でもある。しかし、多分に威圧的な外来神ではある。三品彰英氏は「天的な宗儀」をもたらした外来神と表現し、「日神を招禱する聖具として日矛を奉じていた[125]」と述べておられる。三上山の西に、天日槍を祀る古社がある。安羅神社と呼ばれているが、ここから眺める三上山はひときわ美しい。太陽は、稜線の右側から昇ってくる。三品氏のいう日神を招禱するには、絶好の地といえるだろう。またこの社の北に、式内社の印岐志呂神社が鎮座している。境内地からの出土を伝える、広形銅鉾が受け継がれている。この社の東は、聖徳太子の創建といわれる芦浦観音寺が所在している。『法隆寺伽藍縁起并流記資財帳』によると、その末尾に法隆寺の寺領が書き込まれており、その中に栗太郡物部郷とあるところから、上原和氏は「芦浦観音寺付近も物部氏の所領ではなかったか」と推測推測しておられる[126]。

芦浦から三上山の麓の御上神社へは、距離にして約七㎞ばかりだが、ちょうどその中間あたりに、勝部神社が鎮座している。『和名抄』のいう、毛乃倍郷に所在する式外社である。祭神は、物部布津神・火明命・宇麻志間知命を伝えている。物部布津神は、『文徳実録』仁寿元年（八五一）正月条に、「近江国物部布津神正六位上」と記されている。三十一年後の元慶六年に再びその名が記載され、従五位下に昇叙していることが分かる。つぎに火明命は『記』『紀』によると、共に尾張連等の祖と記されている。『姓氏録』左京神別下に「尾張連。尾張宿禰と同じき祖。火明命の男、天賀吾山命の後なり」とみえる。天賀吾山命は、「天孫本紀」では天香語山命と表記され、饒速日命の御子となっている。すなわち火明命は、饒速日命のことなのである。

次に三番目の祭神宇麻志間知命だが、『古事記』の神武天皇東征の段に、「故、邇藝速日命、登美毘古が妹、登美夜毘売を娶して生める子、宇摩志麻遅命。此は物部連、穂積臣、婇臣の祖なり」と述べられている。『書紀』もほぼ同様のことを記している。つまり、勝部神社の祭神は、物部氏の祖神物部布津神と、初代、そして二代目、が祀られていたといえるわけである。

不思議なのは、これだけの内容をもった社であるにもかかわらず、式内社となっていない。滅亡していった氏族の姿が、そうしたカタチになっているのかもしれない。そういえば勝部社の南に、物部小学校と物部幼稚園が所在していた。かつての、強大な物部氏の残欠といえるのであろう。

第三節　姉川の流域について

（一）姉川の南側地域――坂田郡

式内社の祭神を通じて、湖南に予想を越える天つ神の影響をみてきた。しかし北上するにつれて天つ神の影は薄れてゆき、湖東に及んで国つ神が勢いを盛り返した。大和の王権から遠ざかってゆくのだから、当然そうであったのかもしれない。この伝でいくと、湖北はいちだんと天つ神の力が弱くなるはずである。ところが湖北の神々のありようは、まさにその逆の現象を生じていた。天つ神の割合が国つ神を上回るということもさることながら、数においても、圧倒的な増加を示している。とくに姉川を境にした北側の地域に、この傾向が著しい。

ここではまず、南側の地域から検討をはじめてみよう。姉川の南側といえば、息長氏が本貫の地とする坂田郡がこれにあたるわけだが、ここには式内社は五座鎮座していた。五座のうち国つ神は三座、天つ神は二座で、不思議なのは息長氏の本貫地にもかかわらず、これらの五座のなかに、彼らの祖神が全くみられなかったことである。地理的に息長氏の中心地とも思われる山津照神社の祭神が、国常立尊であった。この神は『記』『紀』神話のなかで、天地の創成にかかわる始原的な神である。ここからは、息長氏のオの字もにおってこない。ただ境内に全長六三mの前方後円墳が眠っており、『近江国坂田郡志』によると、「土地の伝説には神功皇后の父君なる息長宿禰王の墳墓と言ふ」とみえ、ここで初めて息長氏が登場してくる。しかし『坂田郡志』の云々している山津照神社古墳は、考古学的知見によると六世紀前半代の築造とされており、息長宿禰王の文献による年代観と一致しない。実在の可能性が強いとされている応神天皇は、四世紀末ころの天皇と考えられているから、その外祖父にあたる息長宿禰王は、少なくとも四世紀後半代の人でなければならない。これは古墳の築造年代と二百年近い誤差を生じており、したがって古墳の被葬者が息長宿禰王とは考えられない。山津照神社古墳を頂点とする付近一帯の息長古墳群は、五世紀の終わりころから六世紀にかけて築造された古墳群である。

この古墳群の北側、即ち姉川の南側に点在する坂田古墳群のほうは、築造も古くから始まり、規模も息長古墳群より総じて大きい。四世紀の後半代に、早くも全長九五mの茶臼山古墳が出現する。当初東寄りの丘陵地に築かれた古墳は、その後しだいに長浜の平野部へと移り、五世紀の中葉頃とされる全長一三〇mの丸岡塚古墳で最盛期を迎える。周濠をふくめると全長一七〇mを越えるというこの大前方後円墳は、湖北で最大、県下においても第二位の五世紀型の大型古墳である(127)。坂田郡における首長権の確立がうかがえるというものだが、長くは続かなかったようである。古墳群をみるかぎり六世紀に入るとその力に陰りがみえはじめ、勢いを伸ばしはじめた南の息長古墳群の主と拮抗し、やがて逆転の憂き目をみたものと思われる(128)。

古墳群のこうした流れに当地の神々を重ねると、奇妙なことに気がつく。坂田郡五座の神々は一座を除くと、天野川沿いの息長古墳群に重なり、坂田古墳群のほうに、神の姿が見当たらないのである。近江国第二位の丸岡塚古墳のありようなどを考えると、奇妙な、としかいいようがない。何かが作為されたのであろうが、ここでは目を次の地域――つまり姉川の北側の地域へと転じていきたい。

（二）　姉川の北側地域——浅井郡と伊香郡

姉川の北岸沿いに、小さな町が佇んでいる。虎姫とユニークな名をもつこの町で、近江国最古の古墳が発見された。昭和五十三年（一九七八）のことである。そのときの経緯を、谷口義介氏は、あらまし次のように述べておられる。

通称丸山という小高い丘を公園墓地として造成中に、大量の古式土師器が発見され、工事は直ちに中断された。県教育委員会の手で緊急の調査が行われた結果、工事で破壊されたこともあって断定は避けたものの、古墳の可能性を強く示唆した。築造は弥生終末期から古墳時代初期に位置づけられ、全国的にみても数例を数えるのみという。鉄製の槍先なども出土しているが、なかでも注目されたのは、「新」の時代（八〜二三）から後漢初期にかけての鋳造とされる唐草文縁細線式獣帯鏡が出土したことである。小林行雄氏の鑑定によると、この鏡の摩耗は湯冷えでなく、使って減ったものとされたが、研究者によっては摩滅の跡があるとはいえ、鏡が完形を保っていないので、伝世鏡と断定するのは困難であるとする見解も出ている(129)。

長い引用となったが、たいへん興味深い報告となっている。この報告をそのまま素直に受けとめるとすれば、県下に於ても最古の古墳が考えられる（丸山竜平氏は『日本古墳大辞典』の中で、「三世紀後葉に築かれた、県下でも数少ない最古段階の古墳である」と述べておられる）。

これは坂田古墳群の最古期に築造された茶臼山古墳に先立つこと、ゆうに半世紀を越えるわけである。そうして副葬品には、一世紀の前半代に製造された中国製の青銅鏡が、埋葬されていた。詳細な鑑定にもとづいて、小林氏は伝世鏡との見解を示された。文献では一世紀における日中の交渉は記録されている。当時の交流による舶載鏡であったといえなくもない[130]。

さて、丸山古墳で少し時間をとりすぎたようである。急いでつぎに進むとして、この丸山古墳から西側の、湖岸にかけての一帯を検討してみることにする。

姉川の川口から北へ四、五㎞のところに、山本山という小さな山があり、ここを起点として、湖岸沿いに西野山丘陵が北へ伸びている。山本山の南の端には、四世紀代半ばころの築造といわれる若宮山古墳がある。この古墳を最初として、西野山丘陵の尾根上に点々と墳丘がつらなり、古保利古墳群と呼ばれている。五世紀中葉にかけての築造とする大小さまざまの墳丘は、その数一二八基をかぞえている。西側は眼下に北琵琶湖を見下ろし、東はこじんまりとしているが、豊かさを思わす平野部が広がっている。この平野部に前方後円墳が築かれだすのは、五世紀に入ってからである。姫塚を中心に、周濠をもつ横山神社古墳[131]など、いわゆる物部古墳群が築かれている。これらの古墳群に、坂田郡のときと同ように、先に特定した式内社の祭神を重ね合わせてみる。

まず最初の作業は、虎姫町三川に所在する先に検証したばかりの、丸山古墳から始めねばなるまい。この古墳が全国的にも最古期に属することは既に述べたが、これに隣接する湯次の地に式内社が鎮座している。祭神を建御名方命と瀬織津比咩命とする湯次神社である。建御名方命は大国主命の子であるから、明らかに国つ神である。女は瀬織津比咩命で、この比咩神は『倭姫命世紀』によると、天照大神の荒魂だというのである。また中臣氏の『大祓祝詞』では、穢れを水に流す女神として詠まれている。そうするとここ湯次社の場合、どうやら国つ神に半ば座を譲らせている、中臣系の天つ神といえるのかもしれない。面白いのは、建御名方命に関わる『古事記』の国譲り神話である。中臣系の建御雷命と力競べをして負けた建御名方命は、「逃げたにき」と表現されている。湯次社の祭神建御名方命を暗示するものだろうか。

つぎは、湖岸の山本山南麓に築かれていた、若宮山古墳の周辺部を検討してみる。

若宮山古墳は、丸山古墳を除くと湖北でももっとも古い、四世紀代に築造された前方後円墳である。隣接して、米餅春大使主命を祀る甘櫟前神社が鎮座している。命の父難波根子建振熊命は、神功皇后が香坂王と忍熊王を討つとき、将軍となっている(132)。このときの記事で、『古事記』は建振熊命のことを、「丸邇の臣が祖」と明記している。興味をひかれるのは、この社の所在位置である。古保利古墳群の点在する西野山丘陵の麓、東南端に立地しており、丘陵を西へ越えたちょうど反対側に、やはり古い社が鎮座している。尾根を挟んで東と西、という関係である。東側のここ甘櫟前社のほうは前面に平野部が展開するのに対し、西側はすぐ湖に面した片山の津である。ここには、天日方奇日方命を祀る片山神社が鎮座している。

天日方奇日方命は、『古事記』では櫛御方命で表され、大物主大神の子と記されている。『古事記』の記述はこの後も引き続いて神統譜を語り、この命の孫が建甕槌命(133)であることを述べている。大物主の系譜に建甕槌命の名がみえることで、中臣氏の影が忍び込んでいるように思え、どう考えればよいのか、判断に苦しむところである。『旧事本紀』地祇本紀によると、天日方奇日方命は八重事代主命の子となっている。大物主の亦の名が大国主命であるから、父と祖父の違いはあっても、系譜の伝承は一致している。したがって片山神社の祭神天日方奇日方命は、大物主を直系とした神であったことに間違いはない。そうすると建甕槌命云々は、中臣氏の関与がかなり濃厚に感じられるが、みえかくれする中臣氏を、むしろ物部氏に置き換えたほうが、史実に近づけるのではなかろうか。大物主と物部氏については後考に委ねるとしても、ここでは剣を象徴する建甕槌命が、天日方奇日方命の孫であったことを重視しておきたい。

ところで、湖岸を離れた内陸部のほうは、どのような状態になっていたのだろうか。中心部の平地を眺めてみると、物部古墳群の中核となる姫塚が、平野部のほぼ真ん中に座っている。すぐ西に、比売多の古社が鎮座し、既に述べたように、祭神は菟上王だった。この王は日子坐王の孫にあたり、『古事記』は「比売陀の君の祖なり」と書いていた。こうした祭神のありようは、姫塚の被葬者を和珥系の人物と考えて、まず大過ないものと思われ、この姫塚の北は、古えの物部村につながっている。集落は東と西に分かれ、ちょうどその中ほどに乃伎多神社が鎮座している。牒の考証によるとして、志賀氏は祭神を物部氏の祖である饒速日命とするが、(134)『市町村沿革史』は神味饒田命だとし、祭神に違いが生じている。しかし祭神が神味饒田命であったとしても、この命の父は宇摩志麻治命だから、物部系であることに違いはない。また鎮座している物部という集落の名も、一考に値する邑であり、おそらく栗田郡の毛乃倍郷と無縁であろうはずがない。

もうひとつ付け加えると、目と鼻先の横山邑に鎮座している兵主神社のことである。貝塚茂樹氏は、兵主神を青銅の神と説いておられた。(135)また、周濠を巡らした横山神社古墳も、この地に築かれていた。いうならば金属神を象徴する八千矛神と、周濠をもつ古墳とのセットである。こうした古社のありように、物部系集団のかつての盛んなさまが刻まれている、といえるのではないだろうか。

ここで山本山から始まった祭神の検討を、もういちど整理し直してみる。まず湖岸沿いに、つまり余呉川沿いに祭神を眺めてみると、天つ神系では南から米餅舂大使主命・八瓜入日子王・菟上王と並び、その間あいだには、宇迦魂神などの国つ神が祀られていた。天つ神は、和珥系と日子坐王系の二つの流れといえるが、日子坐王自身、母は「丸邇臣祖日子国意祁都命妹・意祁都比売命」(136)であったから、和珥系といってよい。とするならば、余呉川の水系に坐した神々は、和珥系の流れを汲む祭神であったといえる。いっぽう、余呉川の東側の平野部には饒速日命と、兵主神社の大国主命が祀られていた。大国主命は先にも述べたように、八千矛神とも呼ばれている。貝塚氏が指摘したように、ここでの兵主の神は、大国主の八千矛の内性と習合した金属神であったと思う。そうすると、この地にあった物部氏の祖である饒速日命と金属神が、一つのエリアを形成していたと考えられる。このように湖岸寄りと平野部のそれぞれの全体像を眺めてみると、湖岸の和珥系集団と、平野部の物部系集団という図式が、かなり明瞭に浮き彫りされてくる。

ところで、この隣接した古代の二大氏族――和珥氏と物部氏の形は、周知のように、大和にそっくりそのままの形がある。和爾坂坐赤坂比古神社と、石上坐布都御魂神社がそれである。両社の間に布留川が流れ、北が和珥氏、南が物部氏という図式である。そしてこの位置関係が物語るように、両氏は極めて近い関係にあったようである。例えば、和珥氏の系譜に物部首の名がみえるし、[137]またこの物部首は、石上坐布都御魂神社、即ち石上神宮の祭祀者でもあった。[138]和珥氏と物部氏の親縁関係を物語るものに他ならない。

この時点で湖岸から中央部にかけての検証を打ち切り、平野部の東寄りから山手のほうに話を進めてみる。

物部の集落から南東方向へ二㎞ばかりの地点に、式内の乎弥神社が鎮座している。武甕槌命を祭神とし、現在は春日神社を称している。この社を起点にして、北東へ天石門別命神社、神高槻神社と連なり、それぞれに、天石門別命、天児屋根命を祀っている。ここまでの三社の祭神が武甕槌命→天石門別命→天児屋根命と並べば、これは自ずから中臣氏が頭に浮かぶ。神高槻社の東にもう一社、式内社が所在しており、天津児屋根命を祭神としている。走落神社と呼ばれているが、平野部の南東の端から、この走落社の立地する東側の丘陵地帯にかけて、祭神の全てが中臣系の神々で占められている。

ここで再度振り返り、いままで見てきた祭神のありようを模式的に言い直すと、どうなるのだろうか。まず西の湖岸は、和珥系で占められていた。中央の平野部は物部系であったといえる。そして東南端から東側の山手にかけては中臣系という、かなりはっきりとした色分けの図ができ上がってくる。つまり西から東へ、和珥系、物部系、中臣系というエリアの図式が描けているわけである。このなかで物部氏と中臣氏の関係は、繰り返しになるが、早くから多くの論者によって説かれている。例えば、池田源太氏は「物部・中臣二氏の居住地による交友関係の可能性」[139]を探っておられる。池田氏の場合は交友関係を云々だが、中臣氏を物部氏の下級氏族とする研究者も少なくない。(140) 今そのことを論じる余裕はないが、その蓋然性はかなり高いといえるだろう。

浅井郡・伊香郡の中の小さな一地域、旧物部邑という現高月町の再度の考察が終わった。つぎは高月町を除いた浅井郡・伊香郡の他の地域――木之本町から余呉町にかけても、もう少し考えてみたい。

小さな平野のほぼ中ほどにあった兵主神社の北に、湖岸から伸びてきた低い山が立ち上がっている。湧出山と呼ばれているが、ここを境にして北に木之本町が展開している。平地は少ない。東と北にすぐ山々が迫っている。北側は賤ヶ岳の連山がつらなり、南の麓に伊香郡を代表する伊香具神社が鎮座している。地域別のときに述べたように、祭神は伊香津臣命が祀られ、伊香連の祖神であった。『姓氏録』は「大中臣と同じき祖。天児屋根命の七世孫」と書き、中臣系の流れを伝えている。しかし大田亮は、「この氏は中臣氏族なるが如きも、物部氏に伊香色雄、伊香色謎兄弟あり、並に此の地名を負ひしあるのみならず、物部邑現存し、」と述べ、伊香氏は物部氏であったと説く。(141) また畑井弘氏は伊香具社の香具《カゴ》について、「カゴは銅を意味する朝鮮語系の古語を述べている」とし、銅に関わる神を示唆しておられる。(142) この地域には、銅をふくむ金属系の神々が数多く鎮座している。たとえば、高時川上流の丹生の上社と下社がそうであるし、木之本の古橋という山中にあった與志漏神社も金属に関わっている。そうして、これらの金属に関わる神々は、鉛練比古の神が天日槍神であったように、物部氏に結びつく可能性を少なからず秘めている。ということは、伊香具社の祭神伊香津臣命も、中臣氏の系譜にすり替えられていた可能性があったといえるのである。

このことに関連して伊香郡の式内社で、祭神も所在も未詳となっている意太神社のことを述べておきたい。『伊香郡神社史』を読むと、伊香具神社の創建は社伝によるとして、白鳳十年と書いている。そして意太神社については、それよりも古えのことであるという前置きで、つぎのように記されていた。

その以前此の土地には迦久土神を祭った小社があったのではないかと考えられる。それは今の本社（伊香具社のこと…住野注）地を西へ距る二〇〇mばかりの所に、迦具土神を祭った「意太」おふと神社と呼ぶ小社があり、式内の小社で、今は本社の摂社になっているが、その「おふと」が今の部落名の「おおと」となったものと考えられ、本社の一名を大音明神と称することもこれに由来するものであろうと思われるからである。尚本社の背後の山の字名を、香具山と呼んでいることもその一証となるであろう。(143)

中臣氏と物部氏の関わり方からすると、ここでも本来的には剣の神なり、あるいは金属神と結びつく物部氏の原初的なカタチであったものが、中臣氏にとって代わられていった姿を示唆しているのかもしれない。というよりは、その確率はかなり高かったと思われるのである。

長々と続いた冗漫な説明も、漸く終わりがみえてきたようである。問題の発端は、継体天皇の即位事情にからんで登場した息長氏にあった。その息長氏の中にあっても、三上山の祭神天之御影神の女として『古事記』に記された息長水依比売が、第二章の始まりであった。多くの論者が継体の即位に関して息長氏を論考するが、その論点の一つに、彼女は必ずといってよいほどに顔を覗かせている。それは彼女の占める大きな位置を、何かが暗示している作用だと思う。それほどに、息長水依比売の占める位置は大きい。しかしその彼女が本格的に論じられることも殆ど見受けられない。文献史料のなさがそうさせているのだろうが、本稿は彼女の出自に、疑問をもつことから始まっている。そうして、彼女の周囲状況の検証が進むにつれて、話は意外な方向へと展開していった。

第四節では、問題点のあらましをもう一度抽出しながら整理を行い、結びに置き換えていきたいと思う。

第四節　むすびにかえて

（一）　天之御影神の女息長水依比売

『姓氏録』によると、天之御影神の父は天津彦根命と述べられていた。『古事記』は、天津彦根命の後裔に凡川内国造等の名をあげていたが、『旧事本紀』は天之御影神を天御陰命に作り、凡河内直等祖であると述べていた。つまり凡川内国造（直）の祖を、『古事記』は天津日子根命といい、『旧事本紀』は天御陰命であると記載しているわけだが、『姓氏録』によって彼らの関係が、父と子であることも確認された。したがって父と子、国造と直、の違いはあっても、凡川内は共有しているから、息長水依比売の父である天之御影神は、凡川内国造（直）等を後裔とする天つ神であったといいかえることができる。

ところで天津彦根命といえば、天照大神と須佐之男命が誓約のときに生れた大神の御子であるから、これらの伝承を整理して、あらためて図示すると次のような系譜ができる。

天照大神――天津日子根命――天之御影神――息長水依比売

一見して、この系譜の成りたたないことがわかる。どこに問題があるのか。明らかに息長水依比売である。彼女は日子坐王と結婚しているが、日子坐王は、開化天皇を父とし、崇神天皇とは異母兄弟の位置にある。崇神天皇は、三世紀末～四世紀初頭頃の実在の天皇だろうとされており、天津日子根命――天御影神と続いた神代の世界から、息長水依比売へとつながる一足とびの人代はありえない。また『旧事本紀』の記述によっても、天御陰命は饒速日命が天降るときに随伴する三十二神のうちの一神であって、ここでもその娘が息長水依比売であったとは考えられない。木に竹をつぐようなものである。天之御影神の女に、息長水依比売はありえなかった、といわざるをえないのである。

（二）　野洲川と毛乃倍郷

近江盆地の中心に野洲郡の平野部が広々と展開しているが、この平野に限りない豊かさをもたらしているのが、近江第一の野洲川である。この豊饒の源流に、饒速日命の二世孫が早くも姿をみせている。彦湯支命である。彼は水口町のやや上流寄りに所在する川枯の地の、首《おびと》の娘を娶った。こうして始まった饒速日命の後裔氏族、すなわち物部系氏族の展開は、やがて野洲川全域に広がっていった。その中心に神南備の三上山が坐して、天之御影神を奉斎していたという。ここを起点として西へ、一直線上に古社が並んでいる。麓の御上神社から始まって東から西へ数えると、住吉・勝部・安羅の三社である。直接・間接の違いはあるが、いずれも物部系にむすびつく神々が祭られている。所在地が安羅神社を除くと『和名抄』のいう毛乃倍郷であることも、この地域一帯が物部系集団で占められていたことを、裏づけている。

一方、湖岸に近い下流域の北側に鎮座する兵主神は、青銅の神を象徴し、論者によっては物部系の神だといわれている。(144) 青銅といえば、三上山に近い大岩山遺跡から出土したおびただしい銅鐸は、あまりにもよく知られている。その東には鏡山があって天日槍の伝承にいう、彼の従人が居住した所であり、いずれも金属精錬がからんでいる。

ここで、あらためて一一六頁の表12をみていただきたい。野洲川の流域をこの表では「湖南」で表し、二十五座の神々が祀られていた。うち十六座が天つ神で、物部系は六座であった。兵主神などの金属に関わる神を物部系とすることが許されるなら、物部系の祭神は七座となるから、天つ神の四割強が物部系で占められていたことになる。もし中臣氏が物部氏に従属していた氏族であったとするなら、広い意味での物部系は合計十一座となり、天つ神全体の七割近い数が物部系だったということになる。こうした視点で眺めてみると、野洲川の流域に拡がる広大な物部系集団のエリアが、はっきり画かれてくる。その東西の中心線に坐す社――それは御上の古社から住吉社↓勝部社へと連なり、さらにその延長線上の安羅社へとつながる。これらの地から望む三上山の日は、「朝日の直刺す国、夕日の日照る国」[145]の象徴であったに違いない。であるならば、東西一直線上のもっとも大切な地点に坐す三上山の神は、『旧事本紀』のいう「天照国照彦天火明櫛玉饒速日命」でなければならない。饒速日命は日の神であると同時に、雷神でもあるといわれている。そうして、この神は神武東遷以前に、河内国の河上哮峯に天降っている[146]。天之御影神は凡河内直の祖神と記されていたが、饒速日命が天降った所は河内国であり、天之御影神と饒速日命は、「河内」を共有している。『旧事本紀』の記述は饒速日命の後裔たちが、三上山を核にして上流・下流へと伸展していったさまを説いている。こうした意味あいを含めたとき、三上山の祭神天之御影神は、日ノ神の分身に昇化しているのである。また同時にこの神は、雷神を体現した金属に関わる神の姿を、表徴していたと思われるのである。

（三）　中臣氏と物部氏、和珥氏と物部氏

野洲川流域の、物部氏系を中心に据えた天つ神の勢力は、国つ神を圧倒したようだが、湖東に入ると様相はさまがわりする。天つ神の祀られる姿も湖南に比べて減少し、国つ神の地元に根を張る姿が目に立つ。北へゆくにつれてこの傾向は強まり、天つ神の分布が減ってゆく。このカタチは坂田郡まで続き、南からの天つ神の侵透を考える

なら、当然の現象といえるだろう。

それが面白いことに、姉川を北へ越えると状況は一変し、天つ神は再び国つ神と肩を並べるほどの勢いとなる。姉川の支流の高時川流域に、とくにこの傾向が著しい。その中心的存在が、伊香郡の物部の邑であったと思う。東物部村・西物部村と呼ばれていたこの物部は、栗田郡の「毛乃倍郷」に通ずる。単純に同一視するわけにはいかないが、無関係であったとは思われない。いずれにしても伊香郡のこの物部の集落に、饒速日命を祭神とする乃伎多神社が鎮座していたことは、既に述べた通りだが、伊香郡全体でみられる物部系の祭神はこの乃伎多社を含め、わずか三座にとどまっているのも、少し意外の感を免れない（乃伎多社の北に、兵主の神が鎮座していたことはすでに述べている。地域別の分類では、この兵主神を国つ神として扱っているが、物部系と考えられることも述べておいた。もしそうであるとするならば物部系は四座となり、幾分、納得のできうるカタチといえそうである）。

伊香郡全体の天つ神の分布状態をみるかぎり、中臣系の祭神が数において圧倒し、ついで和珥系となっている。この意味で物部系の祭神は明らかに劣勢である。しかし天日方奇日方命のときにも述べたように（一三二頁）、中臣系の祭神については、とかくどこかで疑問をもたざるをえないような暗い影をもっている。これはこれで論じなければならない大きな問題をかかえているわけだが、先述したように、中臣氏を物部氏の下級氏族と説く論が見かけられることもまた事実である。しかし物部氏は、没落の急坂を駆け下ってゆく。対照的に、中臣氏は権力の中枢へと駆け上ってゆく。その中臣氏は、後代において実に巧妙に、さまざまな造作やすり替えを行っているように思えるが、ここでも標的を衰退する物部氏においていたといえなくもない。これらの点を視野にいれると、中臣系の祭神はかつて物部系のそれであった、ということがいえるのかもしれない。もしこのことのなにがしかが許されるとするなら、伊香郡の物部系集団は、にわかに活気を帯びてくる。

一方、和珥系の祭神についてはどのように考えられるのか、またそのエリアはどうだったのか。滋賀郡のとき検討したように、この氏族の祖神たちは、明らかに湖西に本拠をもっていた。北限は高島郡にみられた天足彦国押人命がそうだった。湖上を渡った伊香郡にも、米餅舂大使主命を祀る甘櫟前の社が、物部邑の高月町に鎮座していた。甘櫟前の湖岸よりの一帯をエリアとする和珥系と、その東の物部系エリアとは隣り合せていた。三品彰英氏は和珥系と物部系のそれぞれが基層にもつ文化層の違いを論じ、その上で和珥氏に重層する物部氏を示唆しておられる(147)。

要は和珥氏と物部氏に、縁由浅からぬ結びつきがあったといえることである。中臣氏と和珥氏の両氏族に回路をもつ物部氏を想定するとき、伊香郡の、というよりは、湖北の物部系集団のエリアは急速に拡大してゆく。私たちはすでに湖南で、野洲川流域を中心にした予想以上の物部系集団の勢力圏をみた。今また姉川以北の地域で、同じことを確認した。ただこのほうは、物部氏系を中心に据えた和珥・中臣との連合勢力であった可能性も考えられる。いずれにしても物部系集団の強勢が、近江国の東半分を勢力圏に組みこんでいた。正確を期すなら、中間地帯の蒲生郡、神崎郡などにその勢いの弱さがみられるものの、全体的には強大な力を近江国に展開していた、といえるのであろう。

物部氏は蘇我氏との政争に敗れ、歴史の表舞台から姿を消した敗者である。敗者の歴史は勝者の手でご都合的に抹殺されることが多く、物部氏もその例外でありえない。しかしどのような場合でも、その姿を完全に消し去ることはできない。わずかに残る歴史の残欠を拾い集め、近江国に印したかつての強大な物部氏の姿を垣間みる思いである。

注

(1)『古事記』は継体天皇段で「品太王五世孫袁本杼命」と述べ、『日本書紀』は継体天皇即位前紀で「男大迹天皇更名彦太尊。誉田天皇五世孫」と記している。

（2）継体天皇の出自は、息長氏一族と密接に関わっているが、その血筋が息長氏を直接の母体としていたかどうかは、また別の問題である。息長氏に関する代表的な論文を、左記に述べておく。

黒沢幸三「古代息長氏の系譜と伝承」（『文学』三三―一二　一九六五年、後『日本古代の伝承文学の研究』所収　塙書房　一九七六年）、岡田精司「継体天皇の出自とその背景―近江大王家の成立をめぐって―」（『日本史研究』一二八　一九七二年）、塚口義信「継体天皇と息長氏」（横田健一編『日本書紀研究　第九冊』塙書房　一九七六年、後『神功皇后伝説の研究』所収　創元社　一九八〇年）、平野邦雄「六世紀、ヤマト王権の性格」（『東アジア世界における日本古代史講座　四』学生社　一九八〇年、後『大化前代政治過程の研究』所収　吉川弘文館　一九八五年）、大橋信弥『日本古代国家の成立と息長氏』（吉川弘文館　一九八四年）、水谷千秋『継体天皇と古代の王権』（和泉書院　一九九九年）。

（3）『日本三代実録』貞観十七年三月廿九日条。

（4）志賀　剛『式内社の研究　第七巻』（雄山閣　一九八四年）。

（5）『式内社調査報告　第十二巻』。

（6）滋賀県市町村沿革史編さん委員会編『滋賀県市町村沿革史』（第二巻・第三巻・第四巻　一九六七年）。

（7）谷川健一編『日本の神々―神社と聖地―　5』（白水社　一九八六年）。

（8）橋本鉄男「湖西の産鉄伝承」（『地理』二七―七所収）。

（9）大和岩雄「大社の神々と王権祭祀」（『神社と古代王権祭祀』白水社　一九八九年）一六六頁。

（10）『日本書紀』神代下第九段本文（星の神香香背男にかかわって記されている。「一云」の書き出しで始まり、割注で説明されている）。

（11）森　浩一「湖底と湖西の遺跡」（『考古学、西から東から』中公文庫　一九八四年）一三四頁。

（12）直木孝次郎『日本古代兵制史の研究』（吉川弘文館　一九六八年）六八頁。

（13）『日本書紀』神代上第七段（一書第三）。

（14）佐伯有清『新撰姓氏録の研究　考證篇第二』（吉川弘文館　一九八二年）一〇二頁。

（15）志賀　剛　注（4）前掲書。但し一九七頁。

(16) 佐伯有清『新撰姓氏録の研究　考證篇第六』(吉川弘文館　一九八三年）一八五頁。
(17) 志賀　剛　注（4）前掲書。但し一九六頁。
(18) 志賀　剛　注（4）前掲書。但し二〇一頁。
(19) 『日本書紀』神代下第九段（一書第二）。
(20) 志賀　剛　注（4）前掲書。但し二一八頁。
(21) 佐伯有清『新撰姓氏録の研究　考證篇第三』(吉川弘文館　一九八二年）四七三頁。
(22) 『古事記』須佐之男命大蛇退治段。
(23) 『日本古典文学大系　古事記』(岩波書店　一九五八年）二三五頁頭注一四。
(24) 志賀　剛　注（4）前掲書。但し二〇六頁。
(25) 佐伯有清『新撰姓氏録の研究　考證篇第四』(吉川弘文館　一九八二年）三二一頁。
(26) 『日本書紀』垂仁天皇二十五年三月条。
(27) 『新撰姓氏録』右京神別上。
(28) 『新撰姓氏録』左京神別上。
(29) 『日本書紀』垂仁天皇二十三年九月条。
(30) 志田諄一『古代氏族の性格と伝承』(雄山閣　一九八五年）二一一頁。
(31) 志賀　剛　注（4）前掲書。但し二一〇頁。
(32) 満田良順「近江飯道神社」(谷川健一編　注（7）前掲書）四三一頁。
(33) 『日本書紀』神代上第八段（一書第四）。
(34) 『古事記』天安河誓約段。
(35) 注（6）『滋賀県市町村沿革史』による。
(36) 『古事記』初国知らしし天皇段。
(37) 『日本書紀』孝元天皇七年春二月条。
(38) 志田諄一　注（30）前掲書。但し二〇八頁。

(39)(40)　大和岩雄　注（9）前掲書。但し七一頁。
(41)　志賀　剛　注（4）前掲書。但し二五〇頁。
(42)　『日本書紀』神代下第九段（一書第一）。
(43)　『古事記』禊祓と神々の化生段。
(44)　『日本書紀』神代上第五段（一書第六）。
(45)　志賀　剛　注（4）前掲書。但し二五二頁。
(46)　大塚初重・小林三郎・熊野正也編『日本古墳大辞典』（東京堂出版　一九八九年）五九二頁。
(47)　志賀　剛　注（4）前掲書。但し二五六頁。
(48)　『古事記』応神天皇后妃皇子女段。
(49)　『古事記』応神天皇御子孫段。
(50)　志賀　剛　注（4）前掲書。但し二五六頁。
(51)　『日本三代実録』元慶元年十二月廿五日条。
(52)　大橋信弥『日本古代国家の成立と息長氏』（吉川弘文館　一九八四年）六頁。
(53)　江竜喜之「伊夫岐神社」（谷川健一編　注（7）前掲書）五〇一頁。
(54)　『古事記』景行天皇小碓命東伐段。
(55)　『日本書紀』景行天皇四十年是歳条。
(56)　志賀　剛　注（4）前掲書。但し二七一頁。
(57)　『古事記』大国主神・神裔段。
(58)　武田祐吉『新訂古事記』（角川文庫　一九七七年）五二頁。
(59)　注（46）前掲書。但し四八六頁。
(60)　佐伯有清　注（21）前掲書。但し三八二頁。
(61)　『平安遺文』一―四〇。
(62)　佐伯有清　注（21）前掲書。但し四〇四頁。

(63) 注(46)前掲書。但し六一五頁。
(64)『古事記』海幸彦と山幸彦段。
(65)『日本書紀』神代下第十段。
(66) 吉田東伍『増補大日本地名辞書 第二巻』(冨山房 初版一九〇〇年・増補版一九六九年)、武蔵大学日本民俗史演習調査報告『湖北物部の生活と伝承』一九八五年。
(67) 志賀 剛 注(4)前掲書。但し二九三頁。
(68)『古事記』垂仁天皇本牟智和気王段。
(69) 志賀 剛 注(4)前掲書。但し三〇四頁。
(70) 大塚初重・小林三郎編『続日本古墳大辞典』(東京堂出版 二〇〇二年)。
(71)『古事記』神武天皇東征段。
(72) 佐伯有清 注(21)前掲書。但し三八九頁。
(73) 志賀 剛 注(4)前掲書。但し一八八頁。
(74)『古事記』天孫降臨段。
(75)『古事記』火神被殺段。
(76) 注(6)『滋賀県市町村沿革史』による。
(77) 志賀 剛 注(4)前掲書。但し三二六頁。
(78)『日本三代実録』貞観八年閏三月七日条。
(79) 志賀 剛 注(4)前掲書。但し一八三頁。
(80) 太田 亮『姓氏家系大辞典』(角川書店 初版一九三六年・増補版一九六三年)、吉田東伍 注(66)前掲書。
(81)(83) 志賀 剛 注(4)前掲書。但し二九五頁。
(82) 志賀 剛 注(4)前掲書。但し三一一頁。
(84)(85) 佐伯有清 注(14)前掲書。但し四四三頁。
(86)(87)『古事記』開化天皇段。

(88) 志賀　剛　注（4）前掲書。但し三一六頁。
(89) 志賀　剛　注（4）前掲書。但し三九八頁。
(90) 佐伯有清　注（21）前掲書。但し二九〇頁。
(91) 『日本書紀』垂仁天皇三十九年条。
(92) 寺村光晴「古代日本人の信仰―タマをめぐって―」（『東アジアの古代文化』39号）五頁。
(93) 『古事記』孝元天皇段、『日本書紀』応神天皇三年是歳条。
(94) 注（6）『滋賀県市町村沿革史』による。
(95) 『新撰姓氏録』摂津国神別。
(96) 志賀　剛　注（4）前掲書。但し三一九頁。
(97) 谷川健一『青銅の神の足跡』（集英社　一九七九年）二五七頁。
(98) 西川丈雄「鉛練比古神社」（谷川健一編　注（7）前掲書）五一八頁。
(99) 『古事記』応神天皇后妃皇子女段。
(100) 佐伯有清　注（14）前掲書。但し一五七頁。
(101) 注（6）『滋賀県市町村沿革史』による。
(102) 志賀　剛　注（4）前掲書。但し三〇三頁。
(103) 志賀　剛　注（4）前掲書。但し三一七頁。
(104) 『日本書紀』垂仁天皇三十四年三月条。
(105) 橋本鉄男「水尾神社」（谷川健一編　注（7）前掲書）三五四頁。
(106) 注（6）『滋賀県市町村沿革史』による。
(107) 『古事記』鵜葺草葺不合命段。
(108) 『新撰姓氏録』右京皇別上、大和国皇別。
(109) 佐伯有清　注（14）前掲書。但し三六六頁。
(110) 『新撰姓氏録』未定雑姓、右京。

(111)(112)　橋本鉄男「熊野神社」（谷川健一編　注（7）前掲書）三七二頁。
(113)『日本書紀』垂仁天皇三十九年十月条。
(114)志賀　剛　注（4）前掲書。但し三四八頁。
(115)『日本書紀』神武天皇即位前紀戊午年九月条。
(116)注（23）前掲書。但し四六一頁。
(117)永留久恵「対馬・壱岐」（谷川健一編『日本の神々―神社と聖地―　1』白水社　一九八四年）三七頁。
(118)『日本書紀』垂仁天皇二十五年三月条。
(119)『日本書紀』崇神天皇七年八月条。
(120)『新撰姓氏録』左京神別下。
(121)『新撰姓氏録』未定雑姓　右京。
(122)佐伯有清　注（16）前掲書。但し四二頁。
(123)佐伯有清　注（16）前掲書。但し四三頁。
(124)「銅鐸の祭祀と埋納」（『草津市史　第一巻』一九八一年）。
(125)三品彰英「建国神話の諸問題」（『三品彰英論文集　第二巻』平凡社　一九七一年）三三三頁。
(126)上原　和『聖徳太子―再建法隆寺の謎―』（講談社学術文庫　一九八七年）一七三頁。
(127)大橋信弥　注（52）前掲書。但し六頁。
(128)大橋信弥　注（52）前掲書。但し一三頁。
(129)谷口義介『北近江の遺跡』一〇五頁。
(130)谷口義介　注(129)前掲書。但し一〇六頁。
(131)大塚初重・小林三郎編　注(70)前掲書。
(132)『古事記』仲哀天皇忍熊王の反逆段。
(133)『古事記』崇神天皇神々の祭祀段。
(134)志賀　剛　注（4）前掲書。但し三一二頁。

(135) 貝塚茂樹『中国神話の起源』所収。
(136)『古事記』開化天皇段。
(137)『新撰姓氏録』摂津国皇別。
(138)『日本書紀』垂仁天皇三十九年十月条。
(139) 池田源太「物部・中臣二氏の居住地による交友関係の可能性」（横田健一編『日本書紀研究 第八冊』塙書房　一九七五年）。
(140) 加藤謙吉『蘇我氏と大和王権』（吉川弘文館　一九八三年）一九三頁。
(141) 太田　亮　注（80）前掲書。
(142) 畑井　弘『物部氏の伝承』（三一書房　一九九八年復刻版）一三六頁。＊元版は吉川弘文館　一九七七年刊。
(143) 滋賀県神社庁『伊香郡神社史』一九八一年。
(144) 谷口義介「首長の勢力圏拡大」注（129）前掲書。但し一八一頁。
(145)『古事記』天孫降臨段。
(146)『先代旧事本紀』巻第五天孫本紀。
(147) 三品彰英「日本神話論」（『三品彰英論文集 第一巻』平凡社　一九七〇年）三五八頁。

「補記1」

私は三上山の祭神天之御影神を論ずるにあたって、大和と近江のせめぎあいの中に、歴史の虚実があったに違いないと述べたが、そのような渦中にあったと思われる天之御影神の亦の名を、アメノマヒトツノミコトとする、たいへん魅力的な説のあることにも触れた。しかしこのミコトを『姓氏録』で少し詳しく読むと、事が簡単に運ばないこともみえてくる。ともかく読んでみよう。三つの名義があがっている。

・山背忌寸。天都比古禰命の子、天麻比止都禰命の後なり。（山城国神別）

・菅田首。天久斯麻比止都命の後なり。（山城国神別）

・葦田首。天麻比止津乃命の後なり。（未定雑姓　大和国）

と三人の氏名の下に、アメノマヒトツネノミコト、アメクシマヒトツノミコト、アメノマヒトツノミコトというように、三様の訓みのミコトの名がしるされているが、さして大きな違いがあるとは思えない。しかし山背忌寸の場合は、アメノマヒトツネノミコトの前に、「アマツヒコネノミコトの子」という文言がひと言、挿入されている。この違いは無視できないと思う。現に佐伯有清氏は、山背忌寸のマヒトツネノミコトと、菅田首氏らのマヒトツノミコトは別神であると論定しておられる（『新撰姓氏録の研究』考證篇第三　四四〇頁）。

これはこれでたいへんな問題を含んでいると思われ、いまここで本稿のよく解きうるところでもなく、またその余裕もなく、解決は後考に委ねたいと思う。ただ視点をもう一度元の天之御影に戻し、「摂津国神別」であらためて天之御影を読んでみると、その後裔に山代根子の名がみられ、さらには山直に連なっていることも分かる。このあたりに問題を解く鍵が潜んでいるのかもしれない。

「補記2」

ところで、近年の目覚ましい考古学の成果に、湖南地域の製鉄遺跡の発掘がある。琵琶湖の南端が狭まって瀬田川となり、南へと下っていく東西の地域である。特に東側地域に著しい。いわゆる田上山地である。私が注目するのは、三上山がこの田上山地のすぐ東に隣接して美しい姿をみせているという事実である。そしてすでに述べたように、三上山の祭神は天之御影神とされている。また「天神本紀」では、饒速日尊と共に天下ったことになっている。私はこうした天之御影のありように、物部氏の主張を感じているが、「補記1」であげたアメノマヒトツに関わる山直氏らと共に、今後の主題の一つであると考えている。

第三章　石衝別王者羽咋君三尾君之祖

――初期大和政権と越前に関する一試論――

はじめに

『古事記』の所載する垂仁天皇段によると、垂仁の皇子石衝別王は、山代大国之淵之女・弟苅羽田刀辨を母として生まれている。(1)『日本書紀』の場合もほぼ同じような内容で記されているが、表記は磐衝別命となり、母は綺戸邊で表されている。(2)ただここで、少しばかり注意しておかなければならないことに、『古事記』が「石衝別の王は、羽咋の君、三尾の君が祖なり」(3)と述べているのに対して、『日本書紀』は「磐衝別の命を生み奉りき。是は三尾君が始《もと》つ祖《おや》なり」(4)と述べ、後裔氏族の記載内容に相違のみられることである。

このことについては後に順次述べていくとしても、三尾君氏といえば、『釈日本紀』の引く『上宮記』の逸文がよく知られている。ここには「上宮記曰一云……」の有名な文言で始まる、伊波都久和希を祖とする三尾氏の系譜が語られ、継体天皇の母・布利比弥命が、イハツクワケの六代目の孫であったと述べられている。また継体の父方の系譜が、凡牟都和希王を始祖として記載されており、いうならば「上宮記一云」には、継体の父方と母方の二つの系譜が、示されていたことになる。これだけの重大事のなかに、位置していた三尾氏である。数多ある古代氏族のなかにおいても、名だたる名族であったにちがいない。

『記』『紀』は、この三尾氏が継体天皇に二人の后妃を出したと述べているが[5]、このときの記述を最後に、三尾氏の名が再び『記』『紀』に、登場することはなかったようで、（天武紀元年七月二十二日条に「三尾城」という城の名の記載がある）三尾氏のうえに、何か大きな変化があったと考えられる。いずれにしても継体の擁立に、三尾氏の力がその背景にあったことは、紛れもない事実であって、第三章では、こうした三尾氏のありようを、考えてみようとするものである。三尾氏の始祖と思われる石衝別王とその六世の孫に位置する継体の母の振媛。また、この系譜に連なる人々がかかわっていたと思われる越前三国の坂中井や加賀・能登のこと等々、その一つひとつに、検証の光を試みてみようと思う。

第一節　三尾氏の本貫地

「垂仁記」の后妃皇子女段を日本古典文学大系本で読むと、その頭注に、「三尾（ミヲ）は近江国高島郡三尾」と書かれている。「垂仁紀」の場合も、大系本はほとんど同じような解説文となっている。『和名抄』に記載されている「高嶋郡三尾郷」を根拠としたものだが、このことは早くに太田亮氏によって論じられ、通説化していたといっても過言ではなかった。氏は『姓氏家系大辞典』のなかで、

三尾氏族と云ふのは、垂仁皇子石衝別王の後で、近江国高島郡三尾が其の根拠地である（和名抄、高島郡に三尾郷を収め、神名式同地水尾神社は此の氏の氏神也）。此の三尾の地は、東が琵琶湖で、西は若狭との間に山脈があって、東西共に発展の余地がない。南方から此の地に入った此の氏が、少しでも活動しようと云ふには、北方越前に出なければならぬ。其の考へ通り、此の氏は先ず越前に出で、それから能登に行って居る、（羽咋国造条）

と述べておられる。太田氏のこの論定ののち、三尾氏を云々する論者の多くは、高島郡三尾郷を前提として話は進められていた。ところが、米沢康氏が「三尾君氏に関する一考察」(6)を発表されるに及んで、通説化していた高島郡三尾郷説に変化が見られるようになる。

米沢氏の考察は、大きくは二つの柱からなっている。その一つは、かつて岸俊男氏が『三国町史』(7)で述べておられた、越前国坂井郡水尾郷のことである。岸氏によると、三尾という地は近江国の三尾郷に限るものでなく、「山背国愛宕郡計帳」(8)などによって、越前の坂井郡にも水尾郷は所在していたとするもので、重要な指摘にもかかわら

ず、なぜか、当時の学界では見過ごされていたようである。しかし、米沢氏はこれを掬い上げて岸氏の論考を深め、三尾氏検証の二本柱のうちの、第一の柱として考察をおしすすめられた。

まず第一の柱のあらましを振り返ってみよう。米沢氏は岸氏の論拠を踏まえ、次のように述べる。

「山背国愛宕郡計帳」（天平五年〈七三三〉）によると、戸主秦倉人奈世麻呂の房戸として、

戸秦倉人黒麻呂、年参拾弐歳、正丁　右頬黒子　兵士

兄秦倉人麻呂、年肆拾陸歳、正丁　越前国坂井郡水尾郷

の記載が見られる。つまり、房戸主秦倉人黒麻呂には麻呂という兄があって、その兄は越前国坂井郡水尾郷、とする内容のものである。越前の水尾郷ということになると、『延喜式』の三尾駅が想起されるのだが、この三尾駅の前後数駅の比定地から、三尾の駅地を推定してみると、現在の芦原町北部あたりが考えられる。芦原町の西には、日本海に突き出るような形で雄島という小さな島が浮き、式内社の大湊神社が鎮座している。祭神は雄島三尾大明神と称し、三尾君らの祖神とも伝えられている。

水尾郷も、三尾駅も、そして、雄島三尾大明神も、いずれも、越前国坂井郡に抱摂されている。そうすると、ごくしぜんの流れで想起されてくるのが、「三国坂中井」であり、「高向」の地である。「三国坂中井」は継体天皇の母・振媛の出身地と伝えられ、「高向」は、幼い日の継体が養育された地として、知られている。(9)

三尾郷といえば高島郡の三尾郷が自明視されていたが、このように、越前国坂井郡にも水尾郷は所在していた。したがって三尾氏を古代近江の出身とするのは、あるいは速断の恐れがないともいえないのである、と米沢氏は説く。

つぎに氏は考察の第二の柱として、「上宮記一云」などによる、三尾氏の系譜と伝承を論じる。

(1)『記』『紀』にしろ、あるいは「国造本紀」にしろ、三尾氏が垂仁の皇子イハツクワケの後とする伝承は、一致

して認められていること。

(2)「上宮記一云」の系譜は、継体の母方の系譜と見られているが、系図に即していえば、三尾氏の系譜である。したがって振媛との関連で分かるように、三尾氏は深く三国坂中井に関わっていたこと。

(3)継体の皇子の椀子皇子は、「三国公之先也」と伝えられているが、皇子の母が三尾君氏の女であるということ。そして振媛の祖を、「三国命」と呼んでいたこと。

米沢氏は大要右のように論じて、ほとんど通説化していた三尾氏の近江国高島郡を本貫とする説に、一石を投じられた。この一石は一石としてとどまらず、二石にも三石にもなって、波紋を広げていった。[10] そして三尾氏の本貫地論争を二分するまでに、その波紋は広がっている。[11]

第二節　石衝別王と三尾氏の磐城別

ここで、米沢氏の論調を基底におきながら、あらためて、三尾氏が祖とする石衝別王を考えてみたい。それにはまず、『記』『紀』の記述内容の検討ということになるが、先にもすこし触れたように、記載されている内容はほとんど同じようなものだったといえる。しかし、同一ではない。そこでこの同一でない違いを留意することから、検討を始めてみたい。煩を厭わず、もういちど読んでみる。

・石衝別王者羽咋君、三尾君之祖。（『古事記』）

・生㆓磐衝別命㆒。是三尾君之始祖也。（『日本書紀』）

イハツクワケを三尾君氏の祖としているのは、『記』『紀』ともに共通している。しかし、『古事記』で記載されている羽咋君の名が、『日本書紀』では見当たらない。『書紀』の編者が、本来あるものを意識的に削除したのか、あるいは、『古事記』のほうが原資料に、恣意的につけ加えたのか、ということになる。ところが、「国造本紀」を読んでみると、羽咋国造条で「泊瀬朝倉御世。三尾君祖。石撞別命児石城別王定㆓賜国造㆒」の記載が見られ、また『新撰姓氏録』右京皇別下にも、「羽咋公、同天皇（同天皇は垂仁…住野注）皇子磐衝別命之後也」と見えている。いずれも、羽咋氏がイハツクワケの系譜に繋がることを物語り、このことはまた、三尾氏との関わりを示すことに他ならない。「国造本紀」では先の羽咋国造条とは別に、加我国造条においても「泊瀬朝倉御代。三尾君祖石撞別命四世孫大兄彦君定㆓賜国造㆒」の記載がみられる。加賀国の北隣りに能登国の羽咋郡がある。

図１　越の国の国造
（米沢康『北陸古代の政治と社会』法政大学出版局より）

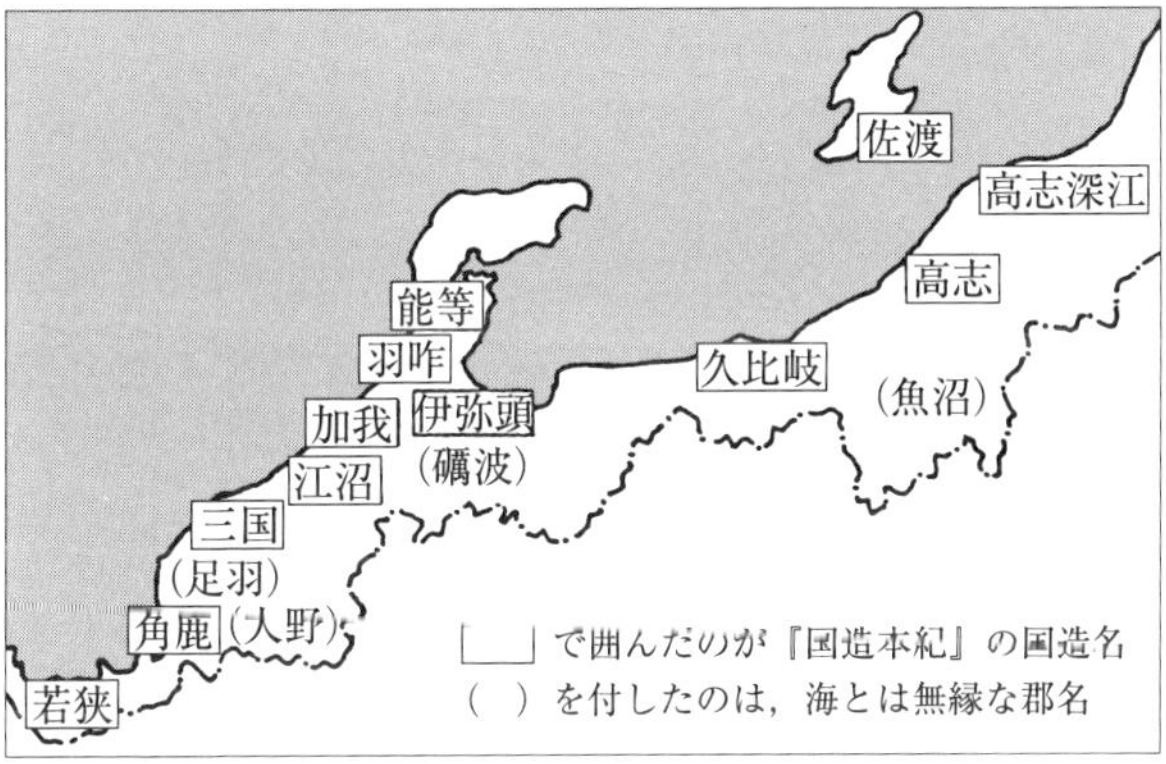

「国造本紀」はこの加賀と羽咋の地に、イハツクワケの血筋の者が国造になっていた、としているのである。

「国造本紀」の信憑性はともすると論議の対象となり、問題の多い文献とされているが、この羽咋国造条の場合には、「石撞別命児石城別王」の文言に、とくに注意を払わなければならないと思う。というのは、この石城別王は、『書紀』では磐城別と表記されて「景行紀」に登場し、「上宮記一云」では、伊波智和希と記載されているからである。「景行紀」四年二月甲子条によると、

又妃三尾氏磐城別之妹水歯郎媛、生五百野皇女。

と見えている。この記載では磐城別とイハツクワケの関係は不明だが、「三尾氏の磐城別」という表現で、二人の間柄が共に、三尾氏の血筋を引くものであった、ということが分かる。ここのところを明解に説いているのが、先に見た「国造本紀」の羽咋国造条であり、また次の第三節で読む「上宮記一云」であって、両書は、彼ら二人をはっきり父と子で示していた。このように、「国造本紀」と「上宮記一云」の記述は一致しており、『書紀』も磐城別を景行妃の兄と認めているのだから、「国造本紀」を信憑性が薄いということで、カンタンに、頭からしりぞけるわけにいかないはずだ。その「国造本紀」が、磐城別王の「羽咋国造」を、

云々しているのである。このあたりの「国造本紀」の記述は、かなりの信頼性を置くことができるようである。

ただ磐城別の国造という表現は、問題を含んでいる。というのは、国造制が成立した時期を考えたときに、磐城別の国造はありえないと思えるからである。しかし、国造はありえないとしても、のちの国造的な位置——つまり、羽咋という地域の首長層であったことに、間違いはない。「国造本紀」は、加我国造条で「三尾君祖石撞別命云々」と述べていた。加我国は現在の石川県である。そして羽咋郡が、この石川県の北部に位置していたことはすでに述べている。このように、羽咋氏は血縁においてそうであったように、地理的関係においても、三尾氏と深く密着していたといえるのである。

第三節　伊波都久和希の系譜と乎獲居臣の系譜

前節では、羽咋氏が三尾氏の一族であったことを述べたのだが、「国造本紀」加我国造条の記述から、その羽咋氏は、地縁的にも三尾一族に抱摂される、とする考えを述べておいた。この地縁云々ということになると、「上宮記一云」に記載されている、系譜記事の詳細を見逃すわけにいかない。ここには、三尾氏が祖とするイハツクワケの系譜が語られ、同時に、この系譜に繋がる継体の母振媛が、幼い皇子を我が故郷に連れて帰ったと記されており、それが三国の坂井県と述べられていたからである。

そこで「上宮記一云」に目を通しておこうと思うが、『釈日本紀』に引かれている『上宮記』逸文は、つぎのように記されている（『新訂増補国史大系釈日本紀』による。〈前田家所蔵本が原本〉）[1]。

上宮記曰。一云。凡牟都和希王、娶㆓洷俣那加都比古女子名弟比売麻和加㆒（稚野毛二派皇子母）。生児若野毛二俣王。娶㆓母々恩己麻和加中比売㆒（大郎子以下四人母）。生児大郎子。一名意富々等王。妹践坂大中比弥王。弟田宮中比弥。弟布遅波良己等布斯郎女四人也。此意富々等王娶㆓中斯知命㆒（乎非王母）。生児乎非王。娶㆓牟義都国造名伊自牟良君女子。名久留比売命㆒（彦主人王母）。生児汙斯王。娶㆓伊久牟尼利比古大王㆒。*[生]㆓児偉波都久和希。児偉波智和希。児伊波己里和気。児麻和加介。児阿加波智君。児乎波智君㆒。娶㆓余奴臣祖。名阿那尒比弥㆒（都奴牟斯君并振媛母）。生児都奴牟斯君。妹布利比弥命也。汙斯王坐㆓弥乎国高嶋宮㆒時。聞㆓此布利比売命甚美女㆒（継躰天皇母）。遣レ人召㆔上自㆓三国坂井県㆒而娶所レ生。伊波礼宮治㆓天下㆒乎富等大公王也。父汙斯王崩去而後。王母布利比弥命言曰。我独持二抱王[子]一[在]二无親族部之国一。唯我独難二養育一。比陁斯奉之云。尒将レ下二去於在祖三国命坐多加牟久村一也。(12)（訓みは第一章の九頁参照）

＊　国史大系本による「娶二伊久牟尼利比古大王一。…中略…妹布利比弥命也。」は明らかに誤りであって、すでに先学が説くように、「娶下伊久牟尼利比古大王児偉（伊）波都久和希……乎波智君、娶二余奴臣祖名阿那尒比弥一、生児都奴牟斯君、妹布利比弥命上也」と訂正されるべきである。

ここには、継体天皇の父方と母方の系譜が語られ、また、継体の幼い姿と母布利比弥の様子が伝えられている。先にも少し触れたように、夫の汙斯王に先立たれた布利比弥は、幼い乎富等大公王――つまり後の継体を、わが腕に抱いて故郷に帰ったというのである。その故郷というのが三国の坂井県であり、伊波都久和希の後裔たちが、営々と築いた父祖伝来の地である。

この坂井県の北に隣接して、「国造本紀」は「加我国造」を云々していた。また加賀の北辺には、羽咋国造がいたことも、伝えていた。すでに述べたように、彼らはいずれも三尾氏の血縁に繋がる人々であり、これは言葉を換えると、この地域における三尾氏一族の繁衍ぶりを示すものであり、また地縁を背景にした、彼らの強力な紐帯を語るものと考えられる。

そこで、彼らの中心的人物であったと思われるイハックワケの系譜を、「上宮記一云」に基づいて図にすると、左記のようになるが、この系譜記事を読んでいて気づくのが、埼玉稲荷山古墳から出土した鉄剣の銘文である。そこに刻まれた乎獲居臣の系譜のありようが、「上宮記一云」の記しているイハックワケのそれと、たいへんよく似ているように思われたのである。したがって、ここでは便宜的に、埼玉稲荷山古墳の鉄剣銘による系譜も並べてみた。

二つの系譜を見くらべてみてまず気づくことの一つに、鉄剣銘の系譜とイハックワケの系譜が、ともに八代で示されていたことである。この八代ということが、当時の系譜記載のひとつの形式であった可能性が、考えられなく

図2　イハツクワケと乎獲居臣の系譜

・イハツクワケの系譜（「上宮記一云」による）

伊久牟尼利比古大王――伊波都久和希――伊波智和希――伊波己里和気――麻和加介――阿加波智君――乎波智君――都奴牟斯君
　　　└布利比弥命

・乎獲居臣の系譜（稲荷山古墳の鉄剣銘による）

意冨比危――多加利足尼――弖已加利獲居――多加披次獲居――多沙鬼獲居――半弖比――加差披余――乎獲居臣

もないが、先を急ぐ本稿では触れる余裕がない。

つぎに、鉄剣の最後に刻まれている乎獲居臣に関してのことだが、この人が雄略天皇の時代に活躍していたことは、ほぼ間違いのない史実であったと思われる。というのは、銘文によると彼は獲加多支鹵大王、つまり雄略天皇の辛亥年に、杖刀人首として天下を左治した、と刻まれているからである。

このことを前提にして「上宮記一云」の系譜記事を読んでみると、布利比弥自身は伊久牟尼利比古大王の七世孫ということになる。これを大王家の系譜に即して述べてみると、垂仁の七世孫は雄略天皇になる（一六五頁の図3参照）。つまり、布利比弥は鉄剣銘の乎獲居臣と同時代の人であった、といえるのである。そうすると三尾氏の始祖イハツクワケは、鉄剣銘の多加利足尼の時代に該当する。多加利足尼の父の意冨比危は崇神天皇の叔父にあたっているが、『記』『紀』によると、彼が活躍したのは崇神の時代なので、垂仁の皇子イハツクワケと、そして多加利足尼が同時代の人であったと考えて、そう大きな無理はない。このことは、第四節でさらに述べる。

つぎは、記載されている「名」のありかたで、これもまた、問題を抱えている。というのは鉄剣銘の場合で、ヒコ→スクネ→ワケ→無姓→オミと、「姓」らしいものがながれている。いっぽう、「上宮記一云」の場合も、ヒコ→ワケ→無姓→キミと、鉄剣銘の場合とよく似たながれになっている。問題はここのところを、単純に「姓」と考えていいのかどうか、ということである。本稿のなかで、とても語りつくせるようなものでない。

したがってこれらの「名」は、ここでは氏の名を尊んだ、古代の原始的なカバネとみておきたい。そうすると表づらを素直にみるかぎり、繰り返すならば、かなりよく似た記載の仕方で書かれている、ということがいえる。鉄剣銘の場合のスクネを除くと、両者の系譜は、ヒコ→ワケ→無姓となっており、このあと、鉄剣の場合は乎獲居臣、「上宮記一云」のほうは阿加波智君となり、ここで両者の違いがはじめて、臣と君に分かれる。

そしてさらに付け加えると、鉄剣の銘文の冒頭は、周知のように「辛亥年七月中記……」の文言で始まっている。雄略の時の辛亥年は四七一年だから、この銘文は、五世紀代に刻まれた古代氏族の系譜であった、と言い換えることができる。

このように、鉄剣に刻まれた系譜と、「上宮記一云」に記載された系譜のそのありかたが、いうならば正に一致するようなカタチで、語られている。『上宮記』の編者が、稲荷山古墳に埋葬された鉄剣の銘文を知っていたとは、考えられない。『上宮記』の成立年代は定かではないものの、その用字法などから、「推古朝をあまり隔たないころの成立[13]」とされている。したがって、鉄剣が埋葬されて二世紀に近い時間が経過している。そして、『上宮記』は大和で成立しているであろうし、鉄剣の埋葬は埼玉古墳群でなされているのだから、大和とは、はるかにかけ離れている。にもかかわらず、二つの系譜のカタチは時間と空間を超えて、形式化されたフォーマットのように、よく似ていたといえるのである。

このことは、「上宮記一云」に記載されている系譜が、少なくとも机上の造作でなく、なんらかの資料なり、伝承に基づいた記録であったと考えて間違いない。さらにはイハツクワケに即していうならば、『記』『紀』の記述内容を補完した、貴重な史料なのである。そこに記された布利比弥の祖たちは、「三国命」として、まぎれもなく三国坂井県で活躍していた。

第四節　三尾氏之始祖ということ

第三節で、私は稲荷山古墳出土の鉄剣銘に、「上宮記一云」のイハツクワケの系譜を重ね合わせ、その信憑性を確かめてみた。その結果、両者の名義はかなりよく一致していた。このことを換言すると、三尾氏らが祖とするイハツクワケの系譜は伝承とはいえ、史実というような意味合いにおいて、歴史的伝承といった表現が許されるのではなかろうか、ということになる。

それでは彼らが祖とするイハツクワケは、どのような位置づけの人であったのか、つまり、実際に活躍したのはいつごろであったのか、またどのような内容をもつ人物であったのかなど、より具体的な人物像を探ってみたいと思う。手順として、もういちど稲荷山の鉄剣をとりあげ、その系譜のありかたをよく吟味することから、はじめてみたい。

先にも少し触れたように、ここには八代の系譜が語られていた。意冨比危を上祖として、平獲居臣で終わる八代である。意冨比危については、『記』『紀』の崇神時代に記載されているオホビコとする説[14]が有力である。『古事記』は大毘古命と記し、『書紀』は大彦命と述べている。そして大毘古命は高志の道に、大彦命は北陸に、遣わされている。よく知られた四道将軍の派遣である。『記』は大毘古が、相津にも往ったと述べている。相津は今の会津と比定されている[15]から、越の国から東国へ廻ったということになる。鉄剣の出土地が埼玉古墳群の一角だから、東国という意味では『記』の記述に矛盾はない。

ところで、そうするとこのようなオホビコの活躍は、いつの頃であったのか、がつぎの焦点となってくる。鉄剣には、獲加多支鹵大王の辛亥年という文言がみえていた。先にも述べたように、この辛亥年は四七一年にあたる。私はこの四七一年を起点にした場合、乎獲居臣が上祖とする意冨比垝の実年代が正確に、というのはムリであっても、おおよそのことは分かるのではなかろうか、と考えた。

この問題については、塚口義信氏の詳細な論考がある。[16] 氏は鉄剣に刻まれた八代の名に着目し、鉄剣が述べている「世々」を、先学の研究を踏まえながら子細に考証しておられる。その中核をなす考え方は、田中卓氏が提唱された「一世代三〇年説」である。[17] 塚口氏は田中氏の論考をさらに掘り下げ、一世代の平均年数を三〇・九三年と算出し、これに前後の $\pm\alpha$ を五年として割り出し、オホビコの年代を、「おおよそ三世紀後半を中心とした前後の時期」とする。そして「この年代はあくまでも特定できない世代の年数や『記』『紀』の世代数観を前提としたうえでの推論にすぎない」としながら、巨大古墳出現のありようから、「この年代はオホビコや崇神の年代観とははなはだ近似したものとなる」とされている。

塚口氏のこの考え方をそっくりそのまま拝借して、私は、「上宮記一云」に記載されたイハックワケの年代が割り出せると考えた。なぜなら再三述べたように、「上宮記一云」の系譜と「鉄剣」に刻まれた系譜のありかたが、あまりにもよく似ているからである。したがってその作業は、第三節であげておいたイハツクワケと乎獲居臣の系譜に、『記』『紀』の大王家の系譜を重ね合わせるだけである。見てみよう（図3参照）。

図3　大王（天皇）家・イハツクワケ・乎獲居臣の系譜
（塚口義信「初期大和政権とオホビコの伝承」『日本書紀研究　第十四冊』塙書房より作図）

「稲荷山鉄剣銘」
意冨比垝―多加利足尼―弖已加利獲居―多加披次獲居―多沙鬼獲居―半弖比―加差披余―乎獲居臣

開化―崇神―垂仁―景行―成務―仲哀―応神―仁徳―履中・反正・允恭（允恭―安康・雄略）

「古事記」「日本書紀」
大彦命―御間城姫―垂仁

「上宮記一云」
伊久牟尼利比古大王（垂仁）―伊波都久和希（母綺戸辺）―伊波智和希―伊波己里和気―麻和加介―阿加波智君―乎波智君―都奴牟斯君（母阿那尓比弥）・布利比弥命（母同）

イハツクワケと、鉄剣銘の多加利足尼が同じ年代ころの人たちであったことは、既に述べている。ところが図を見ると、伊久牟尼利比古大王は、ほぼ鉄剣銘の意冨比危のところに並んでいる。伊久牟尼利比古は崇神の子であるから、二世代のずれが見られる。この世代のずれという問題は塚口氏の論文の場合も、二世代のずれがあったのだが、この二世代について氏は、つぎのように語っている。

『記』『紀』の応神以前の皇位継承は父子間による直系相承（成務と仲哀だけは例外でオジとオイの関係）となって

いるが、これは七、八世紀代に改変を受けた結果、そのようになったと考えるべきであるから、『記』『紀』の系譜に基づく世代の算出法には方法論的に無理があるといわざるをえないのである。しかも、実際に両者の系譜を比較してみると、そこには明らかに二世代の食い違いがある。

と述べ、そのうえで、

世代数は必ずしも一致するとは限らない

と記されている。

その通りだと思う。図を見ても明らかなように、仁徳までは直系的に繋がっていたのが、その以後は、兄弟の王位継承となっているからである。塚口氏はこのことを前提として、先の「一世代三〇年±α」を使い、オホビコの年代を推定している。その結果としての、「おおよそ三世紀後半を中心とした前後の時期」である。

先述したように、私は塚口氏のこの考え方を、全面的に頂いている。そのうえで、「上宮記一云」のイハツクワケの系譜を、「鉄剣銘」のオホビコの系譜と、『記』『紀』の大王家の系譜に重ねている。そうすると、布利比弥その人は、乎獲居臣、それに雄略とほぼ同世代か、もう少し下るころの人ではなかろうか、と思える。したがって、イハツクワケの年代は素直に読むかぎり、三世紀の後葉から四世紀の初頭という年代が浮かび上がってくる。

第五節　三国坂井県ということ

『記』『紀』は、四道将軍の派遣を物語ることで、大和政権の勢力圏拡大を伝えている。そして先にも述べたように、この越の国へは、オオビコが派遣されていた[18]。また、ヤマトタケルの東征のときにも、吉備武彦が遣わされていた[19]。しかし、ここで少し注意しながらこれらの記事を読みすすめると、他の地域に比べ、越の国には意外なほど、争いの跡が見られないことに気づく。もちろん、このことを史実とするわけにはいかないと思うが、だからといって根も葉もないこと、とするには躊躇する。このあたりを少し考えてみたい。

米沢康氏の研究によると、大和政権の越国への進出は、かなり早い時期を考えておられるようだ。県・県主や阿比古などの分布から、まず四～五世紀頃の関わりを視野に入れる。つぎに、銅鐸と鍬形石の分布の跡、悠紀・主基二国のありようなどから、「三～四世紀における大和朝廷の支配の進出をも推測させることとなる」と述べておられる[20]。米沢氏の言及する県主や阿比古が、古代のカバネであったことはいうまでもないが、県が大和政権の早い時期における、料地的性格をもっていたことは見逃せない。また阿比古にしても『書紀』によると、山部阿弭古は景行天皇に[21]、依網屯倉阿弭古は仁徳天皇に[22]、それぞれが冷水や異鳥を献上した話を伝えており、四～五世紀頃の古いタイプの氏族と考えられている[23]。

いずれにしても、県主・阿比古は初期の大和政権にかかわるカバネといえるが、越の阿比古について、つぎのような話が伝わっている。直木孝次郎氏が「阿比古考」で提示された、「豊受人神宮禰宜補任次第」を読んでみよう。

越国荒振凶賊阿彦在天不レ従二皇化一、取平仁罷止詔天、標剣賜遣支、即幡主罷行取平天反事白時（下略）

直木氏の言によると、「越の国に阿彦という荒振る凶賊がいたが幡主（大幡主命）に平定された[24]」とするものである。

『記』『紀』では記載のなかった越の国の争い事が、ここで初めて顔を出している。しかし、阿比古というカバネが中・下級氏族のものと考えられるので、この争いもおそらくさして大事に至らない出来事として終わっていた、と思える。反乱伝承のみえない越の国にも、この程度の小さな争い事は間々あったものと考えておいていい。大勢に影響がなかったのである。

いっぽう、県・県主ということになると、すでに再三述べてきた「上宮記一云」の記載する「県」について、触れておかなければならない。

「上宮記一云」については、黛弘道氏の詳しい論考がある。国語学の観点から氏は「上宮記」の一つひとつの文言を詳細に分析し、その用字法などの研究を通じて、『記』『紀』以前の推古朝遺文と論定されている[25]。「県」という文言は、この極めて実証的に考察された「上宮記一云」の文中に、記載されている。継体天皇の父であった汙斯王が布利比弥のたいへん美しいことを聞き、「三国の坂井県」に人を遣わした、と書かれている件りである。ここのところを素直に読むと、この時期すでに、大和政権の料地的性格の強い「県」が、越前の三国に存在していたということになる。『記』『紀』以前の成立が考えられる、信頼性の高い『上宮記』の文言である。それだけにここで記載されている「県」は、たいへん大事な意味をもってくる。つまり、大和政権の、早い時期における越前進出を事実として裏づけていた、と考えられるからである。

先の第四節の系譜の考察のとき、イハツクワケと稲荷山の鉄剣銘を比べながら、布利比弥の祖であるイハツクワケの実年代は、三～四世紀の頃が考えられるのではなかろうか、と指摘しておいた。このことは、県・県主、それに阿比古などの成立が四世紀前半のころから、五世紀に入る頃と考えられているので[26]、イハツクワケの年代観とオ盾しない。というよりは、「豊受大神宮禰宜補任次第」の阿彦にしても、「上宮記一云」の坂井県にしても、むしろ、早い時期における大和政権と越前のかかわりを傍証しているのだから、話の流れとしては自然である。

このことを言い換えると、三尾氏の祖とされているイハツクワケは、三世紀の終わり頃から四世紀初頭にかけてこの地へ進出し、のちのある時期、彼の後裔が地域一帯の県主として在った、といえる。つまり、「上宮記一云」の述べている「三国坂井県」の成立であり、また、この地域におけるイハツクワケ後裔氏族の首長としてのありようが、「県」という文言の中で、はっきり語られているのである。

第六節　纏向型前方後円墳の語るもの

布利比弥が幼子を伴って帰った、というその彼女の古里は、「上宮記」には「祖に在す三国命の坐す多加牟久村」と書かれていた。この多加牟久村は、『和名抄』のいう「坂井郡高向郷」であり、福井県丸岡町の南部地域にあたる。ここからはすぐ南を九頭竜川が東西に貫流し、東は美濃をさえぎる加賀越前山地が迫っている。そして西には、広大な福井平野が展開している。まぢかに迫る東の山地を登ると、豊かな平野が一望の下である。

この山地の尾根上に、前方後円墳二基を含む、六呂瀬山古墳群がある。そのなかの六呂瀬山一号墳は、全長一四〇mという北陸地方最大の規模をもつ前方後円墳で、四世紀後半の築造が考えられている(27)。六呂瀬山古墳群の南を流れている九頭竜川を挟んで、越前中央山地があり、ここには、松岡古墳群が築造されている。盟主墓は全長一二八mの手繰ケ城山古墳で、四世紀中葉の前方後円墳とされている。地中レーダー探査の結果、割竹形石棺の埋納が推定され(28)、ヤマトの影響をもろに受けている。

いずれにしても、九頭竜川を挟んで南には北陸最古の、そして北側には北陸最大の、前方後円墳がそれぞれ隣合わせるようにして、福井平野を眼下に納めている。青木豊昭氏の言を借りると、「広域首長の誕生に大和政権が関与していることは明らかである」ということになる(29)。

この地点から九頭竜川を下ってみよう。直線距離にして一〇㎞ばかりで、南から下ってきた日野川と合流するが、ここから日野川を南へ遡ると、三～四㎞で次の合流点にさしかかる。足羽川である。この日野川と足羽川の合流するあたりが、福井市の「角折」という町である。「角折」をさらに遡ってみよう。七〜八㎞で三尾野という町にいたる。この町の北に隣接して、式内の直野神社が鎮座している。『神社明細帳』は祭神を三尾王神霊としているが、確かなことは分かっていない[30]。そういえば、角折の北にも式内社が鎮座していた。與須奈神社と呼ばれ、『神社明細帳』は祭神を継体天皇としている[31]。にわかには信じがたいが、角折の町が「書紀」の記述する三尾角折君と無縁とは思えないので、継体云々を頭から否定するわけにもいくまい。直野社のときと同じように、確かなことは分かっていないとしかいいようがない。ただいずれにしても、両社はともに、三尾氏に縁由のある祭神を求めているということがいえる。

三尾野の東三㎞の地点に、安保の町、浅水の町がある。このあたり一帯は、『和名抄』のいう朝津郷であり、また『延喜式』が所載する朝津の駅が所在していた。ということは、この朝津の駅とともに、三尾野、そして角折は、それぞれが水陸交通の道すじを扼している重要な拠点であったと思われる。こうした中での三尾野という地域であり、また角折であって、これに式内社などのかかわりを考えたとき、『神社明細帳』の説く祭神をいちおう視野にいれてみると、その要所々々を三尾氏が抑えていたということは、十分に考えられるのである。

ところで、『和名抄』の朝津郷が現在の安保・浅水であることは今述べたとおりだが、この安保の町に、弥生時代終末期の墳墓を含む、前期の古墳群が築造されている。安保山古墳群と呼ばれ、前方後円墳二基、前方後方形墳墓一基、円形墳墓一基で構成されている。このうちの前方後円墳二号墳のほうは、全長三四mで、四世紀中葉から後葉の築造とされている。一号墳の前方後円墳は全長三二mで、四世紀末の築造とされている。埋葬は割竹形木棺が考えられており[33]、割竹形木棺ということになると、やはりヤマトの影響を考えざるをえない。そしてなによりも注目すべきは、弥生終末期の墳墓と混在しているそのありようから、この安保山の古墳群は、前方後円墳発生の前夜を思わすような、古態をもっていたということである。

図4　前方後円墳の祖型（都出比呂志「前方後円墳の誕生」『古代を考える古墳』吉川弘文館より）

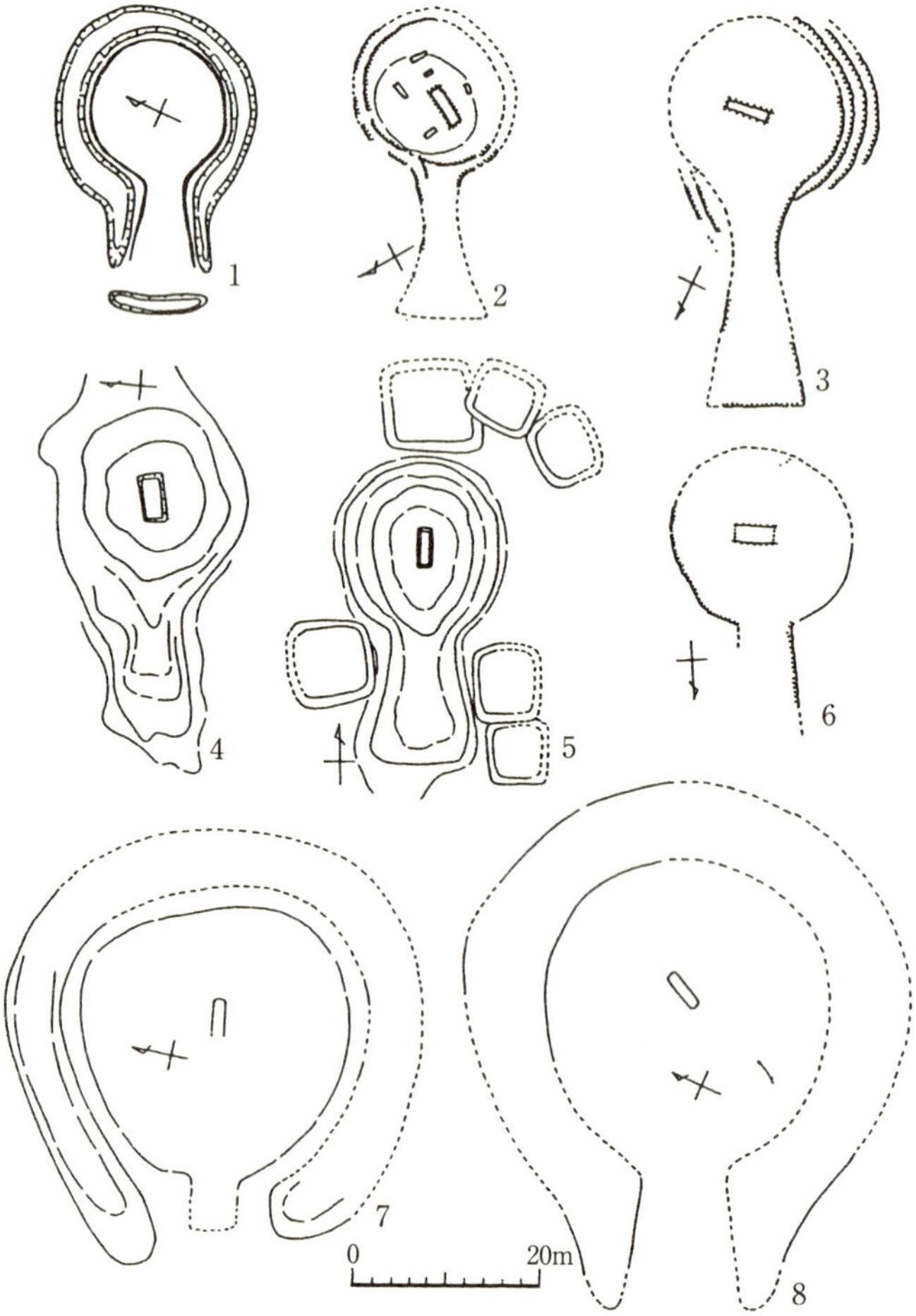

前方後円墳および類似する墳丘墓

1和歌山県秋月古墳（概念図）、2兵庫県養久山1号墳、3香川県鶴尾4号墳、4岡山県宮山墓、5福井県安保山古墳、6徳島県萩原墓、7千葉県神門5号墓、8同4号墓（すべて原図を改変して作図）

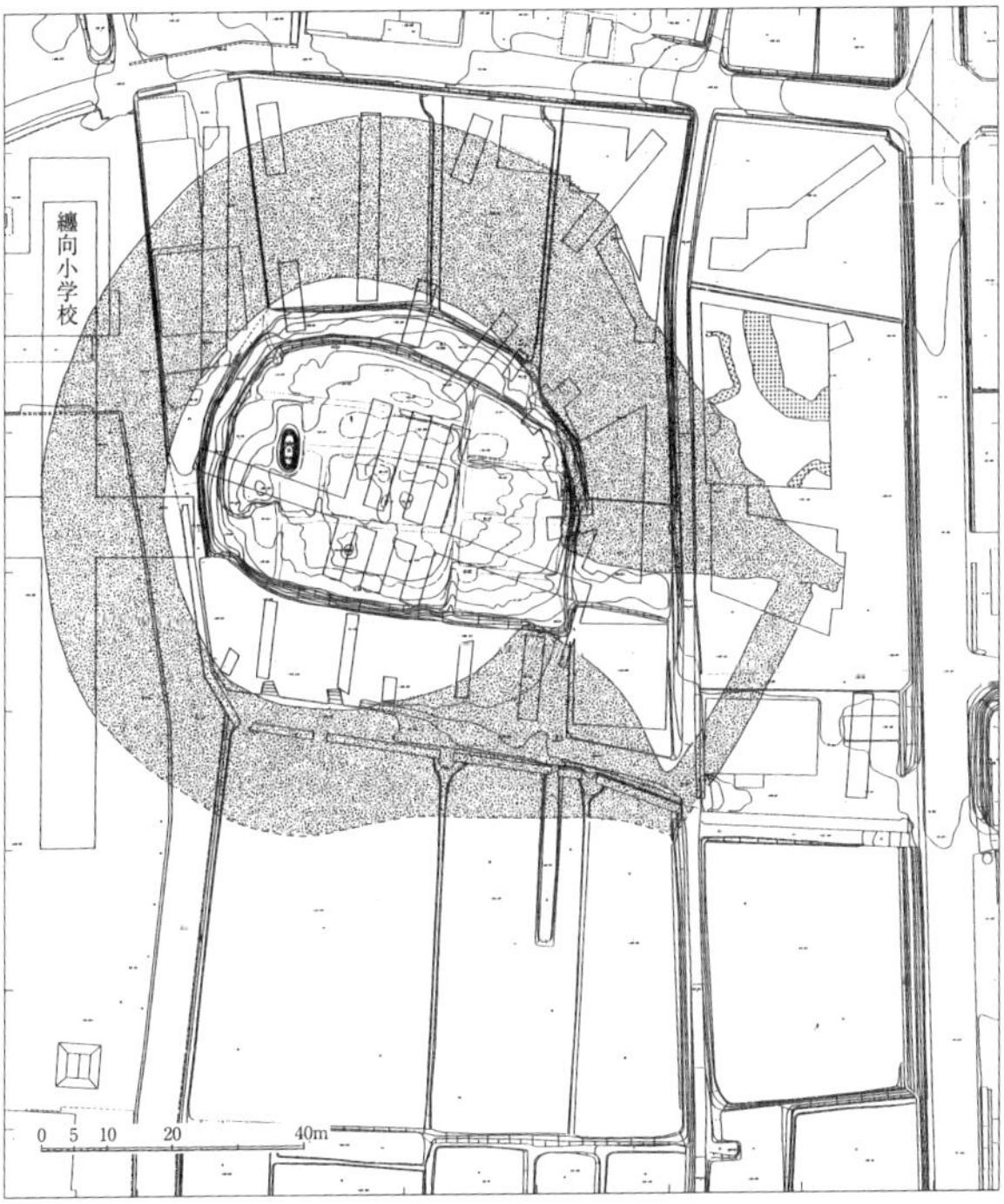

図5　纏向型前方後円墳
（『纏向石塚古墳第九次調査現地説明会資料』桜井市教育委員会より）

つまり、前方後円墳の祖型（図4）というような意味あいになってくるのだが、この分野の研究では、寺沢薫氏が昭和六十二年（一九八八）に発表された「纏向型前方後円墳の築造[34]」がある。寺沢氏はこの論文で、纏向遺跡に出現した最古の前方後円墳を、「纏向型前方後円墳」と呼んでおられるが、いうならばその形体は、帆立貝式に酷似している。しかし酷似は酷似であって、同じではない。氏はここのところを峻別している。そして何よりも、「造営年代が畿内の庄内式～布留〇式併行期に限られる点で厳密に区別する必要がある[35]」と主張する。

氏はさらに語をつぎながら、「これらをあえて纏向型と呼ぶゆえんは、この墳形を最初に認識したのが纏向古墳群であったという理由以上に、…中略…これらの諸古墳が定型化した前方後円墳成立以前および成立期に、初期ヤマト政権の中枢たる纏向遺跡との政治的、祭祀的関係のもとに成立したものと考えるためである」[36]とも述べている。

寺沢氏の見解は、たいへん魅力的で、強い説得力をもって迫ってくる。もちろん、考古学の見解に私がこのことを云々する資格はないのだが、ただいえることは、寺沢氏が発表されてちょうど十年、「纏向型前方後円墳」の文字が、随所で見受けられるようになっているという事実である。例えば、私がいま開いている石野博信氏が編者の『全国古墳編年集成』[37]なども、そうしたうちの一つであると思う。

本稿にかかわる越国の頁を、早速に拡げてみる。「越前」と、「加賀・能登」と書かれた二カ所の頁を読んでみる。「越前」の所には、先に述べた手繰ケ城山古墳や六呂瀬山一号墳などの大古墳は見えるものの、これに先行する前方後円墳は見当たらない。ところが意外なことに、「加賀・能登」の頁には、二基の「纏向型前方後円墳」が見られた。加賀の江沼郡に築造された分校カン山一号墳と、能登の羽咋郡にある宿東山一号墳がそれである。そこでこの二基を少し詳しく見てみることにする。

江沼地域の、分校カン山一号墳の検討から始めてみよう。まず最初に、この纏向型が所在する位置関係である。越前国坂井郡を抜けて北東に約一二km、江沼盆地を北西にのぞむ通称カン山丘陵の尾根上に、十六基の古墳が築造されている。前方後円墳三基、方墳六基、円墳七基からなる分校カン山古墳群である。分校一号墳は、このなかの前方後円墳三基のうちの一基で、全長三七m、主体部には木棺が直葬されていた[38]。『全国古墳編年集成』は、四世紀前葉の纏向型前方後円墳である、と記述している。

寺沢氏の言葉を借りると、これはまさに、「初期ヤマト政権の中枢たる纏向遺跡との政治的、祭祀的関係のもとに成立したもの」であるわけだが、面白いことに、この分校カン山一号墳に隣接して、勅使という名の集落が見られることである。吉田東伍博士によると、

　分校。那多の麓なる一村とす、名義不詳、分校の西に隣るを勅使《テシ》村とす、此は古の勅旨田のありしに由る歟[39]

とある。

分校については、これ以上のことは分かっていない。しかし分校という集落が所在する江沼郡というものに視点を移すと、さまざまのことが思い起こされてくる。しかし、やはり第一義的には、布利比弥のことになる。『上宮記』は布利比弥の父乎波智君のところで、「乎波智君、余奴臣の祖、名は阿那尓比弥に娶ひて生める児都奴牟斯君、妹布利比弥命に娶ひます。」と述べていた。ここのところで大事なことは、布利比弥の母が余奴臣の祖であると述べられていた点である。余奴臣については、黛弘道氏が強い主張は避けながらも、越前国江沼郡の国造・大領のありようなどから、「江沼臣とみることができる」と述べておられる。(40) 従うべき見解だと思える。そうすると、「上宮記一云」に書かれていた「乎波智君云々」の文言は、布利比弥の父乎波智君が、自分たちの在所に北接する江沼郡から阿那尓比弥を迎えた、ということになる。その阿那尓比弥は江沼臣氏の祖であり、また生まれた児が都奴牟斯君と妹の布利比弥だというのである。

この話に、作為は感じられない。なにしろ乎波智君は、隣接する江沼臣氏の娘と結婚したのである。黛氏が説くように、江沼臣氏が在地の有力豪族であったことは、まちがいない。それにこの江沼郡の分校には、寺沢氏のいう纒向型前方後円墳が築造されていた。ヤマト政権がかかわっていたと考えられるが、それが、イハツクワケの血筋のものと考えて矛盾はない。このことについてはさらに後述するとして、ここではつぎの残る一基、宿東山古墳に触れておかなければならない。

分校カン山古墳群を離れて、日本海沿いに北へ約六〇km余、能登半島の付け根あたりに、押水の町がある。羽咋市の七～八kmばかり南に位置する町で、『和名抄』にいう羽咋郡大海郷である。宿東山一号墳は、この町の東の丘陵に所在している。全長二一・四mの前方後円墳で、昭和六十一年（一九八六）の発掘調査により、箱形木棺とみられる主体部を検出している。(41)『全国古墳編年集成』によると、四世紀前葉に築造された纒向型前方後円墳だと、記載されている。[42]寺沢氏の主張であれば、ここ宿東山一号墳の場合も、当然大和政権との政治的、祭祀的関係のもとに成立したものとなるわけである。

第七節　皇族将軍イハツクワケ

第三章の冒頭で、私は『記』『紀』の語る垂仁天皇の皇子・イハツクワケのことを、簡単に述べておいた。確認の意味を込めて、再度読んでみる。『古事記』は「石衝別王者、羽咋君、三尾君之祖。」と述べ、『書紀』は「生二磐衝別命一。是三尾君之始祖也。」と記載していた。ほぼ同様のことを記しているが、『書紀』に羽咋君の記載がなかった。ところが第二節ですこし触れたように、「国造本紀」を読むことでこの部分の疑問が氷解していくような記述がみられた。大事なところなので、すこし念をいれて目を通してみる。

三国国造。志賀高穴穂朝の御世に、宗我臣の祖・彦太忍信命四世孫若長足尼を国造に定賜ふ。

加我国造。泊瀬朝倉朝の御代に、三尾君の祖・石撞別命四世孫大兄彦君を国造に定賜ふ。難波朝の御世に、越前国に隷く。嵯峨朝の御世、弘仁十四年越前国を割て、加賀国と為す。

加宜国造。難波高津朝の御世に、能登国造の同祖・素都乃奈美留命を国造に定賜ふ。

江沼国造。柴垣朝の御世に、蘇我臣の同祖武内宿禰四世孫志波勝足尼を国造に定賜ふ。

能等国造。志賀高穴穂朝の御世に、活目帝の皇子・大入来命孫彦狭島命を国造に定賜ふ。

羽咋国造。泊瀬朝倉朝の御世に、三尾君の祖・石撞別命児石城別王を国造に定賜ふ。(43)

「国造本紀」による越前から能登にかけての国造は、九人の名前が列記されていた。ここでは、越前の三国から加賀・能登にかけての六人の国造を抽出し、若狭国造・高志国造・角鹿国造の三名は、本稿との関わりが薄い、と判断したので省いている。

そこで六人の国造を見てみると、三国国造と江沼国造は、武内宿禰――蘇我氏にその系譜を求めている。加我と羽咋の国造は、三尾氏が祖とするイハツクワケの系譜から出ている。能等の場合は「活目帝の皇子大入来命云々」と記述されているが、活目帝が垂仁帝を指しているのは明らかなので、その皇子大入来ということになると、イハツクワケとは従兄弟ということになる。ところが、『古事記』はこの大入来命を大入杵命と表記して、崇神天皇の皇子として記載している。つまり、垂仁とは兄弟の関係になっているので、イハツクワケとは伯父甥の関係ということになる。しかし『記』はこの大入杵命について、「能登の臣が祖なり」と明記しており、いずれにしても、能登国との関わりが考えられるようである。

つぎに加宜国造だが、この加宜氏がなかなかに複雑な問題をふくんでいるように思える。ここでは「国造本紀」の「能登国造の同じき祖」に依拠して、取りあえず、大入来命の後裔としておきたい。

六人の国造をかけ足でみてきたが、もちろん『古事記』の記載をふくめてこれらの「国造本紀」の記述を、そのまま信ずるわけにはいかないであろう。とはいえ、この地域のそれぞれの国造が、垂仁の皇子であるイハツクワケと大入来命たち、つまり、垂仁の皇子の血筋を引くものたちと、蘇我氏の祖である武内宿禰の系譜に、はっきり二分されていることは無視できない。これはこれでたいへんな問題を含んでいると思われるが、今ここで本稿のよくするところではない。したがってこの問題は後日に検証を委ねるとしても、この地域の国造のありようと、これにどう纏向型前方後円墳がかかわったのかを、簡単に見ておきたい。

寺沢氏が提唱した纏向型前方後円墳は、発表時点の昭和六十三年（一九八八）で、ちょうど三十基が数えられている。(44) 先述した羽咋郡の宿東山一号墳は、この三十基のなかではいちばん北の端に位置する、四世紀前葉の纏向型である。越の国においての、初期大和政権の象徴的な姿であったと想像される。『古事記』は、この地の羽咋君を、石衝別王の後裔と述べていた。「国造本紀」は、石撞別命の児である石城別王が羽咋国造になったと語っていた。父と子の違いはあるが、いずれにしても石衝別の血筋であることに違いはない。私は第四節の「三尾氏の始祖」で、イハツクワケの年代を四世紀の前後と推定しておいた。ということは、この羽咋という地に、イハツクワケと纏向型が同時期に存在していた、といえるのである。言い換えると、三世紀の終わりの頃から四世紀の初頭にかけて、初期大和政権は越の国にイハツクワケを遣わし、その覇権はここ羽咋にまで及んでいたということになる。

いっぽう、江沼郡に所在した分校カン山一号墳の場合はどういうことであろう。主体部に木棺が直葬された四世紀前葉の纏向型という意味では、羽咋郡の宿東山一号墳の場合とほとんど同じである。全長が、カン山は三七ｍで宿東山は二一・四ｍだったから、墳丘長の大小程度しか目についてこない。しかし両者の違いを少し目を凝らして見つめると、わずかながらも映ってくるものがある。

まず、この分校カン山一号墳が所在した場所である。先にもふれたように、三国坂井県に隣接する通称カン山丘陵上に築造されていた。正確には加賀市分校町ということになる。ところで、この地域の首長とおぼしき人物は、「国造本紀」によると、三人の人が考えられる。「加我国造。…中略…石撞別命四世孫大兄彦君」と、「加宜国造。…中略…能登国造の同祖素都乃奈美留命」、それに「江沼国造。…中略…武内宿禰四世孫志波勝足尼」の三人である。「加我国造」の大兄彦君の場合は、加賀の南に位置した三国坂井県が、イハツクワケの勢力圏だったので、「石撞別命の四世孫大兄彦君」を「加我」の首長と考えて無理はない。

つぎの「加宜国造」はどう考えられるのか、なかなかに難しい問題をはらんでいるようである。「能登国造同祖」と述べられているのだから、本来的には「活目帝の皇子大入来命孫彦狭嶋命」でなければならない。それがここでは、素都奈美留命と記されている。彦狭嶋命であれば、イハツクワケが垂仁天皇の皇子だから、同じ垂仁系の皇子たちとして括れる。しかし記載されているのは、素都奈美留命という名である。この人が箸にも棒にもかからない難問である。あるいはこの前に「加我国造」と記載されていたのだから、いうならばカガ国造が二人並んでおり、このことと関わりがあるのかもしれない。

そういえば、加我国造と加宜国造の間に、一つの文章が挿入されていた。それは、弘仁十四年（八二三）に越前国を分割し、加賀国を設けた、とする記事であった。すなわち、従前の越前国から江沼郡と加賀郡の二郡が分割され、新たに加賀国が置かれたとするものである。

「国造本紀」の記述はほとんどが、

・〇〇国造。
〇〇朝御世。以二〇〇命一為二〇〇国造一。
・〇〇国造。
〇〇朝御世。〇〇臣祖〇〇命孫〇〇命。定二賜国造一。

といったふうな形式をふんでいる。そしてこのようなカタチが連続して並んでおり、それが「国造本紀」の主流なのである。カガ国造にみられたような文章の挿入例は、総数百二十六国あった国造のうち、わずか数例にすぎない。それだけに、加我国造の後に書かれていた文章は、それなりの意味を含んでいるように思えてならない。本稿ではこのことを取り上げる余裕がないので先を急ぐとしても、「国造本紀」の言いたかったことというのは、時代とともにこの地域の首長のありように変化が生じ、石撞別命の流れが、素都乃奈美留命の流れに変わっていったということではなかったのか。それともうひとつ、最初に書かれている「加我」は加賀一国を表し、つぎの「加宜」と「江沼」は、加賀国の加賀郡と江沼郡という地域を表しているのではなかったのか、ということである。

もしこの推測が許されるとするなら、加賀という地域の初期段階の首長は、石撞別命に系譜を求める人物ということになる。つまり、三尾氏の血筋の人物ということである。

こうした背景をもつ地域に、分校カン山一号墳が築造されている。四世紀前葉のことである。全長三七mの纏向型前方後円墳は、寺沢氏のいう大和との、「政治的、祭祀的関係のもとに成立したもの」である。

むすび

三尾氏を近江国三尾郷の出身とする考えは、ほとんど通説化していたが、その通説に、米沢康氏の研究が一石を投じた。三尾氏の本貫は越前の水尾郷ではなかろうかとする、問題の提起である。投じられた一石は波紋を呼び起こし、近江国の三尾郷が揺らいでいる。

米沢氏の論点の一つひとつは、実にたんねんである。「山背国愛宕郡計帳」の水尾郷のことも、『延喜式』の三尾駅のことも、式内社の大湊神社のことも、詳しく、そしてていねいに論証されている。また氏は、銅鐸・鍬形石などの分布や、悠紀・主基のありようなどから、大和政権と越国との早い時期におけるかかわりを推測する。私は、米沢氏のこれらの論調を踏まえながら、私の考えを組み上げていった。

その論点の中核に、垂仁の皇子イハツクワケを据えている。『記』『紀』はイハツクワケを三尾氏の始祖と述べ、『記』はさらに、羽咋君の祖であることも述べていた。そして「国造本紀」は、加賀国・羽咋国のかかわりを述べていた。「上宮記一云」の語るイハックワケの系譜には、継体の母布利比弥の名も見えていた。私は第三節で、この『上宮記』の記載するイハックワケの系譜と、これによく似たカタチになっている、稲荷山の鉄剣に刻まれた乎獲居臣の系譜を比較検証し、イハツクワケが四世紀前後の人と思われることを推測しておいた。

その彼は、越の国の全体を見通すために、拠点地的な意味合いにおいて、坂井郡にその中心をおいたと思う。そして、その彼を始祖とする一族の人たちはもちろんのことだが、彼と同じ血を分かつ——つまり、彼以外の垂仁の皇子たちも、坂井郡の力を支えとしながら、この地域一帯に勢力圏を拡大していったに違いない。

イハツクワケはいうまでもなく、垂仁の皇子である。このことは、彼が拠点とした坂井の地に、県という大和政権の料地的な性格をもった地名にも表れているのだが、加賀の分校と羽咋の宿に築かれた纏向型前方後円墳が、なによりも雄弁に大和の進出を物語っており、イハツクワケが、その中心にあったことは明らかである。ただ考察の過程のなかで、イハツクワケ以外の、垂仁にかかわる血筋の人々が見え隠れした。イハツクワケに即していうと、イハツクワケと同族の人々である。また、武内宿禰に系譜を求める人々の姿も見えた。しかしこれらの問題は後考に委ねるとしても、三国坂井県を拠点としたこの地域一帯は、まぎれもなく、大和政権と深い関係をもっていた。それも、かなり早い時期においてである。その中心的な存在として、イハツクワケがあったのである。

注

(1)『古事記』垂仁天皇后妃皇子女段。
(2)『日本書紀』垂仁天皇三十四年三月二日条。
(3)武田祐吉訳『訓読日本書紀』(臨川書店　一九八八年)による。
(4)武田祐吉訳『新訂古事記』(角川文庫　一九七七年)による。
(5)『古事記』継体天皇段、『日本書紀』継体天皇元年三月十四日条。
(6)米沢　康「三尾氏に関する一考察」(『信濃』三十一—五　一九七八年、後『北陸古代の政治と社会』所収　法政大学出版局)。
(7)岸　俊男「三国湊と東大寺荘園」(『三国町史』一九六四年)。
(8)『大日本古文書』一—五三三。

（9）『日本書紀』継体天皇即位前紀。

（10）山尾幸久『日本古代王権形成史論』（岩波書店　一九八三年）四五六～四五八頁、黛　弘道『古代学入門』（筑摩書房　一九八三年）二八五～二八六頁。

（11）『日本古代氏族人名辞典』（吉川弘文館　一九九〇年）は、三尾氏について次のように述べている。「北近江から北陸地方に勢力をもった地方豪族。姓は君。…中略…本拠地は近江国高島郡三尾郷（滋賀県高島郡安曇川町三尾里付近）とも、越前国坂井郡三尾駅（福井県坂井郡金津町か）付近ともいう。」

（12）『新訂増補国史大系　釈日本紀』一七二頁。

（13）黛　弘道「継体天皇の系譜について」（『学習院史学』五　一九六八年）、「継体天皇の系譜についての再考」（『続日本古代史論集　上』吉川弘文館　一九七二年）、のち両論文共に『律令国家成立史の研究』（吉川弘文館　一九八二年）に所収。

（14）平野邦雄「四、五世紀のヤマト王権」（『大化前代政治過程の研究』吉川弘文館　一九八五年）、塚口義信「初期大和政権とオホビコの伝承」（横田健一編『日本書紀研究　第十四冊』塙書房　一九八七年）。

（15）『日本古典文学大系　古事記祝詞』一八六頁頭注三。

（16）塚口義信　注（14）前掲書。

（17）塚口義信　注（14）前掲書（田中卓『古代天皇の秘密』一六〇～一六一頁）。

（18）『古事記』崇神天皇建波邇安王の反乱段、『日本書紀』崇神天皇十年九月九日条。

（19）『日本書紀』景行天皇四十年是歳条。

（20）米沢　康「大化前代における越の史的位置」（『越中古代史の研究』越飛文化研究会　一九六五年）一〇頁。

（21）『日本書紀』景行天皇十八年四月十一日条。

（22）『日本書紀』仁徳天皇四十三年九月庚子朔条。

（23）『国史大辞典　第一巻』二六〇頁。

（24）直木孝次郎「阿比古考」（『人文研究』七―八　一九五六年、後『日本古代国家の構造』所収　青木書店　一九五八年）。

（25）黛　弘道　注（13）前掲書。

（26）県・県主については、上田正昭「古代国家の政治構造」（『日本古代国家成立史の研究』，九五九年）、横田健一「大化前代の国造」（『歴史教育』九―四　一九六一年、後『日本古代神話と氏族伝承』所収　塙書房　一九八二年）、新野直吉「県・県主制から国造制へ」（『ゼミナール日本古代史　下』光文社　一九八〇年）など参照。阿比古については、直木孝次郎　注（24）前掲書。
(27) 石野博信編『全国古墳編年集成』（雄山閣出版　一九九五年）。
(28) 青木豊昭「越前と継体朝」（宇治市教育委員会編『継体王朝の謎』河出書房新社　一九九五年）二二六頁。
(29) 青木豊昭　注（28）前掲書。
(30)(31)『式内社調査報告　第十五巻』（皇学館大学出版部　一九八六年）。
(32)『日本書紀』継体天皇元年三月十四日条。
(33) 大塚初重・小林三郎・熊野正也編『日本古墳大辞典』（東京堂出版　一九八九年）。
(34) 寺沢　薫「纏向型前方後円墳の築造」（森浩一編『考古学と技術』同志社大学考古学シリーズⅣ　一九八八年）。
(35)(36) 寺沢　薫　注（34）前掲書。
(37) 石野博信　注（27）前掲書。
(38) 大塚初重他　注（33）前掲書。
(39) 吉田東伍『大日本地名辞書　第五巻』。
(40) 黛　弘道　注（13）前掲書。
(41) 大塚初重他　注（33）前掲書。
(42) 石野博信　注（27）前掲書。
(43) 大野七三編著『先代舊事本紀訓註』（新人物往来社　一九八九年）。
(44) 寺沢　薫　注（34）前掲書。

第四章　継体天皇と樟葉宮

はじめに

史上、類のない暴君ぶりを伝えられている武烈天皇が崩御したとき、『記』『紀』はこの天皇に皇子がいなかったと記している。皇統断絶の危機に陥ったヤマト政権は、皇位空白の回避を大伴金村大連が諸臣と「議《はか》」り、仲哀天皇の五世孫である倭彦王を「人主《きみ》」として立てようとする。しかし、くだんの倭彦王は迎えの厳めしい兵《つわもの》どもをみて色を失い、山中に逃げこんで行方も知れずのありさまとなった（1）。大伴金村は再び諸臣と「議」り、彼はここでは「男大迹《をほど》王、性《ひととなり》慈仁《めぐみ》ありて孝順《おやにしたが》ふ。天緒《あまつひつぎ》承《つた》へつべし。冀はくは慇懃に勧進りて、帝業を紹隆《さか》えしめよ」とわが意をのべている。諸臣は金村の意見に賛成し、応神五世孫の男大迹王を天皇に擁立することを決め、越前の三国へ、威儀を正した兵《つわもの》どもを派遣する。迎える男大迹王は泰然自若として床机に坐《ましま》し、既にして帝王の如くてあったという。

しかし礼を尽くした金村らの懇請にもかかわらず、男大迹王は動こうとしなかった。かねてより王と旧知の間柄であった河内馬飼首荒籠がこの事態を憂い、王の下へひそかに使いを出し、大伴金村らの本意を「二日三夜《ひふつかよみよ》」にわたって余すところなく、誠心誠意伝えたのである。ここにきて王の心は漸くにして動き、遂に越前の三国を出立、河内の樟葉宮に到ったと、伝えられている(2)。

この話は『日本書紀』の記載する継体天皇の即位事情だが、もとより、これらの事柄をすべて、歴史的な事実とするわけにはいかない。『古事記』を読んでみると、事情は大きく異なっているからである。そこのところを、「武烈記」は天皇の崩御という事実を述べたあと、

天皇既崩、無下可レ知二日続一之王上。故、品太天皇五世之孫、袁本杼命、自二近淡海国一、令二上坐一而、合レ於二手白髪命一、授二奉天下一也。

と語り、わずか四〇字で継体の即位事情を記載しているにすぎない。このあとの『記』の記述はほとんどが継体の皇妃と皇子女をしるすことに費やされ、これが『古事記』の語る継体天皇のすべてとなっている。

このように、継体天皇の登極という新しい事態に対して『書紀』は、越前の三国に迎えを出しているが、『古事記』は、「近つ淡海の国より上りまさしめ」たというのだから、その記述内容にずいぶん差がある。これでは新しく天皇となった継体が、越前から出てこられたのか、近つ淡海の国から上ってこられたのか、そのいずれなのかがわからない。加うるに、継体天皇自身はこのこと以外にもさまざまの問題を抱えており、ここまでで、まずいえるのは、出自と本貫地の問題が即位事情と大きく関わってくるということにある。

この継体の出自について、『記』『紀』は「ホムダ天皇（応神）五世之孫」と述べ、両書の記述は一致していたが、その「ホムダ天皇五世之孫」を迎えるために、『書紀』は越前の三国に使いを出し、『古事記』は近つ淡海国を云々していた。この部分の『記』『紀』の不一致が継体の出自に大きな影を投げかけ、皇統譜に神経質な『記』『紀』にしては「ホムダ天皇五世之孫」というような曖昧ともいえる文言が、いっそうに、出自問題に関する疑惑の影を色濃くする結果となっている。しかし先学のたゆみない研究の努力と積重ねが、限られた史料という困難な状況のなかから、継体の周辺事情を少しずつ明らかにしていることも事実である(3)。

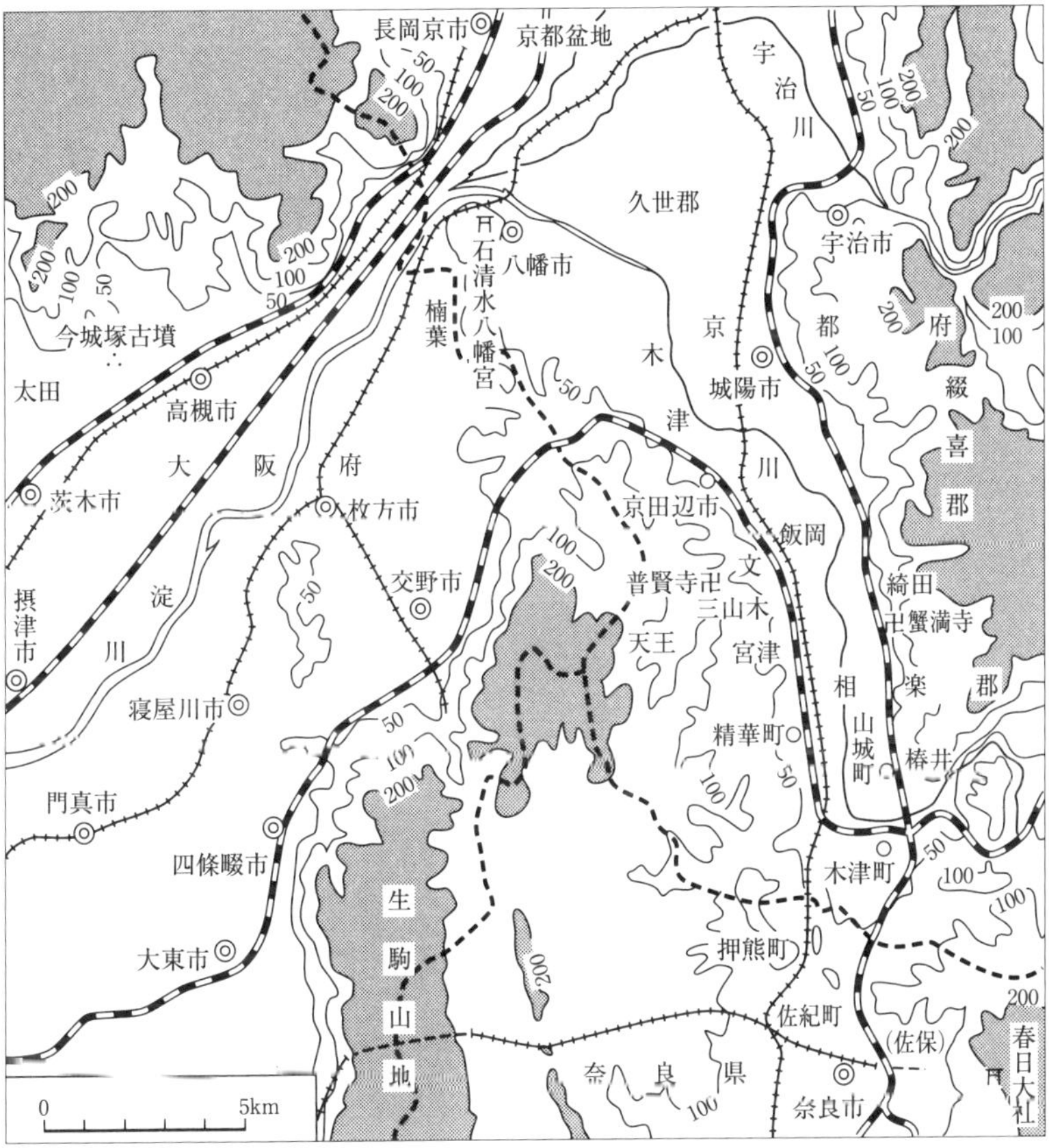

図1　南山城の〝息長〟一族関係地図（塚口義信「天之日矛伝説と〝河内新政権〟の成立」『日本書紀研究　第二十七冊』より一部改変）

周知のように、継体天皇の出自は、北近江の息長氏と密接にかかわっている。[4] 継体の血筋が息長氏を直接の母体としていたかどうかは別としても、そのことが論じられるのは、息長氏が継体と深くかかわっていたからといえるのである。[5] その息長氏の本拠が、近江の坂田郡であることはすでに通説化して、殆ど定着していたといえるであろう。しかるに、ここにきて新たに、南山背の〝息長〟一族が云々されるようになり、[6] 波紋を広げている。

第四章ではこの南山背の〝息長〟一族を考えることから始めようとしている。南山背ということになると、これは大和国と山背国を隔てる木津川が大きくかかわってくる。古えよりこの川を挟んであまたのせめぎあいが繰り広げられ、ここには大和王権の歴史が刻まれているのである。このような地域に息長氏の姿があったというのだから、これはこれでたいへん大きい問題を抱えることになり、そのうえさらに、この地に継体の筒城宮が営まれた[7] という伝承が加わり、問題をいっそう複雑にしている。それだけではない。継体はこの地で筒城宮を営む前すでに、樟葉で最初の宮を設けている。そして大事なことはこの樟葉宮で即位式がとり行われ、また皇后として手白香皇女が迎えられたとされていることである。[8] これらの大切なできごとのそれぞれをすべて史実とするわけにいかないであろう。

しかしいうならば、継体は樟葉の地に入ってはじめて天皇たりえたわけである。伝承とはいえ、これだけの大きい問題を抱えているにもかかわらず、継体が天皇たりえたと思われるこの樟葉宮が論じられることは、今までにほとんどみられない。

問題の解明を遠ざける要因に史料のなさがあることも事実だが、南山背の場合は先にも述べたように、その限られた史料のなかで積み上げてきた先学の研究の成果が、息長氏の南山背在住説となって現れている。樟葉はこの南山背と背中合わせの位置にある北河内に所在しており、いいかえると、樟葉と筒城は木津川を仲立ちとして、一衣帯水の関係にあったと思えるのである。したがって先学の南山背における息長氏研究の軌跡を徹底して歩くなら、私は必ず何かがみえてくるはずだと考えている。当然、史料の綿密な読み直しはあらためていうまでもないが、補完的な意味において、近来の考古学の成果を援用することも無視できないであろう。

要は木津川という山背・大和・河内の三国に絡んでいた流れが、畿内の王権に、深くかかわっていたということである。この大河は、北山背（本稿ではかつての巨椋池を中心にして、その北の地域を北山背と呼び、南の地域を南山背としている）の山崎の地で淀川と合流し、その結節点に、継体の営んだ最初の樟葉宮が所在していた。いうならば、樟葉宮は木津川と淀川を両にらみできる位置で営まれていたのであり、したがって本稿も、木津川の流れに絡む南山背と、木津川が淀川に合流する北山背、つまりここは北河内との接点でもあるわけで、この両地点からの検証を考えている。

そこでまず南山背について、先学の研究の後をたどりながら、その後背を考えてみることから始めてみる。

第一節　山背国綴喜郡の〝息長〟一族と和珥氏

（一）

ところで、息長氏といえばその本貫の地が、近江の坂田郡であることはよく知られており、このことは先にもすこしふれたように、すでに通説化している。ところが昭和五十年代にはいって南山背の息長説が、時を同じくするように相前後して論じられた。それは、昭和五十年（一九七五）に発表された黒沢幸三氏の「ワニ氏の祖建振熊の伝承」であり、[9]その翌年の昭和五十一年に塚口義信氏が論述された「継体天皇と息長氏」[10]である。いずれも南山背にかかわりをもっていたとする息長氏が考証され、これまでに論じられることのなかった息長氏の新しい側面を提言された。塚口氏はこの論文の発表ののちも、「『釈日本紀』所載の「上宮記一云」について」、「息長氏研究の一視点――綴喜郡の息長氏と『記』『紀』の伝承――」[11]などの論文を世に問い、南山背綴喜郡の息長氏在住説を深めている。したがって本稿は両氏の研究に依拠しながら、南山背の〝息長〟一族を検証しようとするものだが、とくに、塚口氏の研究には刮目していきたいと考えている。

そこでまず、黒沢氏の述べる「南山背の息長氏」をみてみよう。論文の主体が表題からもうかがえるように、「建振熊」であることは明らかで、またこの人物が「仲哀記」で息長帯日売命（神功皇后）側の将軍であったことも、よく知られている。彼は神功皇后に敵対する香坂王・忍熊王の軍を各地で破り、遂に二人の王を滅ぼすが、黒沢氏はこのとき各地に転々とする合戦の場所のありように、ワニ氏の姿と、そのワニ氏が擁立した継体天皇の姿を見ている。ここのところを明らかにする手立てとして氏は、「開化記」の日子坐王の系譜を取り上げている。

周知のように、この膨大な系譜はさまざまの問題を孕んでいるが、氏はこの系譜のなかから息長帯日売とともに、「山代」「春日」「沙本」「近淡海之御上」「息長」「山代之大筒木」と書かれた人名のなかの地名に注目している（一七頁の図3日子坐王の系譜参照）。氏の言葉を借りると、「これらの地はほぼ建振熊伝承の舞台とも重なり、かつ継体天皇の擁立の問題ともからんでいる(12)」からである。このあと黒沢氏は四つの流れがある日子坐王の系譜のうち、このなかから丸邇臣の祖と書かれている袁祁都比売命と結婚した系譜を抽出し、綴喜郡と「息長」のかかわりを語っている。

図2　日子坐王系譜（黒沢幸三『日本古代の伝承文学の研究』塙書房より）

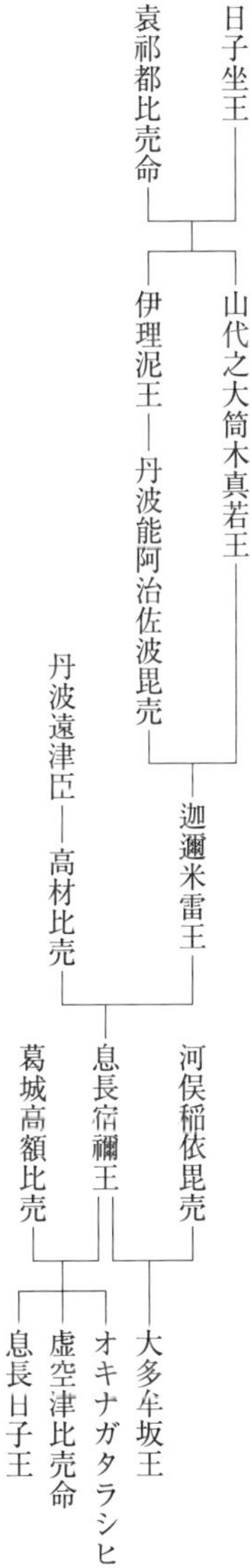

氏の言によると、ここにはオキナガを名乗る人物が二人いることも注意すべきだが、もっとも注目すべきは山代之大筒木真若王の名であるという。黒沢氏はこの「筒木が山代の地名であるのは明白であるが、現在綴喜郡田辺町普賢寺大字上に筒木大寺があり、『興福寺官務牒疏』や『山城綴喜郡誌』によると、当寺はかつて息長山普賢寺ともよばれていた」と述べ、息長山の由来については、「息長山とは継体がこの地を都としたために生じた在地の伝承であろう(13)」と説いている。

以上が黒沢氏の発表した「綴喜郡に関わっていた息長」の大略である。私は大筋で氏の考えに従うものだが、論証にいくぶん論理の飛躍がみられるように感じられ、心情的に私自身、腰がすこし落ち着かないのである[14]。

つぎに、塚口義信氏が「継体天皇と息長氏」のなかで論じておられる、「南山背の息長氏」について述べておきたい。

（二）

塚口氏は継体の出自を考証するにあたって、『釈日本紀』が所載する「上宮記一云」の系譜を取り上げ、つぎにこれに対応する『記』『紀』の系譜を抽出、この三つの系譜を詳細に検討することから始まっている。そして系統の異なる三つの系譜のなかから一致点（図3の(A)の囲みで括った部分）を析出し、その一致点に信憑性をおいて、論述が展開されていく。つまり「別系統の史料が図らずも一致を見る箇所は、わりあい信憑性が高い、ということを示しているにほかならないからである[15]」。

こうして析出された系譜に、塚口氏は『記』『紀』の伝承を重ね合わせ、ここから近江の坂田郡があぶり出されてくる。「布遅波良己等布斯郎女」は『古事記』では藤原之琴節郎女で表され、『書紀』の方は、弟姫（衣通郎姫）で表記している。あの有名な衣通郎姫物語の主人公である。彼女は、「時弟姫随レ母、以在二於近江坂田一[16]」と書かれていたように、明らかに近江の坂田郡で暮らしている。この弟姫の姉が図3で示されている系譜によると、「践坂大中比弥王」で記されているが、『書紀』は彼女を忍坂大中姫と表記し、また『古事記』は忍坂之大中津比売命で表していた。そして『古事記』の記載する忍坂之大中津比売命・藤原之琴節郎女姉妹の祖母、つまり若沼毛二俣王の母は、息長真若中比売と述べられていた。またこの中比売の祖父は、息長田別王であると記されていた。事の真偽に問題のあることは否めないとしても、他の史料から息長氏が坂田郡に在住していたことは証明されており、いずれにしても、忍坂之大中津比売命姉妹が「息長氏と緊密な関係にあることは歴然たる事実である」[17]と塚口氏は述べる。

この時点で氏は継体と息長氏の関係に目を転じ、この面からの追求で息長氏の実態に迫ろうとするが、その手がかりとして継体の后妃に着目する。氏の綿密な后妃たちの分析は、継体が北近江という地域とただならぬ関係のあったことを引き出すが、わけても息長氏一族とのかかわりは、きわめて深い関係にあったという。継体と息長氏を

図3　若沼毛二俣王系譜（塚口義信『神功皇后伝説の研究』創元社より）

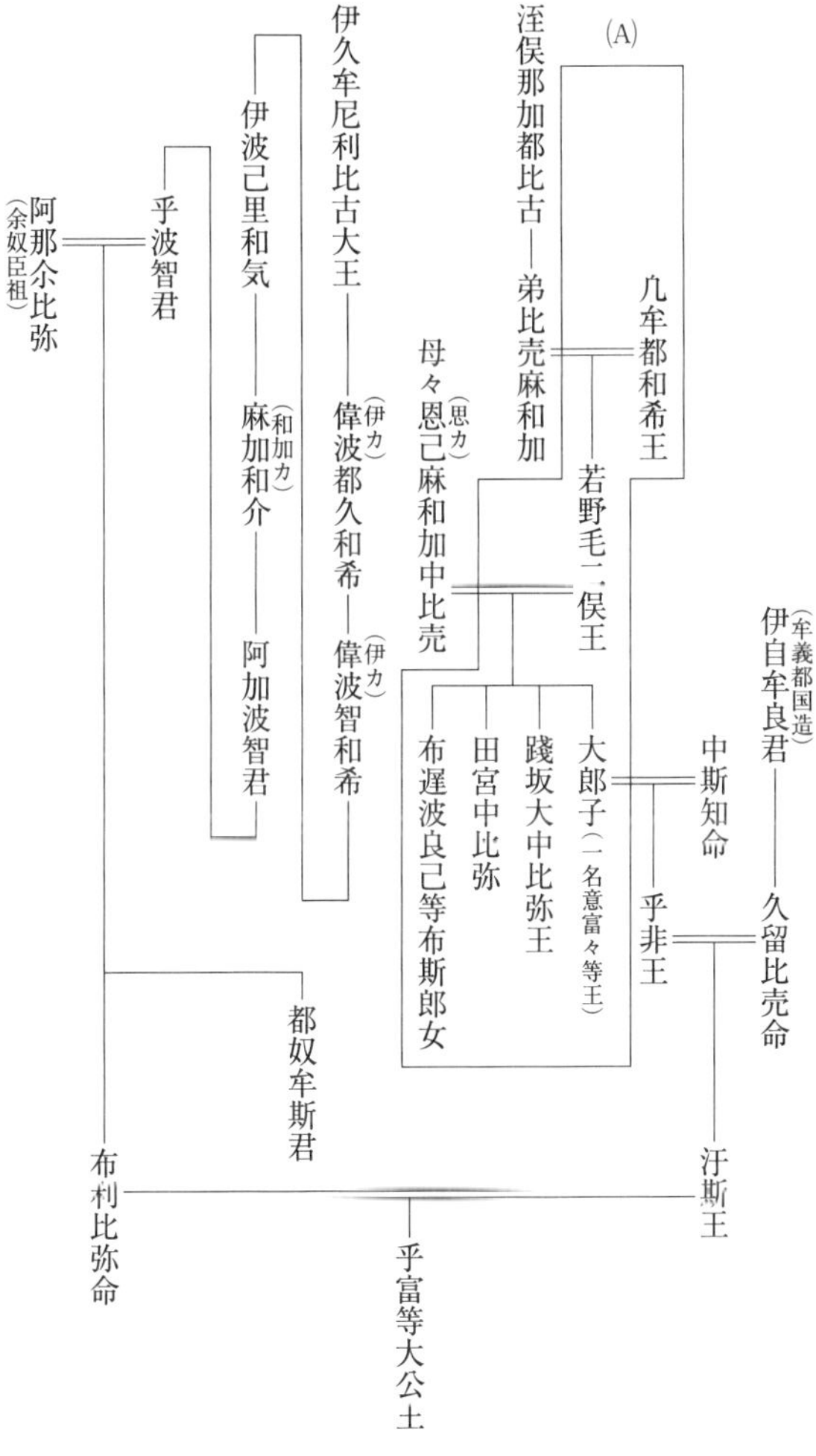

論じて一転機を画した岡田精司氏の「継体天皇の出自とその背景[18]」は、息長氏を「継体の出身氏族」であったと断定しておられるが、塚口氏は継体と息長氏とのきわめて深い関係は認めるものの、継体の血筋が直接息長氏であったとすることは、避けておられる。このことはつぎに塚口氏が論じている「南山背に在住した息長氏」の性格と複雑にからんでいるのかもしれない。

（三）

『書紀』によると樟葉宮で即位した継体は、その後、山背の筒城、さらには弟国へと宮を遷し、二十年にしてようやく大和の磐余玉穂宮に入ったという[19]。二十年の歳月をかけて大和へ入ったということも異常であれば、山背と大和の国ざかいを転々としたというのもただ事でない。しかしこうしたことも坂本太郎氏が述べるように、「これらの年月が信ずるに足りないことはもとより、遷都の事実そのものさえ疑わしい[20]」のかもしれない。

ここのところを塚口氏は『書紀』の記述について、「では一体、なぜそのようにしるされたのだろうか、という疑問は依然として残る[21]」と、ごくしぜんな疑問を投げかける。そして継体が樟葉・筒城・弟国を転々としたことについて、岸俊男氏の論文[22]を引きながらつぎのように述べる。

私は、樟葉宮・筒城宮・弟国宮などがことさら「継体紀」に登場してくるのは、やはりこれらの宮が継体と特に深くかかわっていたからだと考える。…中略…はやく岸俊男氏はこの問題について、「武烈死後、皇統が断絶したとき、継体が越前から擁立され、近江三尾や河内樟葉、山背綴喜・乙訓を転々として大和に入っているが、そのコースをみると、ワニ氏同族やワニ部の分布、あるいは伝承の舞台と一致する点が多いので、何かワニ氏と関係があるように思える[23]」と示唆し、山尾幸久氏もこの説を承けて、これらの「宮の所在地は、和珥氏との関係が確認され、和珥氏と息長氏とは、系譜上同族であるといわれているのである[24]」と述べておられる。そのほか今では多くの論者がこの立場をとっており、宮と和珥氏との関係は、もはや通説の感さえ抱かしめるほどになっているのである。

しかしながら、それは単に「ワニ氏同族やワニ部の分布、あるいは伝承の舞台と一致する点が多い」というに過ぎないものであって、確実に論証されているわけではない。もちろん私も継体と和珥氏との関係を否定し去ってしまう積もりは毛頭なく、むしろこれを高く評価したいのではあるけれども、上述した継体と息長氏との関係に着目するとき、やはりこの氏族のほうが第一線に浮かび上がってこざるをえないのである[25]。

長い引用になったが、大事なところなのでそのまま、引かして頂いた。氏は第一義的に、和珥氏よりは息長氏との関係を重視している。そのことを裏づけるかのように、ここでたいへん大事な史料が提示されていた。それは、息長氏が南山背の綴喜郡に在住していたことをうかがわせるもので、『興福寺官務牒疏』に引かれている「普賢寺補略録[26]」である。黒沢氏もこの『興福寺官務牒疏』にふれていたが、残念なことに、史料の具体的な提示はみられなかった[27]。私は、なおざりにできない史料だと思っている。塚口氏が示す「普賢寺補略録」を、さっそくに読んでみよう。

普賢寺。在二同州綴喜郡筒城郷朱智長岡荘一。
僧房十八口。今廿口。交衆十口。属侍十三家。并仕丁承仕。
普賢寺補略録曰
天平十六年甲申年勅願。良辨僧正再造開基。号二息長山一。大御堂本尊。丈六観世音。小御堂本尊。普賢菩薩。
光仁天皇宝亀九戊午年。五重大塔造立。桓武天皇十一年壬申。賜二封戸二千稲［「考」稲下恐有脱字］束一。在河州交野郡。延暦十三年八月十三日始炎上。天台延暦義真再起。至二中程一入寂。文徳帝仁寿二年癸酉再興。大導師大台円仁和尚。本願染殿殿下忠仁公藤原良房公天暦六壬子年。興福寺沙門定昭法務大僧都。一乗院宮初祖。小一条左府師尹男。依レ勅再興。従レ是為二法相宗一之始也。御冷泉帝治暦四戊申年。十一月廿六日炎上。本尊再興。経二五年一也。藤原師実公再興。嘉保二乙亥年成就。大治元年丙午。富家関白忠実。五重大塔地蔵堂再建。大乗院頼実公中興也。萬財義安造立奉行也。治承四庚子年十二月廿九日。平重衡之軍。乱二入此寺一放火。仍伽藍悉炎上。衆徒十二人武士二十三人戦死。其後文治五己酉年。普賢寺殿下基通。再興本願也。大導師大乗院法務僧正実信公。右府源雅定公男。基通為レ子。弘安六癸未年十二月十八日炎上。大乗院尋覚公御再建。正応三庚寅年也。正平十五庚子年。大御堂。小御堂。楼門。坊舎。五宇兵火炎上。永徳三癸亥年。再建主畠山尾州大守源家国也。亦々永享九丁巳年十一月七日悉炎上。同十年戊午再建。九月十三日遷仏。導師興福寺興善院公胤権僧正也云云。

朱智《スチノ》天王神。右寺鎮守。在二同郷西之山上一。祭所。山代大筒城真若王之児。迦爾米雷王命。相殿。素盞嗚命。号二大宝天王一。新宮天王。在二多々良村一。

……中略……

同
東朱智神　在二同州綴喜郡江津邑一。今称二朱智天神一。

恵江美天神ト号セリ。

嘉吉元年（一四四一）の奥書をもつこの中世文書を読んでまず目にするのは、息長山という山号である。いつからそのように呼ばれていたのかは定かでないが、息長という名義があるかぎり、息長氏となんらかのかかわりがあったことはまず間違いない、といえるであろう。塚口氏はこの時点で、普賢寺の鎮守であった「朱智天王神」の分注で記された「祭所。山代大筒城真若王之児。迦爾米雷王命。」に着目し、迦爾米雷王が『古事記』では、息長宿禰王の父、つまり息長帯比売命の祖父であることを指摘、明らかに息長氏とかかわりがあったと説く。おそらく実際に〝息長〟一族がこの地域、つまり綴喜郡の一帯に住んでいた由来が、祭神迦爾米雷王の伝承となって受け継がれていたのであろうという。そうしてここはまた、継体の筒城宮の所在地にほかならない。このことは、この地に息長氏が在住していたことと密接にかかわり合っているのである。「開化記」の日子坐王系譜がそのあたりのことを物語っている。塚口氏が説くその周辺部の話に耳を傾けてみよう。

改めて全体図（一七頁の図3参照）を鳥瞰的に眺めてみると、大和東北部から山背南部にかけての地名をもつ人名の多いことに気がつく。［A流］の春日・沙本であり、［B流］の筒木や［D流］の荏名津などがそうである。これらに息長や丹波も加わるが、主流はやはり山背南部から大和東北部の地名であることに違いはない。いいかえると地域的集団の一個のまとまりを示したものが日子坐王系譜であるといえる。そしてその地域的集団の一個のまとまりを構成する主体は、この系譜を読むかぎり、和珥氏一族・息長氏一族でしかありえない。

以上が塚口氏の語る南山背にかかわる息長氏のあらましである。このあと氏は茨田勝という帰化氏族にふれ、合わせて再度和珥氏に言及、これらの諸豪族を束ねる継体の姿を描いている。しかし中心にあったのは息長氏である。息長氏は允恭朝いらい天皇家と深く関わり、継体の擁立にも重要な役割を果たしていた、と塚口氏は述べている。

若干の部分を除き、私はほぼ塚口氏の説に加担している。とくに南山背の息長氏在住説については承服している。したがってこれから私が述べる南山背の綴喜郡は、塚口説に依拠しながら語ろうとするものである。南山背の“息長”一族について、二、三の問題点を提起しておきたい。

（四）

「開化記」によると、日子坐王は山代之荏名津《えなつ》比売と結婚している。この荏名津が吉田東伍博士の述べるように、山城国綴喜郡江津《エノツ》である[28]ことは、まず動かないであろう。現在、宮津と呼ばれている京田辺市内の小字江津付近のことであり、江津の西側には既述している普賢寺の集落が隣接していた。荏名津比売はまた苅幡戸弁とも呼ばれており、江津の東を南北に流れている木津川を渡ると、そこは『和名抄』にいう相楽郡蟹幡郷で、苅幡戸弁の名が蟹幡郷に因んでいることはいなめない。現在は綺田《かばた》と呼ばれ、蟹の報恩説話で有名な蟹満寺が所在している。塚口氏は普賢寺を語るときに、この寺の守護であった朱智天王神を詳しく論じていたが、「普賢寺補略録」で明らかなように、この神は山代大筒城真若王之児迦爾米雷王命という、「カニ」の名義をもつ名前であった。このことは木津川を挟んだ東西の地域に、いずれも「カニ」の名義に由来をもつ寺社が、鎮まっていたといえるわけである。このあたりの話、というよりは、とくに蟹満寺については黒沢氏が詳説しておられた[29]が、要は、「蟹は鹿と並んで寿祝的な動物である[30]」ということにつきる。

いずれにしてもこうした土地柄に生をうけた荏名津比売、亦の名を苅幡戸弁と名乗る女性が日子坐王と結婚した、と『古事記』は述べている。ところが『書紀』の垂仁天皇条によると[31]、ここでも山背の苅幡戸辺の名で垂仁天皇と結婚し、三人の皇子を生んだという媛君の記事が登載されている。また同じ「垂仁紀」に、山背大国の不遅の女として綺《かにはた》戸辺の名が記され、やはり垂仁と結婚して一人の皇子を設けたと述べられている。この「垂仁紀」に記されている前者の媛はカリハタトベと訓み、後者はカニハタトベと呼んでいる。カリハタはカニハタと音通しているので、同一人であったかもしれないが、生まれてきた皇子たちが三人と一人であり、明らかに違っているので別人であったとも考えられる（ちなみに、「古事記」のばあいは苅羽田刀弁と弟苅羽田刀弁で表記されている）。

図4　苅幡戸辺の系譜（垂仁紀）

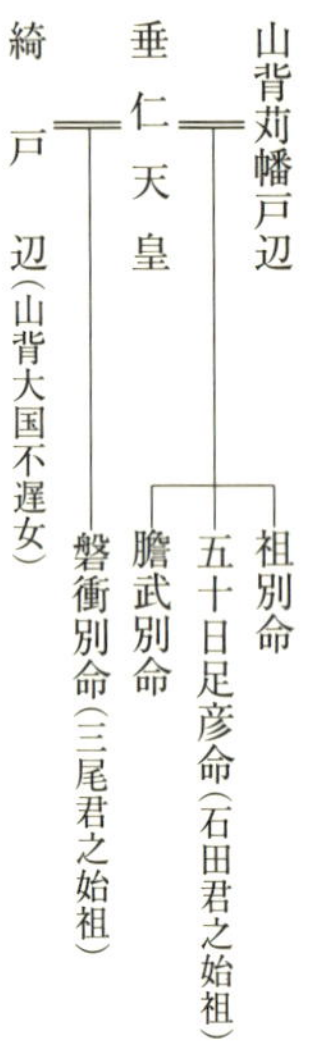

上述したように、カリハタトベの名は「開化記」でも登場して、三人の皇子を生んだとしるされているのだから、私はこの媛が同一の女性であるとかないとかの問題ではなく、この地域を象徴的に表している女性であったと考えている。したがって時間の流れとともに、その時代々々にふさわしいカリハタトベ的な媛君たちであっていいと思っている。元の名であるエナツヒメが地域を表す名であるのにひきかえ、カリハタトベの場合は地域の名を表すだけでなく、職能のようなものも含まれている。それだけに複雑な幅広い要素をもつ名義となっている。苅幡戸弁についてはまた後にふれる。

普賢寺という集落は、このような性格をもつ蟹幡郷、あるいは荏名津即ち江津に隣接して、所在していた。『和名抄』にいう綴喜郡綴喜郷である。『大日本地名辞書』によると、「中世、普賢寺荘と称し、今、普賢寺村といふ。多々羅・水取《モヒトリ》・天王・高船・打田等の大字あり[32]」と書かれている。男山山系の高船あたり（天王の南、山城と河内の国境に位置している）に端を発する普賢寺川は、東に流れてこの普賢寺村を貫流し、木津川に合流している。男山山系の急峻な地形を抜け出た流域は、水取付近からは南と北の丘陵で遮られた狭い平地が続き、多々羅のあたりに出て視界がいっきに開ける。遮られていた南と北の丘陵が取り除かれ、展望する平野部は、古えの豊かな稔りを彷彿とさせるような、思いがけない広がりをみせていた。多々羅の少し上流に、国宝の本尊十一面観音立像で有名な観音寺がある。天武天皇の勅願で建立されたかつての息長山普賢教寺の、のちの姿が、現在の観音寺である。創建当時は広大な壮麗さの故に、時の人は筒城大寺と呼んでいたらしい[33]。その後の経過は先の「普賢寺補略録」で読んだように、しばしば火災などに見舞われているが、壇越藤原氏の力でそのつど再建されてきたことがうかがえる。

ここはまた、仁徳天皇の皇后磐之媛の物語でもよく知られており、夫仁徳の浮気を許せなかった彼女の別居先が、この地であるとされている。『書紀』によると、「山背に還りて、宮室を筒城岡の南に興《つく》りて居します[34]」とあり、岩波の大系本は「筒城岡の南」について、「和名抄に山城国綴喜郡綴喜郷（今、京都府綴喜郡田辺町普賢寺付近）がある[35]」

と記載している。

このような伝承と歴史をもつ土地柄を貫流しながら普賢寺川は、木津川と合流する手前で、小さな丘陵地にある飯岡というひとつの集落にさしかかるが、ここには四世紀後半から六世紀初頭にかけての古墳群が築造されており、前方後円墳一基と六基の円墳で構成されている(36)。私はこのなかの五世紀後半に築かれたトツカ古墳に注目している。というのはこの古墳から出土した画像鏡が、隅田八幡宮人物画像鏡の原鏡だからである。隅田八幡の人物画像鏡といえば鏡に刻まれている、

癸未年八月日十大王年、男弟王、在意柴沙加宮時、斯麻、念長寿、遣開中費直穢人今州利二人等、取白上同(銅)二百旱作此竟(鏡)。（福山敏男氏解説――『日本の古代14』中央公論社より）

の銘文で知られている。この銘文を刻みこんだ隅田八幡鏡の原鏡が、トツカ古墳の出土鏡だというのだから、当然、両者の間になんらかのかかわりがあったと考えてもおかしくない。もっとも原鏡となったのはトツカ古墳の出土鏡だけでなく、大阪府八尾市の郡《こおり》川西塚古墳や同藤井寺市の長持山古墳などの画像鏡も原鏡となっている。しかし出来上がった隅田八幡社の画像鏡は、原鏡に比べて技術の差は歴然とし、良い出来映えとはいえないらしいが(37)、問題は刻まれた銘文にある。一つひとつの文言が古代のヤマト王権に関わり、五世紀半ばころから六世紀にかけての政治事情を解く、重大な鍵となっている人物画像鏡である。その原鏡の一つが、綴喜郡のこの飯岡から出土しているのである。「癸未年」も、「男弟王」も、「意柴沙加宮」も、すべてが継体天皇にかかわり、そして息長氏が絡んでいる。しかし原鏡である飯岡の画像鏡そのものは、詳しくはなにも語らない。後考を期するのみである。

トツカ古墳を後にして、木津川をすこし下ってみよう。山城大橋を過ぎるとまもなく綴喜郡の大住郷である。トツカ古墳のあった飯岡の集落からは、直線距離にして六㎞ほどで、『古事記』が記載している苅羽井《かりばゐ》(38)は、この大住

郷の東に位置し、綴喜郡の樺井《カニハイ》の地(39)であるとされている。雄略天皇に父の市辺之忍歯王を射殺され、二人の王子は難を避けて播磨国へ逃げのびようとするが、そのときに通りすがったのがこの地である。彼らはこの地で「面黥《まさ》ける老人《おきな》」に粮《かれひ》を奪われているが、ここのところを吉田博士は、「泉河（木津川）古今の変あるべけれど大住村の東に樺井渡ありし事推断すべし、東岸久世郡に亀這《カメババヒ》（寺田村水主）の字存す。」と述べている。(40)

二人の王子たち意祁《おけ》王・袁祁《をけ》王は、大住郷をあとに「玖須婆《くすば》の河を逃げ渡りて、針間国(41)」へ落ちのびているが、こうした伝承を生みだす背景のようなものを、このあたりの地域はもっていたに違いない。それは西の方へ向かう際の、山陽道であれ、丹波路であれ、この地がたいへん大事な位置を占めていた表れであると思う。

大住郷の北に隣接して、岩田という集落がある。トツカ古墳からは直線距離にして約七㎞の地点で、木津川の左岸に位置しているから、当然綴喜郡でなければならない。それがどういうわけか、『和名抄』では久世郡那羅郷の岩田となっている。久世郡ということになると、綴喜郡の対岸の木津川右岸になければならない。それが左岸の綴喜郡に位置していながら、久世郡那羅郷とはどういうわけなのか、ということになる。

ところで、岩田の隣の集落に上津屋の名がみえているが、対岸の久世郡にも上津屋の地名がみえている。木津川はしばしば流路をかえているようだから、(42)上津屋の集落も元はおそらく一つであったものを、木津川の流れがあるとき、分断したのだろうか。

那羅郷は『大日本地名辞書』によると、「今綴喜郡に編入したるを以て都々城《ツツキ》村と称し、奈良岩田津屋野尻等の大字あり、木津河の西岸に居り、淀町より田辺へ通ずる路にあたる。」と書かれている。ということは、那羅郷はある時期までは久世郡であったが、ある時期以降は綴喜郡であったということになる。このあたり一帯はかつての巨椋池を目の前にして、木津川・宇治川・桂川の三川が流れ込み、しばしば氾濫をくり返していたにちがいない。恐らく流路を変えたことも、一再ではなかったと思う。この意味からいえば、久世郡が綴喜郡に変わるという郡境の変化は大いにありうる。

その上津屋の集落に、たいへん興味深いものがある。「上津屋の流れ橋」と呼ばれている木津川に架けられた仮橋である。増水のときには橋の一端を切り離して、流れにまかすという方式で、『延喜式』にも規定された「茢羽井の仮橋」のありようだろうか。いずれにしろ、こうした橋のあり方が古えよりの久世郡と綴喜郡を繋ぐ、重要なカタチであったにちがいない(43)。

『地名辞書』はこのような、たいへんな地点にあった式内社の石田神社にふれている。興味深い内容なので、さらに引いておく。「石田《イハタ》神社は都々城村大字岩田の西北に在り、御霊社と称す。蓋石田氏の祖神とす、垂仁天皇山背の茢幡戸辺を娶り五十日足彦命を生む事日本書紀に見え、五十日足彦命是石田君之始祖也とあり、延喜式久世郡石田神社是なり(44)。」と記載されている。

『記』『紀』にしるされたカリハタトベの初見は、「開化記」の荏名津比売がそうだったが、比売の亦の名は茢幡戸弁であった。彼女の舞台は普賢寺に隣接する江津であり、また蟹幡郷であった。しかしカリハタトベは一九七〜一九九頁で述べたように、このあと垂仁天皇のときになって再び登場している。このときは二人のカリハタトベの名がみえ、そのうちの一人が石田君の始祖となる五十日足彦命を生んだというわけである。もちろんこうした事柄のすべてを史実とするわけにいかないが、これらの事柄が伝承されてきたこともまた確かな事実である。その茢幡戸辺がここでは場所をかえて、那羅郷の岩田にも関わっていたということになる。

少し視点をかえてみよう。『新撰姓氏録』大和国皇別に、
山公。内臣と同じき祖。味内宿禰の後なり。

とある。佐伯有清氏はここにある山公氏を解明するにあたって、『記』『紀』と『新撰姓氏録』から山君の名義を拾いあげ、これを四つの系統に分類しておられる。a味内宿禰系、b大彦命系、c落別王系、d五十日足彦別命系の

四系統である。[45]氏はこのうちのｄの五十日足彦別命系に着目し、興味ある事実を指摘されている。『新撰姓氏録』和泉国皇別によると、

山公。垂仁天皇の皇子、五十日足彦別命の後なり。

の文言が見えている。五十日足彦別命は、『古事記』では五十日帯日子王で表記され、「春日山君…中略…春日部君之祖」と記されていた。であれば山公氏と春日山君は同じ氏族ということになり、ここのところを佐伯氏は、「春日山君は、本条の山公と同氏であろう。とすれば山公氏の本貫は、かつて大倭の春日の地にあったことになる」と述べている。[46]おそらくそうであろう。そうすると、『書紀』が記載していた石田君も同じことがいえるはずである。つまり石田君は春日にかかわる氏族であり、いいかえると、ワニ氏系の一支族であったといえるのである。

佐伯氏の説くところに依拠しながら、石田君を考えてみたが、私は私自身の考えに、恣意的な論理の飛躍を感じなくもない。しかしあらためて『記』『紀』の述べるカリハタトベの三つの伝承（開化記・垂仁記・垂仁紀）を鳥瞰すると、初期ヤマト王権の伸張の形が感じられ、そのなかにあったワニ氏の姿が読み取れるのである。したがって、大筋において石田君氏が、ワニ氏系の一支族であった、といえるのではなかろうか。そしてさらに推測が許されるとすれば、石田君氏の背景に重なって、息長氏の影を見る思いがするのである。

『新撰姓氏録』を手がかりに、那羅郷でかかわっていた苅幡戸辺と石田君を考えてきたが、ここで再度『姓氏録』を開いてみたい。「山城国皇別」に、左記のような記述がみられた。

息長竹原公。応神天皇の三世孫、阿居《アケ》乃王の後なり。

とある。阿居乃王について佐伯氏は、栗田寛の「阿居の王は、三世孫とあるにて思ふに、意富々杼王《オホホドノミコ》の御子ならめど、ものにみえず[47]」とあるのを引き、「阿居乃王は意富富杼王の子と考えられる[48]」と述べている。つぎに「上宮記一云」の系譜を引きながら、「意富富杼王の子に乎非王がおり、乎非王は応神天皇の三世孫にあたるから、阿居乃

王は乎非王の別名か、もしくは兄弟となる[49]」と説いている。また「竹原」については「山城国久世郡麻倉郷竹原里（京都府久世郡久御山町付近）の地名にもとづく[50]」とするが、この久御山町が実はこれまでに述べてきた那羅郷と、木津川を挟んで向かい合わせに位置しているのである。那羅郷にはワニ氏の影が見え隠れしていたが、上述したように、ワニ氏と息長氏のかかわりは諸家の説くところであり、ここでもその一端が垣間見えたように思われるのである。大橋信弥氏も息長竹原公にふれ、「南山城へ移った息長氏の一族と考えられる[51]」と述べておられる。

綴喜郡飯岡のトツカ古墳を出て間もなく岩田の集落にさしかかり、思いの外、ここでの時間をとりすぎたようである。先を急がねばならないと思うが、ここから先の、木津川と淀川の合流地点、つまり石清水八幡宮が鎮座する男山までは、もう指呼の間にきている。そこは那羅郷の岩田から距離にして五㎞あまり、川向こうの対岸は摂津国という位置にある男山であり、またその男山と背中合わせのようにして所在する、『古事記』が記すところの「久須婆の度《わたり》」である[52]。畿内の大動脈である淀川の口を扼している「久須婆」の地は、すでに山背国をはなれ、河内国と摂津国の接点となっている。

ところで、継体天皇が遷都したとする筒城宮は、普賢寺村の多々羅付近とされていた[53]。ここはまたすでに述べたように、皇后磐之媛の伝承地でもあったが、この普賢寺村を貫流して木津川に流れ込んでいたのが、普賢寺川であった。普賢寺川から木津川、木津川から淀川とこの流れに沿うとき、一気呵成に駆け抜けてゆく舟運がイメージされるのである。いずれにしても筒城宮を出た舟は、さして時間をかけることもなく、久須婆の度しに達していたに違いない。であるなら冒頭でもふれたように、筒城と久須婆は、間違いなく一衣帯水の地であったはずである。

陸路の場合をみてみよう。『続日本紀』の元明天皇和銅四年正月条によると、始めて都亭の駅を置く。山背国相楽郡には岡田駅、綴喜郡には山本駅、河内国には楠葉駅、摂津国嶋上郡には大原駅、嶋下郡には殖村駅、伊賀国阿閇郡には新家駅。

とある。平城遷都に伴って設けられたということだが、六駅のうち五駅が木津川と淀川にかかわる都亭の駅であったといえるわけで、この道筋の重要さが、陸路の場合でもあらためて確認できるといえるのである。[54]そしてこの六駅のうち、綴喜郡に直接かかわっているのは山本の駅であり、『和名抄』でいう山本郷である。「開化記」で記載されていた山代之荏名津比売の荏名津即ち江津は、この山本郷に所在する集落であった。また伝承とはいえ、磐之媛はこの地に隣接する綴喜郷で宮を営み、彼女はこの筒城宮で亡くなっている。継体天皇も即位して五年、この地に宮を遷している。天武天皇もまた、除病延命を祈願し、やはりこの地に息長山普賢寺を建立したという。[55]

塚口義信氏は普賢寺について、『興福寺官務牒疏』所引の「普賢寺補略録」を手がかりに、詳しく論じていた。氏が着目したのは、普賢寺の守護神となっていた朱智神社の祭神だったが、私もかつてこの社を訪れたことがある。普賢寺、つまり現在の観音寺だが、ここから朱智神社までは直線距離で三㎞あまり、地図の上ではたいした距離でない。水取あたりから坂道にさしかかり、これもいうならば普通の坂道である。しかし、やがて天王という山合いの小さな集落に出会う。ここからがとんでもない急坂で、なんどか息をきらしながら登ったことを覚えている。ようようにしてたどり着いた社は、深い木立ちに森閑と鎮まり、森のなかの古社とは思えないほど、清潔さが境内の隅々に行き届いていた。木々のあいだからは、麓のよく拓けた平野が遠望され、おそらくここは、国見の場所ではなかったのか、と思えたほどである。

実はここで私は失敗をしている。というのは天王に入って胸突く急坂を登っているとき、右へ折れる道を一つ手前で間違って入ってしまったらしい。目的の朱智神社に到着してもおかしくない距離と時間をかけたはずが、いっこうに社の姿が見えないのである。そのうちに急坂がなくなって道が平坦になってしまった。これは頂上を越えて山の向こう側へ下っていくことを意味していたが、このとき私は道端に、思いもかけないものを目にしていた。

「穂谷」と書かれた道知るべの小さな木札である。一瞬は信じられない思いだったが、それはどうしてかというと、私の頭の中には、地図に描かれた北河内郡の穂谷がおぼろげに残っており、その穂谷の集落がこれほど間近に所在していなかったからである。帰宅後、地図を広げてさっそく位置関係を確認するが、私が迷って入り込んだ道は、明らかに穂谷の集落に通じる道であって、私はそのときすでに、穂谷地区のはずれに紛れ込んでいたのであり、そこはまぎれもなく河内国であったというわけである。常々朱智神社を越えれば河内国という認識はもっていたが、これほどじかに、河内国があるとは思ってもいなかった。

このときの穂谷の感触は私に一つの記憶を蘇らせ、『興福寺官務牒疏』が引く「普賢寺補略録」をあらためて読んでみた。五行目に光仁天皇が五重大塔を建立した記事がみえている。問題はこの次の文言にあった。

桓武天皇十一年壬申。賜二封戸二千稲「「考」稲下恐有脱字」束一。在二河州交野郡一。

普賢寺は桓武天皇のときに封戸二千を賜っているが、その封戸は河内国交野郡の二千戸があてられており、交野郡ということになると、河内国の北部である。樟葉も交野郡であれば、穂谷もまた交野郡である。地理的位置関係からも察せられるが、「封戸二千」の記事に、普賢寺と河内国交野郡との間の密接な関係が、このときほど強く感じられたことはなかった。

これと同じような、南山背の綴喜郡と河内国の密接な関わりは朱智神社の「流記目録」にもみられ、芸能史の山路興造氏は朱智の社について、つぎのように述べておられる。

『山城綴喜郡誌』は当社の社殿について文和元年（一三五二）焼失、応永元年（一三九四）造営と記すが、別に大永元年（一五二一）造営にあたっての「朱智大宝天王宝賢流記目録」を載せている。この文書によれば、そのとき造営奉賀に加わった村々は、鎮座地の天王村をはじめ傍示村・飯岡村・江津村・山本村・菱田村・杉村・興戸村の計八村で、杉村のように隣接する河内国の村を含めて広い範囲に及んでいる。(56)

ここからは朱智の神が、地元にとどまらない広い範囲で崇められていた様子をうかがいしることができ、山路氏が述べるように、山城国を越えて隣の河内国にもその尊崇を及ぼしていたというのは、それだけの強い影響力をもっていたといえるのであろう。氏が指摘する杉村は現在の枚方市杉で、先に私が紛れ込んだ山あいの穂谷を下って行くと、そこに「杉」がある。また源を穂谷とする穂谷川を利用して杉に出ることもできたと思われるが、この川の下流は淀川に流れ込み、合流点の北に楠葉の地名がみえている。

ここで朱智神社のもうひとつの側面をみておきたい。「普賢寺補略録」に、つぎのような記載があった。

同

東朱智神。在㆓同州綴喜郡江津邑㆒。今称㆓朱智天神㆒。恵江美天神ト号セリ。

江津邑といえば、これまでに再三取り上げてきた荏名津比売、つまり苅幡戸辺の出身地である。その江津邑に東朱智神が鎮座しているというのである。そして恵江美天神と称しているのである。朱智の神といえば迦爾米雷王命だったが、その神が東の江津の邑に勧請され、朱智天神を名乗ったのであろう。

『延喜式』神名帳の山城国綴喜郡に、「佐牙乃神社鍬靫」の名がみえている。『大日本地名辞書』は、「佐牙乃神社。三山木村大字宮津に旧江津村と云ふあり、其西北に天神あり、即是とぞ。」と述べている(57)。鎮座地については、諸家一致しているので江津は動かない。そうすると佐牙乃神と、先に述べた東朱智神とはどのように関わり合っているのか、という問題が生じてくるが、私はおそらく同一の神であったか、佐牙乃神に朱智の神が重層していったかの、どちらかであったと考えていた。ここのところへ山路興造氏の述べる「佐牙乃神」に、このことを裏づける格好の史料が提示されていた。氏は佐牙乃神を論ずるにあたって、『田辺町史』が所載する「山城国綴喜郡筒城郷朱智庄佐賀庄両惣図」に着目している。図には「佐賀大神宮・若松大明神」の名が併記され、「神事九月十二日、号東朱智社共云々」と注記されているという(58)。このあとの氏の論述は佐賀神社と若松大明神の方へ傾き、東朱智社にふれることはなかったが、この史料は私にとって有難かった。山路氏によると「両惣図」は近世のものということだが、少なくとも「号東朱智社共云々」の文言は、先にみた「普賢寺補略録」の記事を補強しているからである。

佐牙乃神についてもうひとつ別の史料をみておこう。『新抄格勅符抄』がひく大同元年の牒「神事諸家封戸」に関する記事で、ここには「佐牙神九戸。並津国」の記述がみられた。佐牙神の封戸九戸は摂津国にあったようだが、摂津国ということになると、先にみた樟葉の対岸がすでに摂津国であった。佐牙乃神が朱智の神と同一神であったかもしれないことは先に述べた。その朱智の神が守護する普賢寺は、河内国の北部地域——交野郡と、位置的にも経済的にも、深く結ばれていた。また朱智の神は佐牙乃神を介することで、摂津国とも関わっていた。ということは言い換えると、朱智の神は山城国・河内国はもとより、摂津国にも関わっていたといえるのである。本稿では摂津にまで言及する余裕はない。後考に委ねたいと思うが、ここでは項をあらため、河内国を考えてみたい。

第二節　河内国茨田郡の茨田氏と河内馬飼氏

（一）

大伴金村らの三顧の礼で重い腰をようように上げた継体天皇は、『書紀』の記述によると、元年の正月「甲申に、天皇、樟葉宮に行至りたまふ」とあった。この樟葉が『和名抄』の所載する「河内国交野郡葛葉郷」であることはいうまでもないが、越前を出た継体は大和でなく、河内の交野郡葛葉郷の宮へ入ったということになる。そうして、この宮で大事なことが行われている。『書紀』の語るところを聞いてみよう。

二月の辛卯の朔甲午（四日）に、大伴金村大連、乃ち跪きて天子の鏡劔の璽符を上りて再拝《をが》みたてまつる。男大迹天皇、謝びて曰はく、「民を子とし国を治むることは、重き事なり。寡人《おのれ》不才して、稱《あ》ぐるに足らず。願請ふ、慮を廻して賢しき者を擇べ。寡人は敢へて当らじ」とのたまふ。大伴大連、地に伏して固く請ひまつる。男大迹天皇、西に向ひて讓りたまふこと三。南に向ひて讓りたまふこと再。大伴大連等皆曰さく、「臣伏して計れば、大王、民を子とし国を治めたまふ、最も稱《かな》ふべし。臣等、宗廟社稷の為に、計ること敢へて忽《いるかせ》にせず。幸に衆の願に藉りて、乞はくは垂聴納《ゆるしいれたま》へ」とまうす。男大迹天皇曰はく、「大臣・大連・将相《まへつきみ》・諸臣、咸《ことごと〳〵》に寡人を推す。寡人敢へて乖《たが》はじ」とのたまひて、乃ち璽符を受く。是の日に、即天皇位す。

とある。大伴金村が跪いて、天子のシルシである鏡と劔を奉っているのである。岩波の大系本によると、この部分は『漢書』文帝紀の文章をいくらか潤色しながら、記述しているという。(59) たしかにそうであろうと思うが、だからといって歴史的事実まで歪曲されているとは思えない。おそらく大伴金村大連らは継体の前に跪き、地に伏して臣従を誓ったに違いない。これは明らかに服属の儀礼である。また即位に伴う鏡と劒の璽符にしても、ふつうには持統天皇のときが、最初の確実な歴史的記録と認められているが、(60) このあたりの問題もいずれはもう少し掘り下げて考えてみたいと、思っている。

『書紀』の記述はこのあとへ、さらに大事なことを付け加えている。

庚子(十日)に、大伴大連奏請して曰さく、「臣聞く、前の王の世を宰めたまふこと、維城《まうけのきみ》の固非ずは、以て其の乾坤を鎮むること無し。掖庭《うちつみや》の親《むつび》非ずは、以て其の趺蕚《みあなすゑ》を継ぐこと無しと。…中略…請《うけたまは》らくは、手白香皇女を立てて、納して皇后とし、神祇伯等を遣して、神祇《あまつやしろくにつやしろ》を敬祭きて、天皇の息《みこ》を求《まう》して、允《まこと》に民の望に答へむ」とまうす。天皇曰はく、「可《ゆるす》」とのたまふ。

手白香皇女といえば仁賢天皇の皇女で、武烈天皇とは同母姉弟になる。また雄略天皇の孫娘にあたり、いうならば天皇家の直系の姫君である。継体は応神天皇の五世孫という傍系の人だから、彼女を「納して皇后」は入り婿を意味している。いずれにしても継体は、『書紀』の言を借りると河内国の樟葉宮で即位し、そして皇后となるべき手白香皇女と結婚したということである。

この話は単なる伝承ではない。諸家も認めるように、大筋においてほぼ歴史的な事実を伝えている記録である。問題は先にも述べたように、これらのたいへん大事な事柄が、果たして樟葉宮で行われていたのであろうかという、樟葉宮そのものの問題である。

繰り返しになるが、その樟葉宮の所在した場所が、交野郡の葛葉郷であったことは既に述べている。『和名抄』でいう交野郡は、河内国の最北端に位置して南側は茨田郡に接し、茨田郡の東側は讃良郡に隣接している。ところが『大日本地名辞書』によると、「国郡考云、交野郡は茨田の分地なるべし、和名抄交野郡三宅郷は古の茨田屯倉なれば也と。」と記載されている。確かにその通りで、『枚方市史』も「『国郡考』に交野郡は茨田郡の分地であり、『和名抄』の交野郡三宅郷は古の茨田屯倉にあたるからであるといっているように、最初は茨田郡だけであったのが、大宝令施行のさいの郡の分割で茨田郡から交野郡が割置されたと考えられる。『和名抄』の三宅郷は交野郡に属し、茨田郡に三宅郷がみえないことからみれば『国郡考』のいうとおりである」[61]と書いている。

また讃良郡のばあいもその根拠は示されていないが、『大日本地名辞書』は「交野茨田の間に介在せる小郡なりき。本茨田の分郡にして」と記載している。亀田隆之氏によると、「郡の成立時期は未詳」としながらも、「『日本書紀』欽明二十三年七月条にみえる更荒郡はのちの追記とみられるので、持統天皇八年（六九四）六月条が史料上の初見となろうが、郡の成立はそれ以前にさかのぼろう。」[62]と述べておられる。持統天皇は、沙羅羅皇女とも、また菟野皇女とも呼ばれていたが、幼少のときは鸕野讃良皇女と呼ばれていたようである[63]。いずれの名も、讃良郡にかかわる名であることに違いはないし、彼女自身、おそらく讃良郡に深くかかわっていたものと思われる。『紹運録』一代要記によると、彼女の生まれは大化元年（六四五）となっており[64]、したがって讃良郡の成立は、少なくともこの頃には成っていたのではなかろうか。

このように、交野郡も茨田郡の分かれであったし、讃良郡もまたそうであったことに間違いない。ということは

（二）

元の茨田郡は、交野郡も讃良郡も含まれていたということになる。つまり、これはのちの北河内郡のことであり、古代に即していうならば、河内湖の北側地域が茨田郡であったと言い換えることができる。現在の枚方市・交野市・寝屋川市、門真市と守口市、それに四條畷市と大東市を含んでいるので、かなり広大な地域である。しかし淀川の決壊がしばしばこの地を襲い、「樟葉より守口まで凡六里沿水の地卑湿を免れず」と、吉田東伍博士が述べるように(65)、この地域の土地柄は決して良好なものでない。『記』『紀』の語り口が、自ずから淀川の堤に関わる物語となって記載されているのも、あながち偶然ではない。「仁徳紀」十一年十月条はつぎのように述べている。

又将に北の河の澇《こみ》を防かむとして、茨田堤を築く。是の時に、両処の築かば乃ち壊れて塞ぎ難き有り。時に天皇、夢みたまはく、神有しまして誨へて曰したまはく「武蔵人強頸・河内人茨田連衫子（衫子、此をば莒呂母能古と云ふ。）二人を、以て河伯に祭らば、必ず塞ぐこと獲てむ」とのたまふ。則ち二人の人を覓ぎて得つ。因りて、河神に禱る。爰に強頸、泣ち悲びて、水に没りて死ぬ。乃ち其の堤成りぬ。唯し衫子のみは全匏《おふしひさこ》両箇を取りて、塞き難き水《かは》に臨む。乃ち両箇の匏を取りて、水の中に投れて、請ひて曰はく、「河神、祟りて、吾を以て幣とせり。是を以て、今吾、来れり。必ず我を得むと欲はば、是の匏を沈めてな泛せそ。則ち吾、真の神と知りて、親ら水の中に入らむ。若し匏を沈むること得ずは、自づからに偽の神と知らむ。何ぞ徒に吾が身を亡さむ」といふ。是に、飄風忽に起りて、匏を引きて水に没む。匏、浪の上に転ひつつ沈まず。則ち潝潝《とくすみやか》に汎《うきをど》りつつ遠く流る。是を以て、衫子、死なずと雖も、其の堤亦成りぬ。是、衫子の幹《いさみ》に因りて、其の身亡びざらくのみ。故、時人、其両処を号けて、強頸断間・衫子断間と曰ふ。

これは築堤にともなう人身御供の話となっているが、武蔵の人は古えの慣習のままに神の犠牲となったのにひきかえ、河内の人茨田連衫子は神の意志に逆らい、結果的に河神の古い仕来たりをうち破っている。私はこの話の背景に、当時の先進の技術の差をみているが、じじつ『古事記』も同じ仁徳天皇のころの話として、この築堤のことを記事にしており、「又秦人を役ちて茨田堤及茨田三宅を作り」と書いている。仁徳天皇の時かどうかは別として、これらの記事からは、茨田氏が先進の土木技術をもつ秦人を使い、淀川の堤を築いている姿が浮かび上がってくるのである。おそらく茨田氏は古代の茨田郡にあって、最も古くからの、そして最も力のあった在地の豪族であったにちがいない。そのあたりのことを、次に考えてみたい。

（三）

『記』『紀』による茨田氏の初見は、「神武記」に見えている。「当芸志美美命の反逆」段に、「其の日子八井命は、茨田連、手島連の祖。神八井耳命は、意富臣、小子部連、坂合部連、火君、大分君、阿蘇君、筑紫の三家連、雀部造、小長谷造、都祁直、……の祖。神沼河耳命は、天の下治らしめしき」とある。意富臣は『書紀』では多臣で表記され、茨田氏と多臣氏が同族であったことが分かる。また『新撰姓氏録』では、つぎのように登載されており、茨田・多両氏の同族関係が確認できる。

茨田連。多朝臣と同じき祖。神八井耳命の男、彦八井耳命の後なり。日本紀に漏れたり。（右京皇別下）

茨田連。茨田宿禰と同じき祖。彦八井耳命の後なり。（山城国皇別）

茨田宿禰。多朝臣と同じき祖。彦八井耳命の後なり。男、野《こ》現《のみ》宿禰、仁徳天皇の御代に茨田堤を造れり。日本紀に合へり。（河内国皇別）

「神武記」のあと、つぎに茨田氏が『記』『紀』に登場するのは、前項で述べた「仁徳紀」十一年条の茨田連衫子の物語であった。このときに衫子の築いた茨田の堤が、衫子断間と呼ばれたことを『書紀』は書いていたが、この断間は今も「太間」の名で受け継がれ、寝屋川市太間の地名で残っている。そして同じ「仁徳紀」の十三年条によると、茨田に屯倉の設けられたことも記載されている。しかし問題は、この後に登場してくる茨田氏である。「継体紀」は元年三月条で、妃についてつぎのように書いている。「元の妃、尾張連草香が女を目子媛と曰ふ。更の名は色部。二《ふたり》の子《みこ》を生めり。皆天下を有《し》らす。…中略…次に、茨田連小望が女或いは妹と曰ふ。を関媛と曰ふ。三の女を生めり。長を茨田大娘皇女と曰す。仲を白坂活日姫皇女と曰す。少を小野稚郎皇女と曰す」。

ここでは長くなるので二人の妃の名だけをあげて、後は省いているが、実際には八人の妃が記され、生まれた皇子女は男子八人、女子十二人と記載されている。茨田連の女（或いは妹）関媛は、その妃たちのなかにあって、五番目にその名を連ねていた(66)。妃たちの出自の内訳は、尾張氏系一人、三尾氏系二人、坂田氏系一人、息長氏系一人、茨田氏系一人、和珥氏系一人、出自不詳一人の計八人となっていた。ここからは継体の基盤が明らかに畿内の北方と東にあったことをうかがうことはできるものの、肝心の中央との結びつきに、一抹の不安を感じざるをえない。なにしろ名の通った中央の豪族は、和珥氏一氏であり、この視点に立った場合の茨田氏の位置づけは、継体にとってたいへん大きなものであったに違いない。彼らはまぎれもなく、北河内という畿内の一角を占めていた、在地の豪族であったからである。河内の茨田郡に蟠踞したこの茨田氏を、もう少し別の視点で眺めてみたい。

ところで、部の成立以前の「族民」の研究で知られた論文に、直木孝次郎氏の「日本古代の「族」について(67)」がある。直木氏はこのなかで、「族民の起源は部民より古く、豪族団の下部組織として始め族民的なものが一般的であった」と述べ、「部民を持つ以前の社会、すなわち紀元三、四世紀頃の社会の基礎をなす階級は、族民によって想像される同族団的性格のものである」と説いておられる。そして直木氏はこの族民を有するカバネ姓階級について、「奈良時代においては特に有力な顕貴の家ではなかったが、大化以前にまで遡りうるような由緒ある旧家が多い」と記す。

吉井巖氏はこの直木説を手がかりにして、茨田氏を詳細に考証されている(68)。というのは、茨田氏の名義は『記』

『紀』以外の上代史料に「茨田連族」[69]の名で散見し、この名義というのがとりもなおさず、直木氏のいう族民だからである。吉井氏はこの族民を傘下にした古い伝えをもつ名族としての茨田氏を据え、『記』『紀』が伝承する茨田築堤の物語を分析する。そこからは秦人を駆使する茨田氏の姿が描き出され、古い名族でありながら、世に先んじた進歩的性格の氏族が、イメージされている。氏の言葉を借りると、それは「いわゆる現代（『記』『紀』編纂当時のことをいう…住野注）においても、茨田氏は相当な敬意を受けていた氏族とせねばならない。記紀に祖先伝承を記される氏族と天武朝賜姓氏族との間に密接な関連のあることはすでに古代史の常識と言ってもよい。いわば、かかる古来より現在にかけての名族として、茨田連はその祖先伝承を神武皇子としての日子八井命にかけて記述したと考えることも可能である」と述べている。

先学に導かれ、私は名族としての茨田氏を、古代史のなかに位置づけている。それもただたんに古くからの、という意味での名ばかりの名族ではない。先にも述べたように、彼らは半島から将来した先進の土木技術を使役していた。[70]でなければ、茨田の築堤という大事業は成功していない。そして茨田氏の力は、それだけに止どまっていなかったように思える。というのは五世紀後半になって漸く盛行の兆しを見せはじめた馬匹に関するいろいろな技術も、彼らの関与なしにはありえなかったのではないだろうかと思えるからである。もしそうであれば茨田氏は、当時においての最先端の知識と技術を掌握しているということに通ずるものであり、このことはまた、政権をも動かしうる大いなる力であったに違いないと、思えるのである。

その馬匹に関わる先端技術の職能集団は、具体的には河内馬飼首氏に代表されていると考えてよい。彼らは『和名抄』でいう讃良郡を中心にして、河内湖の東辺から北辺にかけてを本拠としていたようだが、彼らはおそらく、茨田氏と密接に関わっていたはずである。項をあらため、そのあたりの馬飼集団の事情を考えてみたい。

（四）

さて継体天皇の即位にあたってたいへん力を尽くした人物に、河内馬飼首荒籠のあったことは先にふれている。継体が大和政権の本心を計りかねていたとき、荒籠は彼のもとへ密かに使いを出し、大伴金村らの真意を誠心誠意、伝えている。荒籠の真情によって疑いの晴れた継体は出立の意志を固め、遂に樟葉宮に入ったということだが、『書紀』はこのときの継体の言葉をつぎのように伝えている。

> 懿《よ》きかな、馬飼首。汝若し使を遣して来り告すこと無からましかば、殆《ほとほと》に天下に蚩はれなまし。世の云はく、「貴賤を論ふこと勿れ。但其の心をのみ重みすべし」といふは、蓋し荒籠を謂ふか。(71)

とある。天下の笑い者にならずにすんだのは、お前のおかげだというのだから、継体は荒籠のことをたいへん恩にきており、じじつ『書紀』はこのあと、「践祚《あまつひつぎしろしめ》すに及至《いた》りて、厚く荒籠に寵待《めぐみたま》ふことを加ふ」と述べ、荒籠の功に報いている。もちろんこれらのことをそのまま史実とするわけにはいかないと思うが、まるっきりの作為ともいえない。なぜなら、『書紀』が「適《たまたま》河内馬飼首荒籠を知れり」(72)と書いていたからである。継体と荒籠の旧知の間柄は十分にありうるし、とするならば継体の即位に、荒籠のなんらかの関わりがあっても不思議はない。

「継体紀」二十三年三月条によると、新羅と加羅の間に争い事が起こり、是の月に、近江毛野臣が安羅に遣わされている。このときの四月条に、つぎのような文言が見えている。「毛野臣の傔人《ともなるひと》河内馬飼首御狩」である。つまり、河内馬飼首氏はここでは、近江毛野臣の傔人となっている。『広漢和辞典』によると、「傔」はそば近くつかえる意であるとし、「[集韻]傔ハ侍従也」と記載している。(73)したがってここでの河内馬飼首氏の「傔人」には、ただ単なる従者の意味でなく、側近的なイメージをもっていたといえるであろう。このあと馬飼首はかなりの頻度で

「継体紀」に登場しているが、二十四年九月条の記述はその側近的イメージをはっきり裏づけている。この時期、毛野臣にはいろいろと不手際があったようで、彼はその弁明の使者としてこっそり、河内母樹馬飼首御狩に上京を命じている。政治上の不手際だけでなく、毛野臣は不行跡もあったようである。こうしたもろもろのことを使いの者に託し、しかもその使いを密かに出して弁明しようとするわけだから、なみの人でつとまるはずがない。当然心を許した、側近中の側近でなければならない。この意味において、馬飼首と近江毛野臣の間柄は、たいへん密着した関係にあったと思われる。

ところで、近江毛野臣という人はどのような人物であったのだろうか。「継体紀」二十一年六月条によると、朝鮮半島南部の乱れを鎮めるため、彼は六万の大軍を率いて任那に赴いている。このことが結果的に磐井の乱を引き起こすきっかけとなっているが、誇張があるとはいえ、継体は六万の軍隊を毛野臣に預けている。これは並み大抵のことではなく、ここからは、継体の毛野臣に対する信頼のようなものがうかがえるのである。しかしこのとき、筑紫国造磐井は任那派遣軍に妨害をはたらきかけており、彼の毛野臣に対するそのときの科白《にはか》がおもしろい。

今こそ使者たれ、昔は吾が伴として、肩摩り肘触りつつ、共器にして同食ひき。安ぞ率爾に使となりて、余をして爾《い》が前に自伏《したが》はしめむ。

というのである。かつて汝と吾は、同じ釜の飯を食った仲間ではないか、というのが磐井の言い分である。もろろんこれらのことが史実とはいえないのかもしれないが、私は磐井と毛野臣の微妙な関係を簡潔に言い当てて、妙だと思っている。しかしいずれにしても、毛野臣の任那派遣は失敗に終わり、磐井の妨害で毛野臣の軍隊は、立ち往生しているのである。

こうしたことから近江毛野臣の人物像やその位置づけのようなものが、おぼろげに浮かびあがってくる。第一には、彼はおそらく継体が樟葉宮に入る前から、継体のかなりそば近くにあった人物であろうということである。第二に、継体の即位前はそれなりの働きがあったのだろうが、即位後、政治上の舞台が広がったとき、彼はそのことに対応できなかった人であったと思われる。彼は「継体紀」にしばしば登場して重要な役割を担いながら、一度も成功したためしがない。やることなすことすべてが芳しくない。失敗の多いこの人がとうとう朝廷の喚問をうけ、任那から帰国の途中、対馬で病をえて死んでいる。『書紀』は葬送の舟が河を遡り、近江へと入っていくさまを描いているが、途中まで迎えに出た妻の歌が、披露されている。

枚方ゆ　笛吹き上る　近江のや　毛野の若子い　笛吹き上る(74)

古典文学大系本によると、枚方を通り、近江の毛野の若さまが笛を吹いて淀川を上っていく、と大意を説明している(75)が、彼の人柄の一端をうかがわせるもの悲しい歌となっている。

河内馬飼首は、継体との間でこのような位置を占めていた毛野臣の側近くにあった。当然、継体と河内馬飼首の間にも、それなりの接点が考えられて不思議はない。先に私は「継体と荒籠の旧知の間柄は十分にありうる」と述べておいたが、馬飼首に関して『書紀』のいう「適《たまたま》河内馬飼首荒籠を知れり」の文言は、こうしたニュアンスを指していたように思えるのである。

彼らは職能集団として馬を飼育していたが、漸く乗馬の風習が広まろうとするこの頃、つまり五世紀中葉から六世紀頃にかけて、馬はたいへん貴重なものであったと思う。当然のことながら馬に乗りうる人も限られており、貴族乃至は上流の人々に限定される。したがって馬飼首氏らは、ごく自然な形でこれらの人々と接点をもちうるわけである。そしてこの貴重な馬の集団は、ある日また強大な騎馬軍団に替わりうるのであって、このような絶妙の力を秘めた職能集団が、河内馬飼首氏である。先にも述べたように、彼らは河内湖の東辺から北側にかけてを本拠としていたようで、これは神武天皇が上陸地点とした日下のあたりから、『和名抄』のいう讃良郡の一帯である。

『書紀』は継体二十四年九月条で、「河内母樹馬飼首御狩」を云々していたが、この母樹は日下のやや南、東大阪市豊浦町あたりのことらしい[76]。その北隣りの石切町に六世紀の夫婦塚古墳があって、須恵器の騎馬人物像がここから出土しており、注目されている[77]。また『日本霊異記』によると、「河内国更荒郡馬甘の里に、富める家有りき[78]」とある。「馬甘の里」の詳細は不明だが、河内湖の北辺であることにまちがいはない。この近辺の奈良井遺跡について、森浩一氏が興味深い話を、『日本の古代　5』で書いておられる。たいへん大事なところなので、引かしていただく。

河内湖の北東部の湖畔に近く、四條畷市奈良井遺跡と中野遺跡がある。ここは生駒の山越えに大和にいたる清滝街道の起点に近い。その清滝街道を四條畷では大和街道といっているように、大和と河内湖、あるいは大和川水系をつなぐ要地である。

奈良井遺跡や中野遺跡は、五世紀中ごろから六世紀初めに及ぶ大規模な祭祀遺跡である。奈良井の、一辺約四〇メートルの祭場には周溝がめぐっていて、溝内に六頭分の馬を埋めてあった。一頭は板にのせ、他は切りとった頭だけで、犠牲にささげた馬である。このほか須恵器や土師器とともに、人をかたどった土製品や馬形土製品も出土している。また、製塩土器も多く、祭場付近で祭りの塩を作っていたものと思われる[79]。

ここには明らかに、馬に関わる濃密な遺跡が描かれている。このあたり一帯が、馬飼首氏一族の一つの中心地であったことはまず動かない。「欽明紀」の記載する「河内国更荒郡鸕鷀野邑[80]」がそうであったと思えるが、この邑の南側は当時の河内湖に面し、東側は南北に生駒山系がのびていた。西は茨田郡茨田郷に隣接し、北は茨田郡幡多郷である。ここは茨田の堤を築くときに活躍した、秦氏の居住地だろうと推定されている。また幡多郷の東隣は交野郡三宅郷で、茨田屯倉はこの地であったという。このように、讃良郡の周辺地域には、上代茨田郡の重要な拠点が取り巻いていた。当然、茨田氏の本拠がこれらのいずれかであったと考えて、おかしくはない。現にやや後年の史料になるが、茨田勝氏が讃良郡の大領を務めている。(81)厳密にいえば茨田勝氏は茨田氏といえないのかもしれないが、この問題はのちにふれるとしても、茨田氏の本貫が茨田郷ということは十分考えられるし、また、三宅郷ということもありうる。私はこうした讃良郡の鸕鷀野邑といっていいのか、あるいは馬甘の里といっていいのか、現在でいえば、四條畷市奈良井遺跡の周辺地は、間違いなく、河内馬飼首氏が深く関わっていた地域だと考えている。そして彼らは、まぎれもなく茨田氏の傘下にある馬飼集団であった、といえるのである。

第三節　茨田勝氏について

『新撰姓氏録』による茨田氏については、先に二一二頁であげておいたが、茨田の名義をもつ氏族はこの他に、勝のカバネをもつ氏族がある。左の通りである。

茨田勝。景行天皇の皇子、息長彦人大兄瑞城命の後なり。（山城国皇別）

茨田勝。呉国王、孫皓の後、意富加牟枳君自り出づ。大鷦鷯天皇（諡は仁徳）の御世に、居地を茨田邑賜ひき。因りて茨田勝と為れり。（河内国諸蛮）

ここには二つの流れの茨田勝氏が名を連ねている。一つは皇別の勝氏であり、一つは諸蛮の勝氏となっている。ふつう勝のカバネをもつ場合、渡来系の氏族と考えられているから、その意味では後者の勝氏がふつうのありようといえる。「仁徳記」に、「秦人を役《えた》ちて茨田堤及茨田三宅を作り」とあったが、『姓氏録』は「河内国諸蛮」の条で、このことを記載しているのであろう。また「茨田邑」についても佐伯有清氏は、「後の河内国茨田郡茨田郷（大阪府門真市門真付近）の地。ただし茨田邑の地は、古く後の河内国交野郡三宅郷（大阪府北河内郡交野町付近）をも含む地域で、茨田勝氏の祖が、この地に居住したという伝承は、茨田三宅（茨田屯倉）を管理したことと関係があろう」[82]と述べている。おそらくその通りであろう。要するに問題は、茨山勝氏は茨田連氏とどのように関わっていたのか、ということになる。

この点に関しては既に述べたように、吉井巖氏の優れた論考がある。ここにはかつての名族茨田連氏にとってかわってゆく茨田勝氏の姿が、みごとに活写されている。しかし吉井氏自身が述べるように、『記』『紀』編纂当時においても、茨田氏は名族としての尊敬をいぜんとして保持していたようである。したがってしだいに力をつけて行く勝氏にしても、まだまだ茨田連氏の名声を必要としたであろうし、連氏は連氏で、先進の技術力で立ち上がってくる勝氏の、ダイナミックな活力を必要としたにちがいない。要は、お互いがお互いを必要としていたのだから、当然、両氏族間の交流が考えられる。経済的にも、また婚姻関係においても、おりにふれ、時においてその交流がなされていたことは想像に難くない。

「持統紀」称制前紀によると、「高天原広野姫天皇は、少《わかきとき》の名《みな》は鸕野讃良《うののさらら》皇女とまうす」とある。またこの皇女は、「天智天皇紀」七年二月条によると、鸕野皇女とも娑羅羅《さらら》皇女とも呼ばれていたことが分かる。娑羅羅も鸕野も地名である。少《わかきとき》の名とされている鸕野讃良も表記がちがうだけで、やはり同じ地名を表している。これらの地は、先に述べた馬飼首たちが拠点としたであろう讃良であり、また鸕野の地であって、その彼らの後ろに茨田氏のあったことは、まず間違いのない事実であろう。持統天皇がまだ幼いとき、彼女は少なくともこの地と関わりをもっていたはずである。この地に関わるということは、茨田氏と関わることにつながる。それが茨田連氏の一族であったのか、あるいは茨田勝氏の流れであったのかはわからない。しかしどちらの場合であっても、茨田氏の一族ということでは動かない。

時代は下るが『続日本紀』に、孝謙天皇のときのこととして、つぎのような記事がみえている。

冬十月庚午、河内国知識寺に行幸したまふ。外従五位下茨田宿禰弓束女の宅を行宮としたまふ。（天平勝宝元年十月条）

とある。知識寺に行幸した孝謙天皇はこのとき、茨田宿禰弓束女の宅を行宮にしていたということである。行宮となれば、これはまたたいへんなことがいろいろあったと思われるが、茨田氏の名誉であったことも間違いのない事実である。このように、茨田氏は目立たないところで天皇家と繫がっていたようで、吉井氏が述べたように、奈良時代においても名家としての輝きは、まだまだ失われていなかったと思う。

茨田氏のこうした背景をふまえながら、『姓氏録』に記載されていた皇別の茨田勝氏をみてみたい。煩をいとわずに、もう一度読み返してみると、

茨田勝。景行天皇の皇子、息長彦人大兄瑞城命の後なり。（山城国皇別）

と記載されていた。息長彦人大兄瑞城命について佐伯有清氏は、「景行記」の日子人之大兄王、「仲哀紀」の彦人大兄と同一の人物であろうという。(83) もしそうであるとすれば、瑞城命は小碓命（倭建命）と異母兄弟ということになり、息長氏が小碓命の系譜を引いているので、息長彦人大兄瑞城命もありうるということになる。吉井氏はこのあたりの茨田勝氏に絡んでくる息長氏について、帰化系氏族の心情としてつぎのように説いている。「茨田の地を地縁として茨田連とつながる茨田勝、また同じ河内国にあって治水や河川交通にかかわったと考えられる江首、これらの河内国を基盤とする帰化系氏族には共通して皇別化への熱望があり、その皇別化の過程において、おそらく過去において彼等を管掌したと思われる茨田連の祖先伝承につながって、その熱望の達成せられたことが、……中略……茨田勝における景行天皇皇子への位置づけ（皇子の名は異なるが、景行記において茨田下連の祖先記述があった）の記述によって知られるのである」(84) とする。

まさに吉井氏の述べるとおりであって、先にも少しふれておいたが、茨田勝氏はさまざまの手段を講じて、茨田連氏との同化を図ったにちがいない。この意味においては、息長氏との場合も同じであったはずである。茨田勝氏が本拠とした讃良郡の東は生駒山系が南北に走っていた。この山系を北東に抜けると、そこは南山背の綴喜郡である。そして息長氏にゆかりの朱智神社があった天王とは、直線距離で一〇㎞ばかりである。塚口義信氏の表現をかりると、「全く指呼の距離」(85) であり、両氏の接触はかなり親密であったと思われる。いずれにしても茨田勝氏は、

息長彦人大兄瑞城命の後裔を称し、皇別氏族たりえたわけである。そしてこれは名ばかりの皇別ではなかったと思う。茨田勝氏は茨田連氏のときと同じように、或いはもっとそれ以上に、息長氏との交流を図ったにちがいない。血の交流もおそらくありえたと思う。

むすび

上代の茨田郡を概観してきた。古くからの茨田郡は、現在の北河内郡にほぼ該当するかなり広い地域を占めていたが、そこには神武天皇の皇子日子八井命を祖とする茨田連氏が蟠踞していた。彼らが蟠踞したこの河内の北部という地域は淀川の左岸に位置し、常に洪水の恐怖と、また堤の決壊による拙劣な土質によって悩まされ、けっして恵まれた土地柄とはいえなかった。しかし名族といわれた茨田連氏は、淀川の河神に立ち向かい、とうとう治水に成功する。このとき茨田連氏の下にあったのが、後の茨田勝氏の母体となった秦人たちであった。彼らは先進の土木技術を駆使して、淀川に、あるいはその支流に、堤を築き上げた。茨田連、茨田勝両氏の共同歩調は、茨田屯倉の運営でも発揮されているようだが、五世紀後半にはいって乗馬の風習が漸く盛んになろうとする頃、彼らはまた馬匹の管理技術でも、やはり先行していた。新羅王のつぎの言葉がまさにそのことを物語っている。

今より以後、長く乾坤に與《ひと》しく、伏ひて飼部と為らむ。其れ船梅《ふねかぢ》を乾さずして、春秋に馬梳《うまはたけ》及び馬鞭を献らむ。復海の遠きに煩《いたつ》かずして、年毎に男女の調を貢らむ。(86)

末長く馬飼いとなりましょう。春秋には馬の手入れの刷毛や鞭を奉りましょう。ということだが、『書紀』はこれを神功皇后に降伏したときの新羅王の言として所載している。もちろん、これをそのまま史実とすることはできないであろうが、しかしなにがしかの事実はあったはずである。私はこの文章のなかに、新しい馬の管理技術の流れのようなものを感じている。馬を飼養するということは当時もっとも渇望された先進の技術であり、またその技術者の受容を意味することであって、これらの交流の受け手となったのが、まぎれもなく秦人たちであったにちがいない。秦人たちは河内湖の東と北に牧野をきり拓き、優れた馬の飼育に励んでいた。いうまでもなくその彼らは、茨田氏の膝下にあった。

畿内の北方と東方を束ねて強大な力を蓄えた継体は、大和へ入るにあたって先ず、北河内の茨田氏を必要としている。茨田連小望の女関媛（小望の妹ともいう）との結婚である。河内湖畔の馬飼集団は、こうして継体の傘下に入っている。大和政権にとってはいきなり強大な騎馬軍団を、鼻先に突きつけられたようなものであるし、また継体が樟葉に入ったのもこの馬飼集団の掌握にあったはずである。

〝息長〟一族と親近な関係の継体は、もともと水上を駆け巡って、北の地域を束ねてきた人物である。したがって水運を利することは、自家薬籠中のものであり、経済的にも大きな利をもたらしていた。これがいざというときは、直ちに水軍におきかわる。ということは、継体は樟葉入りによって従来の水軍に加え、強力な騎馬軍団をえたことにつながる。つまり、継体は樟葉にはいることにより、畿内の一角に、水上と陸上の強大な経済力と軍事力の橋頭堡を築いたといえるのである。

注

（1）『日本書紀』継体天皇即位前紀。
（2）『日本書紀』継体天皇元年正月四日条。
（3）水野　祐『増訂日本古代王朝史論序説』（小宮山書房　一九五四年）、林屋辰三郎「継体欽明朝内乱の史的分析」（『立命館文学』八八号　一九五二年、後『古代国家の解体』に所収　東京大学出版会　一九五五年）、直木孝次郎「継体朝の動

乱と神武伝説」（『日本古代国家の構造』青木書店　一九五八年）、井上光貞『日本国家の起源』（岩波書店　一九六〇年）など。

（4）「応神記」天皇の御子孫段によると、継体の曾祖父意富富杼王について、「三国君・波多君・息長坂君・酒人君・山道君・筑紫の末多君・布勢君等の祖なり」と記されている。

（5）黒沢幸三「古代息長氏の系譜と伝承」（『文学』三三―一二　一九六五年、後『日本古代の伝承文学の研究』所収　塙書房　一九七六年）、吉井　巖「応神天皇の周辺」（『天皇の系譜と神話　一』塙書房　一九六七年）、薗田香融「皇祖大兄御名入部について」（三品彰英編『日本書紀研究　第三冊』塙書房　一九六八年、後『日本古代財政史の研究』所収）、黛弘道「継体天皇の系譜について」（『学習院史学』五　一九六八年、後『律令国家成立史の研究』所収　吉川弘文館　一九八二年）、塚口義信「大帯日売考」（三品彰英編『日本書紀研究　第五冊』塙書房　一九七一年、後『神功皇后伝説の研究』所収　創元社　一九八〇年）、岡田精司「継体天皇の出自とその背景」（『日本史研究』一二八　一九七二年）、平野邦雄「六世紀、ヤマト王権の性格」（『東アジア世界における日本古代史講座　四』学生社　一九八〇年、後『大化前代政治過程の研究』所収　吉川弘文館　一九八五年）、大橋信弥『日本古代国家の成立と息長氏』（吉川弘文館　一九八四年）、篠原幸久「継体王系と息長氏の伝承について」（『学習院史学』二六　一九八八年）、小柴秀樹「息長氏研究の動向と課題」（『古代史研究の課題と方法』国書刊行会　一九八九年）、高槻市教育委員会編『継体天皇と今城塚古墳』（吉川弘文館　一九九七年）、水谷千秋『継体天皇と古代の王権』（和泉書院　一九九九年）。

（6）岸　俊男「ワニ氏に関する基礎的考察」（『律令国家の基礎講座』一九六〇年、後『日本古代政治史研究』所収　塙書房　一九六六年）、黒沢幸三「ワニ氏の伝承」その一（『奈良大学紀要』一号　一九七二年）・「古事記におけるワニ氏の伝承―日子国夫玖の出陣―」（『同志社国文学』一〇号　一九七五年）、両論文は後、注（5）前掲書『日本古代の伝承文学の研究』に所収、塚口義信「継体天皇と息長氏」（横田健一編『日本書紀研究　第九冊』塙書房　一九七六年、後注（5）前掲書『神功皇后伝説の研究』に所収）・「『釈日本紀』所載の［上宮記一云］について」（『堺女子短期大学紀要』一八号　一九八二年）・「息長氏研究の一視点」（『東アジアの古代文化』七二　大和書房　一九九二年）・『ヤマト王権の謎をとく』（学生社　一九九三年）、横田健一「飛鳥の神々」（『明日香風』一〜二六号　一九八一〜一九八八年、後『飛鳥の神がみ』所収　吉川弘文館　一九九二年）。

（7）『日本書紀』継体天皇五年十月条。
（8）『日本書紀』継体天皇元年二月条。
（9）黒沢幸三「ワニ氏の祖建振熊の伝承」（『日本文学』二四巻八号　一九七五年、後注（5）前掲書）。
（10）塚口義信「継体天皇と息長氏」注（6）前掲書。
（11）塚口義信「『釈日本紀』所載の［上宮記一云］について」注（6）前掲書。
（12）（13）黒沢幸三　注（5）前掲書。
（14）黒沢氏の語る綴喜郡は、「ワニ氏の祖建振熊の伝承」だけではない。これより先に発表された「古事記におけるワニ氏の伝承」にしろ、あるいは「応神天皇と矢河枝比売」のばあいなどでも、綴喜郡は語られている。しかしこの時点ではそれはまだほんの少し顔をのぞかせる程度で、その語り口も息長氏よりはワニ氏に重点がおかれていた。またこれら諸論文の十年ばかりまえに氏が論じた「古代息長氏の系譜と伝承」では、南山城に息長氏の姿はまったく見えていない。氏の論文で南山城に息長氏が本格的に登場するのは、やはり「ワニ氏の祖建振熊の伝承」を待たねばならなかった。
（15）塚口義信「継体天皇と息長氏」注（6）前掲書。
（16）『日本書紀』允恭天皇七年十二月条。
（17）塚口義信「継体天皇と息長氏」注（6）前掲書。
（18）岡田精司「継体天皇の出自とその背景」注（5）前掲書。
（19）『日本書紀』継体天皇二十年九月十三日条　ここには分注で、「一本に云はく、七年なりといふ」とある。
（20）坂本太郎「継体紀の史料批判」（『日本古代史の基礎的研究　上』文献篇）。
（21）塚口義信「継体天皇と息長氏」注（6）前掲書。
（22）（23）岸　俊男「ワニ氏に関する基礎的考察」注（6）前掲書。
（24）山尾幸久「隅田八幡鏡銘による継体天皇即位事情の考察」（『日本史学』創刊号　五八頁）。
（25）塚口義信「継体天皇と息長氏」注（6）前掲書。
（26）『大日本仏教全書』寺誌叢書第三　一一二頁。
（27）『大日本地名辞書　第二巻』にも「興福寺官務牒疏」云々の文章はみられたが、具体的な史料の提示はなかった。

(28) 注(27)『大日本地名辞書』。但し二六一頁。
(29) 黒沢幸三「蟹満寺縁起の源流とその成立―民話の伝説化―」(『国語と国文学』四五―九　一九六八年、後注(5)前掲書)。
(30) 黒沢幸三「応神天皇と矢河枝比売」(愛知教育大『国語国文学報』二八　一九七五年　後注(5)前掲書)。
(31) 『日本書紀』垂仁天皇三十四年三月二日条。
(32) 注(27)『大日本地名辞書』。但し二五九頁。
(33) 注(27)『大日本地名辞書』。但し二六〇頁。
(34) 『日本書紀』仁徳天皇三十年九月十一日。
(35) 『日本古典文学大系　古事記　上』四〇一頁頭注九。
(36) 石野博信編『全国古墳編年集成』(雄山閣出版　一九九五年)。
(37) 岡崎晋明「文字と記号」(『日本の古代　14』中央公論社　一九八八年)四〇三～四〇四頁。
(38) 『古事記』安康天皇・市辺之忍歯王段。
(39) 『日本古典文学大系　古事記祝詞』三〇六頁頭注五。
(40) 注(27)『大日本地名辞書』。但し二五九頁。
(41) 『古事記』安康天皇・市辺之忍歯王段。
(42) 森　浩一「弥生・古墳時代の漁撈・製塩具副葬の意味」(『日本の古代　8』中央公論社　一九八七年)。
(43) 森　浩一「継体大王の考古学」(『図説日本の古代　5』中央公論社　一九九〇年)。
(44) 注(27)『大日本地名辞書』。但し二五八頁。
(45) 佐伯有清『新撰姓氏録の研究　考證篇第二』三四七頁。
(46) 佐伯有清　注(45)前掲書。但し五〇九頁。
(47) 栗田　寛『新撰姓氏録考証　上』四四八～四四九頁。
(48)(49) 佐伯有清　注(45)前掲書。但し三三七頁。
(50) 佐伯有清　注(45)前掲書。但し三三六頁。

(51) 大橋信弥　注（5）前掲書。
(52)『古事記』崇神天皇・建波迩安王の反逆段。
(53) 和田　萃「筒城宮」（『国史大辞典　9』吉川弘文館）七八四頁、森　浩一　注（43）前掲書。但し二一五頁。
(54)『新日本古典文学大系　続日本紀　一』四一〇頁　補注五―二三。
(55) 注（27）『大日本地名辞書』。但し二六〇頁。
(56) 山路興造「朱智神社」（『日本の神々―神社と聖地―　5』白水社　一九八六年）二五二頁。
(57) 注（27）『大日本地名辞書』。但し二六一頁。
(58) 山路興造「佐牙神社」注（56）前掲書。但し二五四頁。
(59)『日本古典文学大系　日本書紀　下』二　頁頭注一八。
(60)『日本古典文学大系　日本書紀　上』五七〇頁　補注2―一九「三種神器」。
(61)『枚方市史　第二巻』（一九七二年）九四頁。
(62) 亀田隆之「讃良郡」（『国史大辞典　6』）四七七頁。
(63)『日本書紀』持統天皇称制前紀。
(64)『日本古典文学大系　日本書紀　下』持統天皇　四八四頁頭注一。
(65) 注（27）『大日本地名辞書』。但し四二八頁。
(66) 日本古典文学大系の『古事記』によると、関媛は記されていない。しかし角川書店の武田祐吉訳注の『新訂古事記』には関媛の名があげられている。なぜこのようなことが起こっているのか、これはこれで問題を孕んでいる。現段階では私は、正史である『日本書紀』の記述に従っている。『記』の写本に、重複や欠字がみられるからである。
(67) 直木孝次郎「日本古代の［族］について」（『日本古代国家の構造』青木書店　一九五八年）。
(68) 吉井　巖「茨田連の祖先伝承と茨田堤築造の物語」（『万葉』七一　一九六九年、後『天皇の系譜と神話　二』所収）。
(69) 大宝二年「豊後国戸籍」（『大日本古文書』一―一一五・二一八）、天平十二年六月「山背国司移」（『大日本古文書』二―三〇二「寧楽遺文」下　七四二）、天平勝宝元年十一月「大宅朝臣可是麻呂貢賤解」（『大日本古文書』三―三二四「寧楽遺文」下　七五〇）などに、茨田連族が見えている。

(70)　上田正昭『大和朝廷』(角川書店　一九六七年)。
(71)(72)　『日本書紀』継体天皇元年正月四日条。
(73)　『広漢和辞典　上』一二三六頁。
(74)　『日本書紀』継体天皇二十四年是歳条。
(75)　『日本古典文学大系　日本書紀　下』四六頁頭注二。
(76)　『日本古典文学大系　日本書紀　下』注(75)前掲書。但し四四頁頭注四。
(77)　森　浩一「継体大王の考古学」注(43)前掲書。但し一四頁。
(78)　『日本霊異記』中巻　女人大蛇所婚頼薬力得全命縁第四十一。
(79)　森　浩一「海と陸のあいだの前方後円墳」(『日本の古代　5』)二九七頁。
(80)　「欽明紀」二十三年七月条に、新羅使が本国に帰らず、わが国にとどまったという話が記されている。このときに新羅使たちの居住した所が、「河内国更荒郡鸕鷀野邑」と記載されている。
(81)　『続日本後紀』承和八年八月四日条に、「仮二河内国讃良郡大領従七位下茨田勝男泉外従五位下一、以二国司褒挙一也」の記事が見えている。
(82)　佐伯有清『新撰姓氏録の研究　考證篇第五』四五九頁。
(83)　佐伯有清『新撰姓氏録の研究　考證篇第二』注(45)前掲書。但し三三六頁。
(84)　吉井　巖『天皇の系譜と神話　二』注(68)前掲書。但し二五六〜二五七頁。
(85)　塚口義信『神功皇后伝説の研究』注(6)前掲書。但し一八四頁。
(86)　『日本書紀』神功皇后摂政前紀(仲哀天皇九年十月)。

第五章　弟国（乙訓）小考

——継体天皇の弟国宮をめぐって——

はじめに

『日本書紀』継体天皇十二年条に、つぎのような記述が見られる。

　春三月の丙辰の朔甲子に、遷りて弟国に都す。

説明するまでもなく、この記事は「ここ山背の筒城宮を弟国へ遷」した、ということを伝えているが、都を遷す理由も述べられていなければまた、なんの解釈も加えられていない。宮居を遷すことは、少なくともたいへん人事な事態であり、大きな事件であるともいえる。しかも『書紀』の伝えるところによると、筒城宮そのものが樟葉宮から遷った二度目の宮居だから、それをまた弟国へ遷すということになると、これは三度目の都替えとなる。これだけの大事が一言の説明もなしに行われるのは、言葉の簡潔さとは裏腹に、かえって問題の根深さを物語っているのかもしれない。

　ところで、継体天皇が都していたとされている筒城宮は、木津川の流れに沿う京田辺市の興戸・高木辺りから多々羅付近が有力視されている(1)。現在は同志社大学の建ち並ぶ田辺校地の一帯で、この辺りから南へ五〜六㎞ばかりのところに、三二面の三角縁神獣鏡を出土したことで有名な椿井大塚山古墳が築かれている。南北に流れていた木津川はここで流れの方向を変え、大塚山古墳の南側で東に転じている。つまり、木津川の流れはこの地点では東西の方向に流れており、この木津川を南へ渡ったその向こう側が、既にして大和の国ということになる。この意味を踏まえたばあい、筒城宮は大和を臨む指呼の位置にあった、といえるのである（一八七頁図1参照）。

このように、筒城宮に居を構えていた継体は、大和入りを目前にひかえていたはずで、にもかかわらず彼は大和に背を向け、宮を筒城から弟国へ遷した、というのである。大和を目睫とした南山背の筒城宮とは対照的に、弟国宮は丹波国にほど近い北山背に所在している。木津川の流れに沿って北へ下ると、やがて淀川との合流点にさしかかるが、椿井大塚山古墳からここまでは、直線距離で約二〇㎞の地点である。この合流点に向けて丹波国桑田郡（現在の亀岡市辺り）の方向から小畑川が淀川に流れこんでおり、この小畑川を北へ遡るとほぼ四㎞ほどで現在の長岡京市の今里付近に至り、この辺りが北山背の弟国宮の所在したところとされている(2)。大和入りを目論んでいたと思われる継体からすれば、この事態は明らかに、一歩も二歩も後退していることになる。

大和入り近しを思わせていた大事な時期に及んで、いったい弟国に何事が起こったのだろうか。弟国と大和や、あるいは賀茂川流域などの山背、さらには弟国の背後にある丹波は、この事態にどのようにかかわっていたのだろうか。これらの地域のさまざまの要因が陰に陽に、継体の大和入りにかかわっていたにちがいない。いずれにしても、継体は弟国に都を遷して大和から遠ざかってしまったが、本意であろうはずがない。しかしそうせざるをえない、何かが弟国にはあったのである。

第五章はその「何かがあったであろう弟国」に焦点を合わせている。周知のように、継体は古代国家の成立に、大きくかかわった人物である。しかし彼の前には多くの困難が立ちはだかっていた。「弟国」の問題もまたその一つである。こうした継体の前に立ちはだかった弟国は、古代国家の成立とどのようにかかわっていたのだろうか。弟国の背後にある丹波国を糸口として、古代の弟国を考えていきたいと思う。

第一節　丹波国と弟国

〔丹波国の姫君たち〕

燃えさかる稲城とともに自らの生涯を閉じた垂仁天皇の皇后・狭穂姫は、今わの際に夫垂仁へ、次のような言葉を遺こしている。『日本書紀』で読んでみよう。

唯し妾《やつこ》死ると雖も、敢へて天皇の恩をのみ忘れじ。願はくは妾が掌りし後宮の事は、好《よ》き仇《をみなども》に授けたまへ。其の丹波国に五《いつとり》の婦人有り。志並に貞潔《いさぎよ》し。是、丹波道主王の女なり。道主王は、稚日本根子太日日天皇の子孫、彦坐王の子なり。一に云はく、彦湯産隅王の子なりといふ。当に掖庭《うちつみや》に納れて、後宮の数に盈《つか》ひたまへ(3)。

とある。狭穂姫は「丹波国に心ばえの清らかな五人の乙女たちがいらっしゃる。彦坐王の孫娘にあたりますが、私の亡き後は、彼女たちをどうぞ後宮へお入れ下さい」というのである。『古事記』の記述も、姫君たちの数が四人になっている程度の小異はあるものの、大筋で『書紀』と一致している。したがってここでは後の話との関連もあるので、『書紀』によって話をすすめていきたい。垂仁十五年、亡き皇后の言葉を受け入れた天皇は、この年の春二月に、丹波の五人の姫たちを後宮に迎え入れている。第一の姉・日葉酢媛命を皇后とし、皇后の妹たち三人を妃としたが、末の妹・竹野媛は、「形姿醜きに因りて、本土に返しつかは(4)」される羽目となってしまった。哀れなのは竹野媛である。

則ち其の返しつかはさるることを羞ぢて、葛野にして、自ら輿より堕ちて死りぬ。故、其の地を号けて堕国《おちくに》と

謂ふ。今弟国と謂ふは訛れるなり。(5)

と『書紀』は述べている。

ここには自らの命を絶った丹波国の竹野媛の悲しい伝承と、そのことに伴う弟国の地名起源の説話が語られている。もちろんこのことを目して、歴史的な事実とするわけにはいかないだろうが、興味をひかれるのは、よく似た話がこののちも繰り返されているという事実である。時代は下るが、「仁徳紀」十六年七月条を読んでみる。

天皇、宮人桑田玖賀媛を以て、近く習《つか》へまつる舎人等に示せたまひて曰はく、「朕、是の婦女を愛まむと欲れども、皇后の妬みますに苦《よ》りて、合すこと能はずして、多年経ぬ。何ぞ徒に其の盛年を妨げむや」

と、仁徳天皇の嘆きが聞こえてくる。そこで仁徳は桑田玖賀媛を、播磨国造の祖・速待に与えようとするが、ここ・から悲劇がもち上がってくる。天皇の措置を心よしとしなかった玖賀媛の誇りが、速待をどうしても受け入れなかったのである。続きを読んでみよう。

時に玖賀媛の曰はく、「妾、寡婦にして年を終へむ。何ぞ能く君が妻と為らむや」といふ。是に天皇、速待が志を遂げむと欲して、玖賀媛を以て、速待に副へて、桑田に送り遣す。則ち玖賀媛、発病して道中に死りぬ。

故、今までに玖賀媛の墓有り。

と記されている。桑田玖賀媛の桑田は、丹波国の桑田郡のことであり、現在の京都府北桑田郡・亀岡市にあたる。(6)彼女はこの桑田に帰る道中で病を得、亡くなってしまったというのである。当時、仁徳天皇は都を難波の高津宮で営んでおり、したがってここで述べられている道中というのは、おそらく、弟国がそうであったと思われる。なぜなら高津宮から桑田への道のりで、その通過に、もっとも時間を要するのが弟国の地域だからである。よしんばそうでなかったとしても、彼女は弟国を経て桑田郡に入っていくことに、間違いはない。

しかし問題はこうした伝承が、果たして史実であったのかどうか、ということになるが、いずれにしても、丹波国を出て大和朝廷の後宮に入ったと思われる女性たちの話が、ここで紛れもなく語られていることは事実である。それも一度ならず二度までも、正史の上で取り上げられており、その舞台が弟国であったことも、大和王権や丹波に対する弟国の位置づけを示唆しているのかもしれない。

『書紀』の記載する二つの話は、いずれも弟国と丹波の密接なかかわりの考えられる物語となっていた。そしてその丹波の向こうには出雲国が所在し、弟国には、出雲に通じる古山陰道が走っていた。また西へ目を向けると隣接の地は、古代王権の都が営まれた摂津国であり、古山陽道が弟国を貫いていた。さらには淀川の水系がこれらの国々を貫流し、水運の便が縦横にめぐっていた。こうしたこれらの古道や水系に、東西の覇権が交錯したであろうことは容易に想像できる。

弟国には覇権をめぐって人が行き交い、物が流れていたのである。丹波道主王の媛たちや桑田玖賀媛らが、まさにそのことを物語っているのである。

〔久我国と弟国〕

桑田玖賀媛が故郷へ帰る途中で病死したことは先述したとおりだが、この玖賀の名義についてもう少し述べておきたいことがある。『古事記』によると、次のような話が記載されている。「崇神天皇」の将軍派遣段である。

又此の御世に、大毘古命をば高志道に遣はし、其の子建沼河別命をば、東の方十二道に遣はして、其の麻都漏波奴麻より下の五字は音を以ゐよ。人等を和平さしめたまひき。又日子坐王をば、旦波《たには》国に遣はして、玖賀耳之御笠此は人の名なり。玖賀の二字は音を以ゐよ。を殺さしめたまひき。

と書かれている。この話は『書紀』の場合では、いわゆる四道将軍派遣の物語となっているが、ここでは高志道・東方十二道・旦波国の三道となっている。注目してほしいのは日子坐王の派遣された旦波国で、日子坐王が玖賀耳之御笠を殺害した、とする件りである。私はこの「玖賀」が先にみた桑田玖賀媛の「玖賀」に、通ずるものだと考えている。[7] 玖賀媛が丹波の出身であったように、玖賀耳之御笠も旦波国で日子坐王に、討たれているからである。

「玖賀」の名について、もうひとつ別の史料を読んでみよう。『山城国風土記』逸文の「賀茂社」の条に、

> 山城の国の風土記に曰はく、可茂の社。可茂と称ふは、日向の曾の峯に天降りまし神、賀茂建角身命、神倭石余比古の御前に立ちまして、大倭の葛木山の峯に宿りまし、彼《そこ》より漸に遷りて、山代の国の岡田の賀茂に至りたまひ、山代河の随に下りまして、葛野河と賀茂河との会ふ所に至りまし、賀茂川を見迥《みはる》かして、言りたまひしく、「狭小くあれども、石川の清川なり」とのりたまひき。仍りて、名づけて石川の瀬見の小川と曰ふ。
> 彼の川より上りまして、久我の国の北の山基に定まりましき。爾の時より、名づけて賀茂と曰ふ。

とある。私はここで述べられている「久我」が、「崇神記」などで語られていた「玖賀」と同じことを意味していると考えている。というのは、このあとの『風土記』の記述によると、賀茂建角身命は丹波国の神伊可古夜日女と結婚しており、この日女神が、桑田郡の女神だからである。[8] いずれにしてもこのあたりの『風土記』の記述は、山城と丹波国桑田との密接な関わりを伺わせる話となっているが、両者の関係はこれだけにとどまるものではなかった。視点を変えて、「久我」をもう少し見ておく。

『風土記』で読んだように、賀茂族の祖とされている建角身命は、賀茂河と葛野河（現在の桂川）の合流点に至り、ここから賀茂川を遡って「久我の国の北の山基」に定着したと書かれていた。この地は今は賀茂と呼ばれており、なによりも上賀茂の社の鎮座地として、世に聞こえている。あまりにも著名なだけにその影に隠れて、つい見逃してしまうのが、この上賀茂神社の西南一㎞足らずの所に鎮座している式内の久我神社のことである。源城政好氏はこの愛宕郡の社について、「久我国については当社の周辺一帯の呼称で、賀茂社の勢力が拡大するにつれて、その名が消滅していったとする見解が古くからある。また一方、久我の本来の中心地は久何神社のある乙訓郡あたりと

みるべきで、当社の創祀にあたって地名がそのまま踏襲されたという意見もある」と述べておられる(9)。

このように、久我の名は源城氏が書くように、おそらく賀茂族に押されて消えていったのであろう。しかしここで注意しなければならないのは、久我の本来の中心地は乙訓郡だという指摘である。ことの当否は別としても、乙訓（弟国）に式内久何神社が鎮座しているのは事実である。表記こそ違え、「クガ」を名乗る式内社が、同じ山城国の愛宕郡と乙訓郡に、紛れもなく鎮まっていたのであり、両社の無縁はありえない。

ここでもう一度、私たちは『山城国風土記』逸文に立ち返り、賀茂一族の移動の跡をよく読みとらなければならない、と思う。

第二節　弟国の成り立ち

先述したように、山城の岡田賀茂に至った賀茂族は、『風土記』によると「山代河」の流れのままに、さらに下っている。この山代河は現在の木津川のことで、かれら賀茂族はこの地をさらに下ったというのだから、椿井大塚山古墳を過ぎ、飯岡（京田辺市）の集落を過ぎ、やがて達するであろう淀川の合流点へと下っていったに違いない。『風土記』の記述はつぎのようなものであった。

山代河の随に下りまして、葛野河と賀茂河との会ふ所に至りまし、賀茂川を見逈かして、言りたまひしく、「狭小くあれども、石川の清川なり」とのりたまひき。

葛野河は今の桂川のことだから、ここでは木津川と淀川の合流点に関して述べられていない。いきなり桂川と賀茂川の合流が云々されている。しかし実際には彼らは先ず木津川と淀川の合流点、つまり八幡市から樟葉のあたり、対岸の乙訓郡でいえば山崎のあたりにいったん到達し、ここから少し遡って「葛野河と賀茂河との会ふ所に至」ったはずである。そして彼らはこの分岐点を賀茂川方向に遡ったということになるが、大事なことはこの分岐点の乙訓側に前節で少し述べたように、式内久何神社が今に鎮まっているという事実である。

『式内社調査報告　第一巻』は、祭神を別雷神・建角身神・玉依比売としているが、これが愛宕郡の久我神社の場合は賀茂建角身命となっているから、三座と一座の違いはあっても祭る神は共通の祖神であったということはできる。この乙訓の久何社について志賀剛氏は、祭神を賀茂建角身命の一座とし、「牒は愛宕郡の久我神社をここに移せるかとあるが、初めから久我村の土着神であろう。久我は桂川岸から離れた人村であるから。」[10]と述べておられる。

これはたいへん大事な指摘であると思う。というのは久我という地域には、賀茂建角身命以前に久我の神があったというのだから、無視のできようはずがない。私は先に、「崇神記」の玖賀耳之御笠についてふれている。また「仁徳紀」では桑田玖賀媛の説話を取り上げ、「クガ」の名辞にふれている。これらの「クガ」が、志賀氏のいう土着の神・久我神と重なっていると考えてまず間違いはないと思うが、ここで『風土記』の文言をもう一度想起しておきたい。賀茂一族は木津川の流れのままに、まず淀川と木津川の合流点、つまり山崎の辺りに到着しており、ここはまた、丹波山塊を源とする桂川との合流地点でもあった。彼らはここで反転して桂川を遡り、上るまもなく、賀茂川と桂川の合流地点にさしかかっている。乙訓郡の久我郷である。志賀氏は、彼らの一部がここで分派行動をとり、この地に定着するすがたを想像されたように思う。

私は志賀氏のこの考えを支持する。ここまで下ってきて賀茂一族が目にしたものは、桂川の両岸に展開されていた豊かな葛野の地であり、応神天皇の誉め讃えた、「千葉の葛野」[11]の地である。彼ら賀茂族がこの地に定着するのは、至極当然の成り行きであった、と思われるからである。

久我については『先代旧事本紀』にも、「天背男命、山背久我直等祖」の文言がみえている。[12]

このように賀茂一族が山城国に繁衍する以前には、賀茂川から桂川の流域にかけて「クガ」を名乗る首長がこの地を占めており、このことは、ほぼ間違いのない事実であったと思われるのである。彼らは愛宕郡・乙訓郡、そして丹波の桑田郡に盤踞し、久我の国と呼ばれていた。弟国（乙訓）の前身の姿である。

弟国が、本来は久我の国の一部であったらしいことがみえてきた。そうすると、弟国そのものはどのように考えるべきか、という別の問題が浮上してくるが、このことに関しては、林屋辰三郎氏が「兄国・弟国」でたいへん明解に論じておられる。(13)氏はたまたま『和名類聚抄』の最古の写本とされる高山寺本に目を通しておられたようで、その時のことをつぎのように述べている。

> 平安時代の書写と云われる高山寺本の刊本をみる機会があったところ、つぎのような思いがけない訓につき当たった。
>
> 乙訓郡《オタキ》

とある。氏のちょっとした驚きが伝わってくるような文章になっているが、オタキ郡ということになると、これは愛宕郡を意味しているのであって、流布本の『和名抄』では「愛宕郡愛宕郷、訓於多木」となっている。その訓みが乙訓郡にも付けられていたのだから、これは?ということになる。事実林屋氏はフリ仮名じたいに錯誤があったと考えておられたようである。ところがこののち、氏は天文ころのいろは辞書である『元亀二年京大本　運歩色葉集』の影印本を手にいれ、ここでも「乙訓郡《ヲタキノコヲリ》　山城」という訓みに接し、先の高山寺本のフリ仮名が間違いではなかったと分かる。そして葛野河（桂川）の氾濫原が京都盆地を形成してゆく姿のなかに、愛宕郡・乙訓郡を含めた於多木《ヲタギ》国の存在をみておられる。ヲタギのタギは、激《たぎ》ち流れる葛野河の姿であり、そのタギに接頭語のヲがついて、於多木が原初の形であるという。愛宕の愛は近江の愛智郡のようにエ（兄）と訓み、宕はまた広大なという意味をもっているので、愛宕そのものが兄国の意であって、のちにヲタギ国が二分されたとき、おのずから弟国が並称されたと、林屋氏は述べている。(14)

桂川の氾濫原がしだいに京都盆地を形成してゆく姿がイメージされ、たいへん魅力的な、そして説得力のある「兄国・弟国」論である。私は林屋説に従う。ただあえていうなら、氏は遂に、久我国にふれることがなかった、ということである。それがいかなる理由によってそのようになったのかは分からないが、久我国が論じられることのなかった分、氏の弟国論にいくらか奥行がそがれているように思えた。そしてさらに贅沢な注文をつけるなら、葛野についてももう少し言及してほしかったと思う。林屋氏は、早くに葛野県が成立していたがために、独立の地域をなし、「愛宕郡の賀茂（鴨）と地理的に共通する部分があり、もとは葛野地方もまた愛宕に含められていたと思われる。」と述べ、「おたぎの主役は、あくまでも桂川であり、その流域、葛野が、まずこの盆地を代表する名辞となった。」と記すにとどまっている。[15] しかしいずれにしても私は、弟国が元はクガ国であり、ヲタギ国であり、また葛野であったことに間違いはない、と考えている。

このように、弟国はさまざまな呼び名を経て「乙訓」に落ち着いたが、私はこの流動的な呼称の変化の中に、この地域の置かれている複雑な背景をみる思いがするのである。

第三節　出現期の古墳と乙訓地域

文献による古代の弟国（乙訓）を概観してみた。限られた史料から古代を復元することは、かなり困難な作業であり、また自ずから限度も生ずる。そこで第三節では観点を変えて、古墳のありようを探ることで、乙訓という地域を眺めてみたいと思う。もとより考古学の専門家でもなんでもない私が、この方向から乙訓を論じようとするのは、お角違いも甚だしいという謗りを免れないであろう。しかしここに格好の考古学史料が存在していることも事実である。乙訓をふくむ畿内に出現した発生期の古墳が、白石太一郎氏の著書『古墳と古墳群の研究』(16)によって、実に分かりやすく提示されている。私はこの白石氏の研究に導かれ、乙訓という地域を考えてみた。

古墳の発生はいうまでもなく奈良盆地の東南部にみられ、箸墓古墳や黒塚古墳などが築かれている。とくに墳丘長二八〇mを数える箸墓古墳は、「日《ひる》は人作り、夜は神作る」(17)といわれた巨大古墳で、三世紀中葉すぎの築造とみられ、日本最古の首長墓と考えられている。そしてここには、箸墓に先行する纏向石塚墳丘墓（この呼び名は白石太一郎氏によるものだが、寺沢薫氏はこれを纏向型前方後円墳と呼び、前方後円墳の最古形としておられる）(18)や、これらに隣接して、三世紀後半ころに築かれたとみられる西殿塚古墳・中山大塚古墳・黒塚古墳など、出現期の古墳が踵を接して築造されている。桜井市の北側地域に位置する、大和王権発祥の地である。

ところでこの時期——つまり、三世紀中葉すぎから後葉にかけて、畿内の他の地域では、古墳の築造に関してどのような動きがあったのだろうか。この出現期の古墳の動向について、白石氏が分かりよい分布図を書いておられ

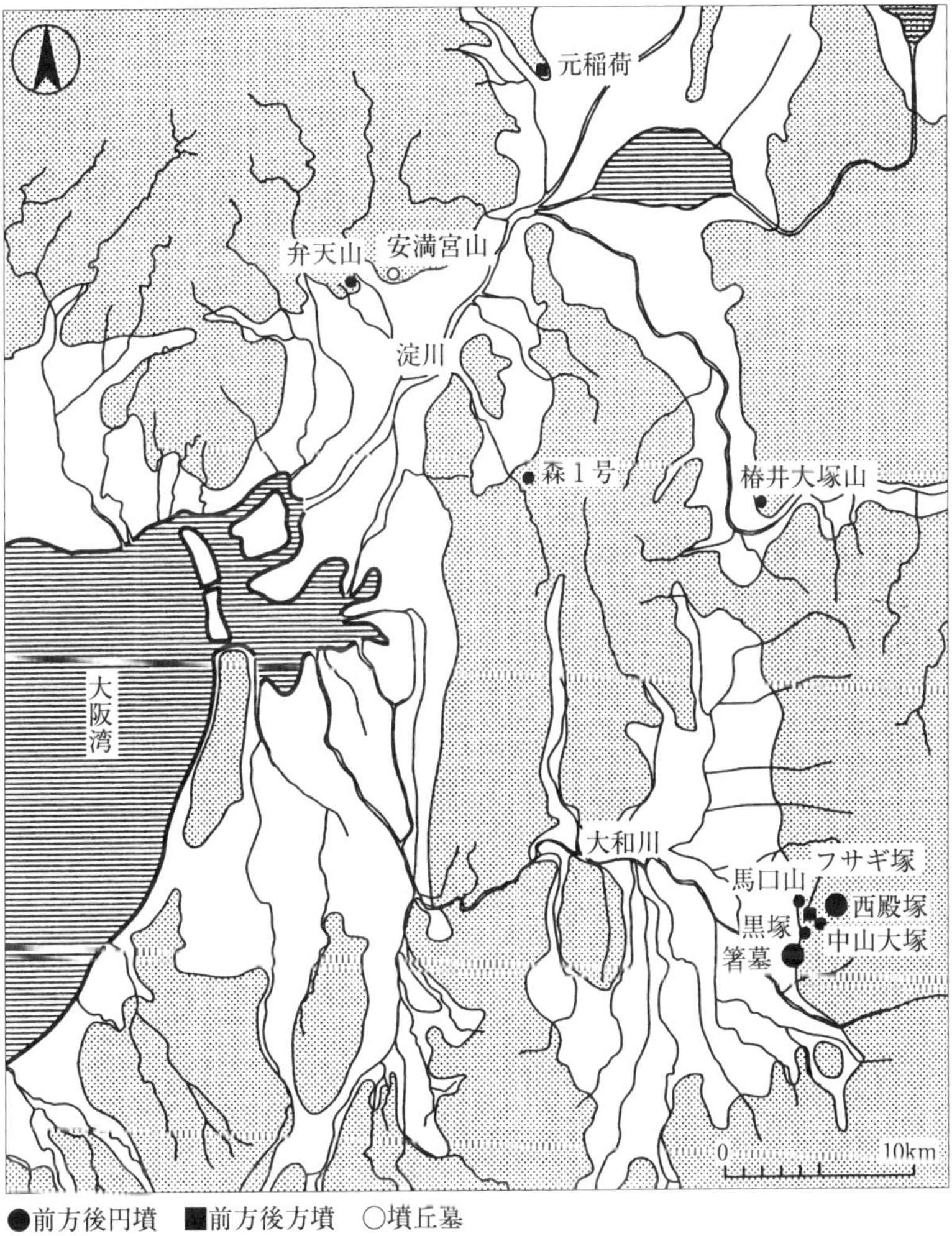

●前方後円墳　■前方後方墳　○墳丘墓

図1　畿内における出現期古墳の分布（白石太一郎『古墳と古墳群の研究』塙書房より）

る。[19]さっそくに引かしていいただいた。

図1（前頁）である。ここまでに説明してきた箸墓古墳などが、図の右下――大和川の上流の初瀬川辺りで、一団となってかたまっている。これにたいして他地域の古墳は五基えがかれているが、見事なぐらい、ばらばらで散在している。三島地域の弁天山と安満宮山だけが同一の地域だが、それとても安満宮山は墳丘墓と記されており、まだ古墳という名が与えられていない。そうすると四基が古墳と称するものであり、畿内というかなり広範な地域に、わずか四基が築かれていたということになる。しかしいずれにしてもこの四基が、箸墓古墳などが成立して間もない三世紀の後半のころ、[20]大和王権の秩序のもとに、築造されていたということである。

南から順番にみていこう。木津川の右岸に位置する、周知の椿井大塚山古墳の築造がみられる。墳丘長一六〇mの前方後円墳で、南山城における最大規模の古墳である。昭和二十七年（一九五二）の調査で三六面の船載鏡が出土し、そのうち三二面が三角縁神獣鏡であったことはよく知られている。この鏡を大和政権は服属した地方豪族に配布していたとする説があり、この意味からも重要な位置づけの古墳であったことに間違いはない。

椿井大塚山の西に、森一号墳の文字がみえている。北河内の交野市森に所在する、墳丘長一〇六mの撥形前方後円墳である。北河内のみならず、河内国全体でも最古であることはいうまでもない。生駒山系を抜け出た天野川が古墳の西側一kmばかりのところを北へ向けて流れ、交野市・枚方市を貫流して淀川に合流している。天野川の上流には磐船神社が鎮座し、饒速日尊の天磐船伝承でよく知られた社である。

天野川と淀川の合流地点は、淀川の左岸側が枚方市であり、その向こう側の右岸は高槻市である。図の安満宮山古墳はこの合流点の五kmばかり北の、丘陵上に所在している。平成九年（一九九七）、高槻市教育委員会によって発掘調査され、墳形は定かでないが、魏の年号の青竜三年（二三五）を刻む方格規矩四神鏡が発見され、波紋を起こしている。青竜三年といえば、卑弥呼が魏に使いを出したのが景初三年（二三九）だから、その四年前の銘という

ことになる。(21)

この安満宮山古墳の西約四㎞の地点に、宮山古墳に遅れて弁天山古墳が築かれている。三世紀後葉の築造と考えられる、墳丘長一二〇ｍの前方後円墳で、丘陵の尾根に所在している。東側に芥川が南北に流れ、淀川に合流しているが、安満宮山古墳の場合もその西側に檜尾川が流れ、やはり淀川に合流している。

最後はもっとも北に所在する元稲荷古墳である。淀川を遡り、三島の弁天山古墳を左手に見ながら通りすぎ、山崎の津を通って乙訓に入り、現在の向日市に至る。京都盆地の最南端である。この平地に向かって丹波山系から鶴の嘴のように細長い丘陵が南に伸びて、向日市の市中まで続いている。長岡丘陵とも向日丘陵とも呼ばれているこの低い丘陵地のいちばん南の端に、元稲荷古墳が築かれている。墳丘長九四ｍの前方後方墳で、三世紀後葉の築造とされている。ここから東を眺め、さらに視線を左へめぐらして北の方を眺めるとき、桂川の流れに沿った葛野の地が展開し、乙訓の豊かさが彷彿とわきあがるのである。

畿内に築かれた出現期の古墳をかけ足で概観してみた。大きく眺めてみると、一つは大和川の上流――つまり三輪山の西麓に一群となって築かれている大和王権の古墳がある。これに対して他の四基は畿内北側の外延部を、取り囲むかのようにして散在し、そうしてその四基はいずれも、淀川の水系に沿って築造されていた。大和王権の集中的な古墳群のありようは、まさに王権の力強さを物語っているような姿である。それにひきかえ、畿内の外側を囲む形の淀川水系の四基の古墳は、いかにも寒々しい。大和王権の古墳群が大和と河内の力を結集して外へ打って出ていくような躍動感をもつのに比べ、淀川水系のそれは大和王権の出先機関にすぎないような構図となっている。

しかしいずれにしてもここ乙訓に、権力の象徴ともいえる首長の大古墳が築かれていたことは、紛れもない事実である。大和の王権がこの地域の重要性を認識し、この地の首長と手を結んでいた姿に他ならない。

第四節　元稲荷古墳と向日神と

前節で古墳出現期の畿内をみてきた。大和王権の古墳群を除くと、畿内全体でその数はわずか四基に過ぎないことが分かった。そのうちの一基がこの乙訓で築かれていたことも分かった。そして乙訓に築かれた元稲荷古墳は、大和と河内の基盤を固めた大和の王権がさらに畿内の外延部に向けて勢力の伸長を計り、その地の首長の協力を求めるための、大いなる手段であったともいえるようなことがうかがえるものであった。

先にも述べたように、この地はかつて久我国と呼ばれており、その首長は「垂仁記」のいう玖賀耳之御笠で代表される「玖賀」氏であった可能性が考えられる。「垂仁記」の記述によると、玖賀耳之御笠は旦波国に遣わされた日子坐王に殺されていた。この説話は、『書紀』でいうところの四道将軍派遣の記事に該当し、この場合の天皇は崇神となっている。したがって将軍の各地への派遣が、崇神の時であったのか、あるいは垂仁の時であったのか、といったような問題が生じなくもないが、要は、初期大和王権の時代と考えてよいはずである。このことはなによりも雄弁に、元稲荷古墳の築造された時期がそれを物語っている。そうすると、推測が許されるとすれば元稲荷古墳の被葬者は、玖賀耳之御笠がありうるのである。よしんば彼本人でなくとも、彼の父であるとか、場合によっては祖父であったとかも視野にいれておいていい。

或る日に、私はこの元稲荷古墳を訪ねたことがある。旧街道筋に面して大きな鳥居が立っていたが、これは式内社の向日神社に通ずる参道であった。鳥居をくぐるとこの参道が西へ真っ直ぐに伸びている。かなり長い距離のように見受けられたが、この参道のすぐ右手に白い低い塀がつづき、塀の向こう側に簡素なたたずまいの屋敷が所在しているのに気づいた。架かっている表札をなにげなく眺め、あっと驚いてしまった。「六人部」と、それこそひっそりと書かれていたからである。一気に、古代へタイムスリップしたような感覚は、今も鮮明に思い出すことができる。

思いがけない衝撃的な古代人との出会い、といったような感覚で、向日神社の参詣を済ませたのだが、この社の本殿の北側は、境内の延長線というような感じでわずかに高台となって続いている。かなり鬱蒼と生い茂る樹木に囲まれたこの高台の一角に、元稲荷古墳は営まれていた。社の境内につながって鎮まっている墳墓という感じである。或いは、この逆であったのかもしれない。墳墓があって、のちに社がこの墳墓を守るようにして鎮まったのかもしれないが、いずれにしても、両者は一体のはずである。

『延喜式』神名帳を開いてみる。山城国乙訓郡十九座のなかに、「向神社」と記されている。『日本三代実録』の貞観元年（八五九）正月二十七日条に神階昇叙の記事があり、ここでも「向神」と記されて、従五位下となっている。(22) また元慶三年（八七九）に成ったといわれている『向日二所社御鎮座記』にはつぎのように記載されている。

掛畏向日神所㆔以鎮座㆒者、神須佐男命児大歳神娶㆓活須日神之女神須《スノ》治曜姫命㆒生子神也。此神国作堅之役可㆓鎮座㆒国覔之時、登㆓此峯㆒謂、曰㆕八尋矛長尾岬哉朝日之直指地夕日之日照地天離向津日山吾覔地吾欲止。永鎮㆔座於㆓是国㆒。神名加豆野戸辺（葛野連等遠祖也）進㆓御田㆒。即於㆓此山下之津岩根㆒宮柱太知、於㆓高天原㆒此木高知殿奉㆑造、朝夕奉仕也。(23)

ここでは、向神は向日神で表され、神須佐男命の児大歳神の子となっている。表記に多少の差はあるものの『古事記』の大年神段で、同様の話が記載されている。また大年神は、「大蛇退治」の段でも登場しており、この二つの話を系譜で表すとつぎのようになる。

須佐之男命――大年神――白日神

うっかりすると見過ごしてしまうが、問題は白日神である。(24)『延喜式』や『三代実録』で向神と書かれていたものが、『鎮座記』では向日神と表記されていた。『古事記』では白日神である。このことに関しては、古くからいろいろに論じられているが(25)、問題も大きく、本稿のよくするところではない。ここでは宣長翁のいう「白字は向の誤」りに従っておきたい。そうすると『延喜式』に記載されている乙訓郡の向神社の祭神は、向日神であったということになる。換言すると、元稲荷古墳に隣合って鎮座している神は、大年神の子の向日神である、といえるのである。

周知のように、大年神は大いなる稲の実りを象徴する神である。向日神は『鎮座記』が「朝日之直指地夕日之日照地」と述べるように、燦々とふりそそぐ日を象徴した神である。稲作りに精を出す弥生人の姿が私の脳裏に浮かび上がり、彼らの心のうちにあったに違いないこうした神々に、彼らはあすの日の豊かな実りを祈り、想いをはせていたのである。

元稲荷古墳と向日神に、いささか饒舌が過ぎたようだが、ただここで私が言いたかったことは、この地域の豊饒である。元稲荷古墳の周辺を取り巻くようして発達していた、弥生時代の森本遺跡や鶏冠井遺跡、それに今里遺跡などの大集落が、このことを雄弁に物語っている。(26)この先進性を大和政権が見逃すはずがない。次節ではその辺りのことを頭におきながら、この地域の氏族にふれていきたい。

第五節　古代乙訓郡の人々（その一）

［先行論文による乙訓郡の氏族――『向日市史』より――］

乙訓郡の古代の氏族については井上満郎氏が、『向日市史』のなかで論じておられるが、もともと限られた史料から古代の氏族を述べようとするのであるから、それ自体かなりな困難を伴う。まして堅実な考証で知られる井上氏である。したがって実名が間違いなく確認できるということで、氏が具体的にあげた乙訓の古代氏族は、結果的にわずかに数人を数えるのみであった。

整理をするという意味で氏の語る内容を表にするとつぎのようになる。

＊乙訓の古代氏族（井上氏の記述の内容を一覧で表してみた。出典に関しては氏の記述は「正倉院文書」というような指摘にとどまっていたので、便宜的にその史料の具体的名称に、ふれておいた）

氏族名	居住地	出典
間人造東人	山崎郷	天平十三年（七四一）六月廿六日「山背国司移」、大日本古文書二―三〇二・寧楽遺文下七四二
宇治宿禰某	大江郷	天平勝宝元年（七四九）十一月三日「大宅朝臣可是麻呂貢賤解」、大日本古文書三―三二五・寧楽遺文下七四九 「宇治宿禰墓誌」、□前誓願物部神□／□八継孫宇治宿禰□／□大平子孫安坐□／□雲二年十二月□、寧楽遺文下九六六

土師（大枝）真妹	大江郷	「続紀」延暦九年（七九〇）十二月、桓武天皇の外祖母土師真妹一族（毛受腹）大枝氏と改姓。
長岡坂本国麻呂	羽束郷	天平勝宝元年（七四九）十一月三日「大宅朝臣可是麻呂貢賤解」、大日本古文書三―三二五・寧楽遺文下七四九
羽栗臣翼	乙訓郡	「続紀」宝亀七年（七七六）八月七日「山背国乙訓郡の人外従五位下羽栗翼に姓臣を賜ふ」

井上氏が文献をもとにしてあげた氏族名は、右の通りである。この他にも物集氏や秦氏、それに榎本氏・石作氏などの名もあがっていたが、例えば榎本氏の場合、「榎本郷では同じく左京神別に類別された榎本氏が関係するかと思われるが、実在の人物の人名は乙訓郡域には今のところ見つかっていない。」と述べるにとどまり、実在したかどうかの扱いが少しあいまいになっている。

［先行論文による山城国の人々――『向日市史』より――］

いずれにしてもこのままでは、乙訓の氏族を論ずることはできない。したがって井上氏はここで乙訓郡という枠組みをはずし、山城国全体の氏族のありようから、古代乙訓の状態を把握しようとされる。

＊葛野郡

氏の考察は、まず葛野郡から始まり、愛宕郡・紀伊郡・宇治郡・久世郡・綴喜郡・相楽郡と、山城国全域に及んでいる。葛野郡では『正倉院文書』「秦氏本系帳」、それに『日本書紀』などにより、秦調曰《つきのお》佐堅麻呂《さのかしまろ》・秦造河勝・秦忌寸都理など、秦氏一族の名があげられている。また葛野の名を負う葛野羽衝（書紀）・葛野臣広麻呂（続紀）、中臣葛野連干稲麻呂（続紀）・中臣葛野連飯麻呂（続紀）などの人々が姓と名を明らかにしながら並んでいる。葛野氏と中臣葛野氏は、それぞれが伊香色雄命と伊久比足尼を祖としており、両氏は明らかに物部氏系といえる。井上氏はまた、「葛野氏は、古代山背国の開発と密接な関係を有する葛野県ないしは葛野県主とかかわる氏族であり、最大の雄族であった。」と述べる。

＊愛宕郡

愛宕郡は葛野郡の東に隣接して所在しているが、葛野大連・葛野連など葛野氏の名はこの地域でもみえていた（後出の注（27）の「某郷計帳」）。また郷名を負う小野氏・八坂氏・賀茂氏・出雲氏などもみられ（新撰姓氏録）、なかでも賀茂氏・出雲氏は、『正倉院文書』などで多くの実名がみられた。

そうしてこの地域での興味ある史料に、天平五年（七三三）と考えられている山背国愛宕郡の「某郷計帳」[27]がある。ここには実にさまざまな氏族が名を連ね、今木・山背・奄智・呉原・粟田・櫟井・鰐部・依当・宇治部・宗方・丸部・出雲など四十六氏の諸氏族が並んでいる。記述を省いてしまったが、そのなかに、大伴・的・物部・鴨県主・蘇我部・野身・小野・刑部・葛野・忍坂・布世などの有力氏族の名も連なっている。井上氏は「なぜそうであるのかいまここでは考えないが、愛宕郡域においても、さまざまな氏族が分布し、生活していたことがわかる」と指摘する。また秦一族はこの地にも圧等的な繁衍をみせていたと、実名をあげて提示している。

＊紀伊郡

軽部氏・茨田氏・阿刀氏・布勢氏・堅井氏などの名がみられるが、とくにめだった傾向はないという。しかし井上氏は、茨田氏には注目し[28]、淀川水系が茨田郡と紀伊郡を結びつけた背景に、茨田氏の力を読んでいる。

図2　山城盆地の氏族（『向日市史　上』より）

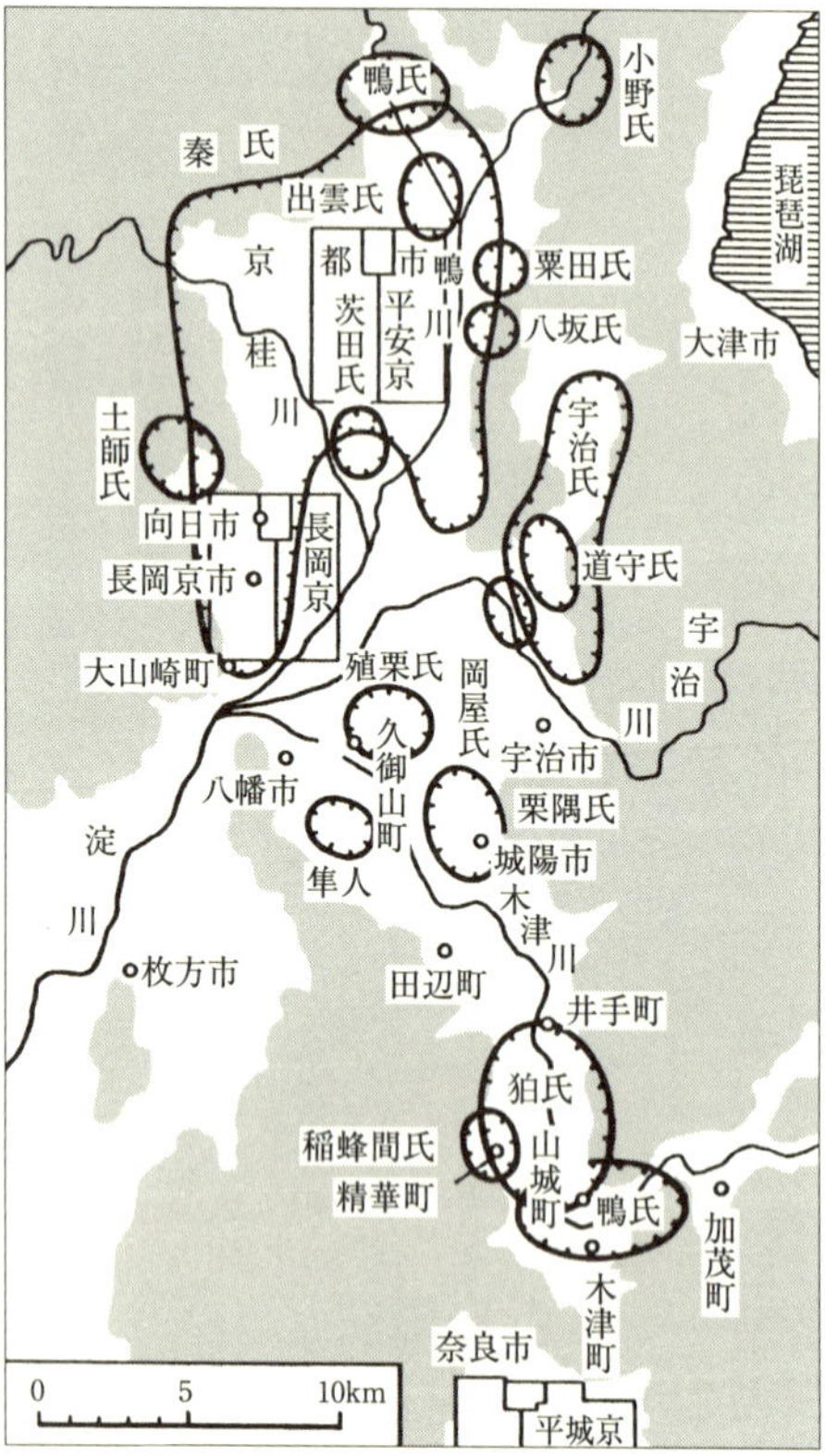

そしてこの地域でも無視できないのが、やはり秦氏であった。ここには伏見稲荷大社が彼らによって創建されており、「古くから葛野郡とならんで秦氏の拠点地域であった」[29]と、井上氏は述べる。

＊久世郡

この郡域では水主氏・奈葵氏・殖栗氏・巨椋氏（以上四氏は「新撰姓氏録」）・栗隈氏（書紀）などの名があげられているが、ここで注意すべきは、石作氏である。奈美郷にみられる石作連君足・石作連目壁などは、『正倉院文書』[30]にも記載されているが、淀川をはさんだ対岸の乙訓郡に石作郷の名がみえているからである。

このあと引き続いて宇治郡・綴喜郡・相楽郡の各郡が検証され、宇治郡では宇治氏と、三国真人氏・道守臣氏・岡屋の諸氏が取り上げられている。綴喜郡では内臣氏（正倉院文書）・山背甲作客《よろいつくりのまろうど》氏（続紀）とともに、隼人・大住隼人という隼人系の氏族の名があげられている。また相楽郡については、大狛氏（書紀）・掃守氏（続紀）の名があがり、ほかにも鴨氏・稲蜂間氏（続紀）の名が記されている。

以上述べてきたところを、井上氏は図で纏めておられる。[31] 図2である。そこであらためてこの図を眺めてみると、乙訓郡に直接かかわっていた氏族は、土師氏と秦氏の二氏に過ぎない。氏が冒頭で述べていた間人氏や宇治氏や大枝氏や、それに長岡坂本氏や羽栗氏などは、大枝氏――つまり土師氏を除き、他の四氏はいずれも図に記載されていない。井上氏みずからが述べるように、「さして大きな勢力はなかったと思われ」たからであろう。このように図に記載されたのは結局、土師氏と、ほぼ山背全域に広がっていたと思われる秦氏の二氏のみで、乙訓郡の隣りの紀伊郡に在住した茨田氏が桂川のすぐ左岸に描かれ、乙訓郡とのかかわりを示唆している。

ところで、氏は一貫して渡来系秦氏の圧倒的な進出を強調し、図にもみられるようにそれはほぼ山城国全域に広がっているが、とくに紀伊郡と葛野郡の二カ所に著しいと述べ、この地域の開発は、秦氏をぬきにして語ることはできない、と締めくくる。

〔地名を負う氏族について――石作・物集・榎本・羽束・茨田の各氏――〕

『向日市史』のなかで語る井上氏の乙訓郡、というよりは、山城国全域の古代氏族を概観してきた。史料が限定されているうえに、氏の堅実な手法が史料不足を補うために、山城国全体の氏族を検証せざるをえなくなっている。しかし例えばということで、久世郡の石作氏の場合をもう一度振り返ってみよう。この氏族は文献でみる限り、乙訓郡でその名をみることはできなかった。しかし久世郡には『正倉院文書』に石作氏の名がみられ、井上氏も「久世郡と石作氏の本拠地である乙訓郡石作郷とは淀川をはさんで隣接しており、川をこえて久世郡まで進出していたのである[32]」と述べ、石作氏が乙訓郡から進出してきたことを語っている。つまり、この場合はいうところの負名氏の承認である。

そうすると、同じことが物集郷・榎本郷・羽束郷の場合もいえるはずだと思う。ここにはそれぞれにその地の名を負う人々の存在があり、それらの氏族の本拠地は、物集郷であり、榎本郷であり、羽束郷であると考えてよいはずである。秦物集氏が隣の葛野郡で確認できるし（正倉院文書）、和珥氏系の羽束氏の場合も隣の久世郡羽栗郷にやはり和珥氏系の羽栗氏が居住していたと思われ、その羽栗氏は『続紀』によると「山背国乙訓郡の人」と述べられており[33]、羽束氏とともに羽束郷にも在住していたと考えられる。このようにみてくると、榎本氏のみが確認できないのであって、よしんばそうであったとしても、郷名を負う氏族は、石作氏・物集氏・羽束氏と確かめることができたといえる。したがって榎本氏の場合も、榎本郷での在住は認められてよいと思う。

少しニュアンスに差はあるが、紀伊郡に在住していた茨田氏の場合もよく似たケースといえそうで、この場合も乙訓郡に式内の茨田神社は鎮座していたが、文献には乙訓郡に茨田氏の居住をみることができなかったというカタチである。しかし隣接する紀伊郡には先にみた「大宅朝臣可是麻呂貢賤解[34]」に茨田氏の名が記載されており、その実在を確認することができるのであって、私はやはり乙訓郡にも茨田氏の在住があったと、思う。式内社の茨田神社が鎮座していて、そこに茨田氏が居住していなかったとはおよそ考えられないからである。

この段階でいちど整理をしてみると、左記のようになる。

①　間人氏・宇治氏・土師氏・長岡坂本氏・羽栗氏・秦氏

②　石作氏・物集氏・榎本氏・羽束氏・茨田氏

つまり、①は井上氏が実在を確認された乙訓在住の氏族であり、②は文献での実在は確認できないまでも、石作氏の例に見られる通り、郷名を負う一族であり、またそのケースに準ずる人々である。私は、これらの氏族の実在は認められてしかるべきだと、思う。同様のことは『大山崎町史』もほぼ同じように述べ、同じような氏族名をあげている[35]。これら十一氏の人々が古代の乙訓に在住していたことは、まず間違いないといえるのではなかろうか。

ここまでに、先行する論文によって、乙訓の人々を考えてきた。しかし本稿が冒頭でふれた玖賀耳之御笠や、『風土記』のいう賀茂一族などについては、今まとめたばかりの諸氏族にふくまれていない。したがってこのあたりのことをもう一度確認するという意味において、述べておきたいと思う。

［久我神と賀茂神について］

先に私は「崇神記」をひき、玖賀耳之御笠という人物が大和朝廷の四道将軍の一人・日子坐王に殺されたと述べている。そして彼のこの「クガ」という名が、「仁徳紀」や『風土記』、さらには「天神本紀」などでみられることを指摘しておいた。『記』『紀』では「玖賀」と表記されていたが、『風土記』と「天神本紀」では「久我」と書かれていた。また『延喜式』神名帳にも愛宕郡と乙訓郡でその名がみられ、それぞれが久我神社と久何神社で表されていた。両社の祭神は、賀茂建角身命で共通している。

これらのことは、本稿の「はじめに」から第二節の「弟国の成り立ち」までで、少し詳しく述べている。ここからは明らかに、「久我」と名乗る国の存在したことが見えてくる。『記』『紀』の語る玖賀の説話も、これだけでは歴史的な事実とするわけにいかないかもしれないが、『風土記』が久我国を語り、「天神本紀」もまた、久我直を述べていた。面白いことに、編著者も、成立時期も全く違うこれらの書物が、あるひとつの整合性に集約されているという事実である。このことが何を意味しているのかはいうまでもなく、あるひとつの事実に即して語られているからに他ならない。乙訓が乙訓と呼ばれる以前のこの地域は久我国と呼ばれ、「クガ」を名乗る首長がこの国を纏めていた。しかし「クガ」は大和政権に討ち取られ、その後へ、賀茂一族が登場してくるという事実、これはまず動かない。このことの締めくくりは、『延喜式』神名帳の表記こそ違え、式内の久我神社と久何神社に表れている。祭神は先述したように、賀茂建角身命だが(36)、志賀剛氏は久我神を土着の神とし、賀茂建角身命に先立つこの地域本来の神とみておられる(37)。

ところで、私は第三節と第四節で出現期の古墳にふれ、畿内で奈良盆地東南部の古墳発生の地を除くと、その他の地域では僅かに四基が築造されたに過ぎないと述べておいた。そのうちの一基が向日丘陵の南の先端部分、北山の地に築かれていた。元稲荷古墳と呼ばれ、三世紀後葉の築造が考えられている(38)(『向日市史』は四世紀前葉としている)。この地域にはその後も続けて寺戸大塚・五塚原・妙見山の大古墳が四世紀の前半から後半にかけて、やはり向日丘陵の上に築かれているが、妙見山古墳を最後にして、前方後円墳の築造はばったりと途絶える。そして五世紀の始めのころになると、丘陵の西側を流れている小畑川の対岸、つまり現在の長岡京市に、墳丘長七四mの前方後円墳が築かれる。今里車塚古墳である。ついで長岡京市の南部に、墳丘長一二〇mの前方後円墳・恵解山古墳が築かれ、その墳形は伝仁徳陵古墳と類似するという。ちなみに、向日地域の元稲荷・寺戸大塚・五塚原の三古墳は、墳丘の平面企画が箸墓古墳のそれと、緊密な関係をもっていると、『向日市史』は指摘している(39)。

このような古墳築造のありようは、明らかに首長の交代を物語るものであり、四世紀と五世紀の交を境として、この地域の権力構造に、大きな地殻変動があったはずである。私は『記』『紀』で述べられていた「クガ」が、ここで没落したと考えている。また「仁徳紀」で桑田玖賀媛は、仁徳天皇のそば近くに仕えていた。このことは、この時点における「クガ」の服属を物語るものであって、たんなる伝承とはいえない。古墳の変遷がこのことを裏づけていると同時に、式内社久何神社の祭神もまたこのことを物語っているのである。先にも少しふれたが、賀茂氏の奉斎する建角身命以前の神は「クガ」神であったと、先学諸氏は述べている(40)。その上この賀茂の神・建角身命に

図３　乙訓地域の古墳の変遷（『向日市史 上』より）

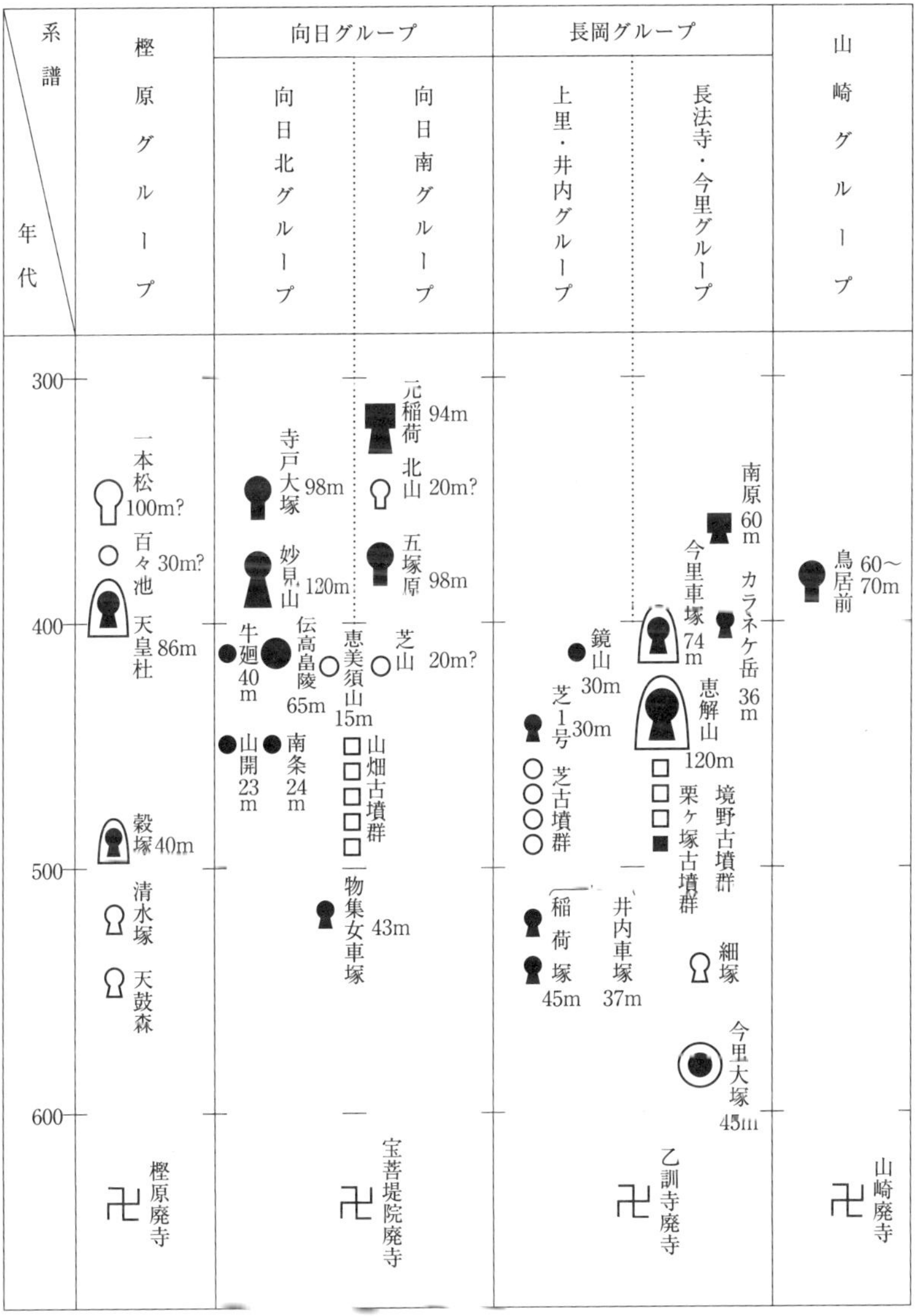
系譜
年代
樫原グループ
向日グループ
向日北グループ
向日南グループ
長岡グループ
上里・井内グループ
長法寺・今里グループ
山崎グループ
300
400
500
600
一本松 100m?
百々池 30m?
天皇杜 86m
穀塚 40m
清水塚
天鼓森
寺戸大塚 98m
妙見山 120m
牛廻 40m
伝高畠陵 65m
山開 23m
南条 24m
元稲荷 94m
北山 20m?
五塚原 98m
恵美須山 15m
芝山 20m?
山畑古墳群
物集女車塚 43m
鏡山 30m
芝1号 30m
芝古墳群
稲荷塚 45m
井内車塚 37m
南原 60m
今里車塚 74m
カラネケ岳 36m
恵解山 120m
栗ヶ塚古墳群
境野古墳群
細塚
今里大塚 45m
鳥居前 60〜70m
樫原廃寺
宝菩提院廃寺
乙訓寺廃寺
山崎廃寺

かかわる社は、クガ一社ではなかったのである。

クガノ神と賀茂ノ神をさらに考えてみる。

桂川を下ると、やがて京都盆地のいちばん南の端で木津川との合流点にさしかかるが、その合流点のひとつ手前に、もうひとつ別の川と合流する地点がある。北東方向から下ってきた鴨川が桂川と合流する吉祥院から久我のあたりである。今はその桂川と鴨川の上を西から東へと、名神高速道路が横切り、久何神社はちょうどこのあたりの桂川西岸に鎮座しているが、ここから約三㎞ばかり西に、元稲荷古墳と向日神社が所在していた。向日社の現在の祭神は、向日神・火雷神・玉依姫命・神武天皇の四座で、これら四座の神々のうち、火雷神と玉依姫命が賀茂氏にかかわる神々である。

向日神は『古事記』では白日神で見えており、宣長翁は「白」は「向」の誤記であるとしている[41]。このことは『三代実録』[42]や『延喜式』[43]の記事のありようをみてもうなずけるが、『古事記』自身の語り口からも、そのようにいえるはずである。『記』の向日神の記事は、よく知られた「大年神の系譜」のなかで語られ、須佐之男命の子である大年神が伊怒比売と結婚して設けた子が向日神である。乙訓には現に、式内の大歳神社が向日神社の西の灰方に鎮座し、『神祇拾遺』は「蓋向日神トハ大歳神ノ子ニテ鎮座ス、此社ノ北ニ当テ灰方ト云フ村ニ大歳神鎮座ナレバ尤モ不審モナキ也[44]」と書いている。玉依姫は賀茂建角身命の子であり、火雷神と結婚して賀茂別雷神を生んだ姫神である。また祭神・神武天皇は後世の付加が考えられる。そうすると、本来の祭神は向日神と火雷神と玉依姫命の三神となり、このカタチはとりもなおさず、産土の神と依り来たる天つ神の構図ということになる。

こうした向日神社の祭神と微妙にかかわり合うのが「乙訓坐火雷神社名神大。月次新嘗」で、その比定地は角宮乙訓神社とされているが[45]、ここは向日神社の西、小畑川を挟んで一㎞たらずの所に所在している。『続紀』大宝二年(七〇二）七月八日条にその名が記されているように、古くから崇められた名社であったに違いない。祭神はいうまでもなく、火雷神である。しかしこうなると、向日神社の祭神も火雷神とされていたのだから、わずか一km足らずの至近距離にある両社が、互いに火雷神を祭神としていたのか、ということになる。

この点について『式内社調査報告　第一巻』は、元慶三年（八七九）に成書化されていたとする『向日二所社御鎮座記』にふれ、向日社の古くは上社・下社に分かれていたことに言及している[46]。上社の祭神は向日神で下社のそれは火雷神であったが、承久の乱で下社の神主六人部氏義は戦いに破れ、丹波に隠棲したという。その後、氏義の曾孫氏貫のときに再びこの地にもどってくるが、すでに社殿は荒廃し、上社の神主葛野義益の提案で下社の祭神を上社に合祀している。これらのことが事実であったかどうかはなお問題を残しているが、祭神に関する大きな流れのなかでは、こうした動きも充分に考えられるのである。いずれにしても向日の社を中心としたこの地域の神々は、

久何神社　　　賀茂建角身命

向日神社　　　向日神・火雷神

　　　　　　　玉依姫命・神武天皇

乙訓坐火雷社　　火雷神

であることは動かない。そしてここからはこの地域本来の産土神的な向日神と、これに対置する賀茂建角身命・玉依姫命・火雷神・神武天皇の図式が描き出され、前者はあえていうならば、「クガ」一族の流れをくむ人々の奉斎する神であったかもしれないし、後者は神武を除き、原賀茂族ともいうべき天神系の賀茂一族の姿をあぶり出しているといえるのかもしれない。

ようやくひとつの結論がみえてきたようである。この乙訓郡には、先に十一の氏族が在住していたと述べているが、ここへ二氏族――つまり「クガ」一族と賀茂一族の二氏が加わり、合計十三の氏族がこの地にあったというこ

とになるのである。

［巨勢氏と高橋氏について］

＊巨勢氏

ところで、長岡京の研究に長い間かかわってこられた中山修一氏が、古山陰道に関してたいへん大事な発言を『向日市史』のなかでしておられる。

『万葉集』に採録されている「藤原宮の役民の歌」にでてくる巨勢《こせ》路は老ノ坂を通る山陰道の別名と考えられる（巨勢里・巨勢本里は、大枝の塚原にあった）。巨勢路から藤原まで材木を運んだと言うなら、都のすぐ近郊となった時点において、大枝およびその後背地は、木材の供給地としてクローズアップしてきたことであろう。

という。(47) 氏はさりげなく述べているが、この短い文章の中に、巨勢路・巨勢里・巨勢本里という看過できない地域の名が記載されているのである。長岡京の調査研究は中山氏らの長年の研究でしだいにその姿を明らかにしているが、条里制の復元もまたその成果のひとつである。時代は下るが、中世の久我家文書に荘園の絵図がある。乙訓郡の主要地域の里名・久我里や、高橋里や、石作里などが記された絵図だが、乙訓郡内に多くの荘園をもっていた久我家は、中世においても上代の里名を書き込んだ絵図を、土地の所名をしるための索引図として、使用していたようである。(48)

いっぽう、太政官符などの古代の文書類にも里名は記録されており、乙訓郡のさまざまの里名がみえている。榎小田里・衾手里・石域道里・川合里・田辺里・高庭里・母底里などだが、それらのなかに、巨勢里(49)・巨勢本里(50)の名がみえている。「これらの里名の大部分はすでに、現在の地名としては伝わっていない。しかし、これらの史料類の記載や絵図類などによって、…中略…条里プランの大部分については復原が可能である(51)」と、『向日市史』は述

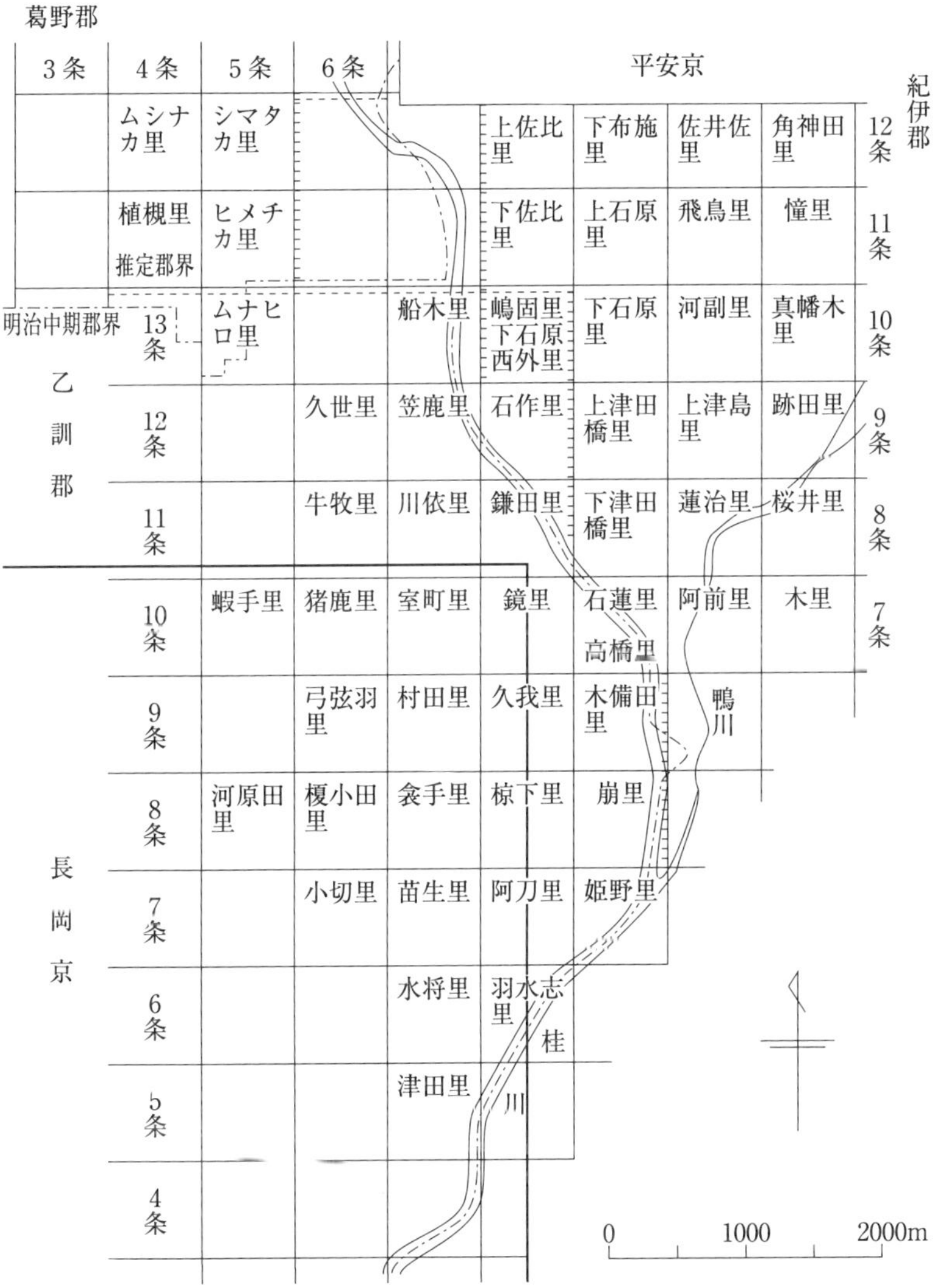

葛野郡
3条
4条
5条
6条
平安京
紀伊郡
ムシナカ里
シマタカ里
上佐比里
下布施里
佐井佐里
角神田里
12条
植槻里
ヒメチカ里
下佐比里
上石原里
飛鳥里
憧里
11条
推定郡界
明治中期郡界
13条
ムナヒロ里
船木里
嶋固里
下石原西外里
下石原里
河副里
真幡木里
10条
乙訓郡
12条
久世里
笠鹿里
石作里
上津田橋里
上津島里
跡田里
9条
11条
牛牧里
川依里
鎌田里
下津田橋里
蓮治里
桜井里
8条
10条
蝦手里
猪鹿里
室町里
鏡里
石蓮里
阿前里
木里
7条
高橋里
9条
弓弦羽里
村田里
久我里
木備田里
鴨川
8条
河原田里
榎小田里
衾手里
椋下里
崩里
長岡京
7条
小切里
苗生里
阿刀里
姫野里
6条
水将里
羽水志里
桂川
5条
津田里
4条
0
1000
2000m

図4　乙訓郡と周辺部の条里図（『向日市史 上』より）

べている。こうして復原された巨勢を、「巨勢里・巨勢本里は、大枝の塚原にあった」と中山氏は述べているのである。それだけでなく、先述したように中山氏は、『万葉集』巻一—五〇の「藤原宮の役民の歌」に詠まれている巨勢路にもふれていた。

この歌は、前半で藤原宮造営の材木を淡海国の田上山で切り出し、氏河（宇治川）で運んだと詠っていた。問題は後半の部分で、「日の御門に　知らぬ国　寄し巨勢道より　わが国は　常世にならむ　図負《ふみ》へる　神《あや》しき亀も　新代《あらたよ》と　泉の河に　持ち越せる」とあって、巨勢道の解釈が難解であった。ふつう巨勢道は明日香から紀州に通ずる道が考えられているのだから、伐採した材木はどの道筋を通ったのか、このままの解釈では意味不明になる。中山氏は、巨勢里・巨勢本里の二つの里名を見出すことによって、「巨勢路は老ノ坂を通る山陰道の別名」と述べている。この考えにしたがうと、「役民の歌」に詠まれていた巨勢道が、ムリなく詠み解けてくるのである。

中山氏の説をうけて、森浩一氏はつぎのように述べておられる。

つまり中山氏によれば、この『万葉集』の歌では、一方の材木は滋賀県大津市付近の田上山から切りだして宇治川をへて木津川に流し、もう一方の材木は乙訓の地で切り、古山陰道あるいは小畑川を利用して木津川に流し、あわせて大和に運んだという（「条里の考察」「洛西ニュータウン地域の歴史地理的調査」）。なお『万葉集』には、べつに「丹波道の大江山」を詠んだ歌（巻一二—三〇七一）があり、巨勢路の別名かと思われる。

このように、『万葉集』の有名な歌を歴史地理学の成果をふまえて見なおすと、藤原京の造営にさいして材木をだした土地が、ひとつは継体の宮のあったと伝承される乙訓の地であり、もうひとつは、天智の都のあった大津の地であるということである。それは、たんに良材をそこに求めたというだけでなく、藤原京の造営にさいしての歴史的意識のあらわれであったとみることができるかもしれない(52)。

ここには巨勢という名辞をうけてたんなる地名の問題にとどまるものでなく、歴史的意識云々という踏み込んでの発言となり、たいへん大事なことが示唆されている。私も大筋で氏の考えの驥尾に付すものだが、ここでは巨勢という地名の問題にのみふれておきたい。

中山氏の指摘によって、乙訓に巨勢里・巨勢本里という里名の存在することが分かった。また巨勢路という丹波に通ずる古代の幹線道が、乙訓に走っていたことも分かったが、これらの名称からなによりも大事なことは、巨勢といえば、古代の氏族を代表する名族であったということだ。そして里名があるということは、先にも述べたように、その名を負う氏族の在住を考えて、間違いがないということであり、つまり、巨勢氏はこの地に紛れもなく在住していたのである。このことを確かめるという意味において、別の観点から一つの史料を見ておきたい。時代はやや下るが『東寺百合文書』に、玉手氏の寄進状案が見えている。長徳三年（九九七）のことである。(53)

「玉手則光寄進状案」

奉寄進　所領事

合壹所者

在山城国上桂

四至　限東桂河東堤樹東　限南他領堺入交
限西五本松下路　限北□《桂》河北梅津堺大榎木

右当所者、桂津守建立之地也、津守津公・兼枝・則光次第知行無相違、爰為奉募御威勢、以当庄限永代、所奉寄進院女坊《房》大納言殿御局也、至中司職者、則光子々孫々可相伝也、為後日寄進状如件、

長徳三年九月十日　玉手則光判
玉手則安判

玉手氏といえば建内宿禰に系譜を求める有力氏族だが、宮城十二門を守衛する軍事氏族として知られている。彼らの本貫の地は、葛城山の東の麓・御所市の玉手で、巨勢氏の本貫地と隣合っているが、その玉手氏がこの文書によると、山城国上桂の桂津を開発していたことが分かる(54)。そして彼らは、上桂の領主であったことも分かる。この上桂の西三㎞の所に先述した巨勢里が所在しており、つまり、上桂と巨勢里は隣合わせといえるほどの距離である。ということは、彼らの本貫地であった葛城の地と同じように、ここでも巨勢氏と玉手氏は隣合っていたといえるのである。

巨勢氏と玉手氏がこの地にいつ頃在住したのか、また彼らはなぜこの地に移り住んだのかは、今のところ解き明かしてゆく史料が見当たらない。しかし彼らがこの地にあったことは紛れもない事実であったといえる。想像を逞しくすれば、賀茂族が移動のときに、彼らの一部もまた移動を始めたと考えられなくもない。いずれにしても巨勢・玉手の両氏は、ある時期、この地に移り住んでいたのである。これはたいへん大事な問題を含んでいる。なぜならば、ここまでに述べてきた間人氏や、榎本氏や、あるいは石作氏などの諸氏族と決定的に違って、玉手氏は別としても、巨勢氏は中央豪族の一有力氏族であったからである。巨勢氏については、後にまたふれる。

＊高橋公氏

中央の有力氏族といえば巨勢氏とは別に、もうひとつの氏族――高橋公もまた視野にいれなければならないと思う。先の久我家文書に、高橋里という地名が見えていたからである（二六一頁の図4参照）。繰り返しになるが、里名があるということは、負名氏の存在を物語っているからである。そうするとここでの高橋氏は、どのような位置づけにあった高橋氏が考えられるのだろうか。

高橋氏といえば膳氏の後裔で、令制下の内膳司の氏族としてよく知られているが、古代の高橋氏には、これとは別の高橋氏の流れがあるのを見落としてはならない。天武十三年に真人姓を賜った高橋公である。(55)周知のように、天武天皇は「八色の姓」を制定しているが、その新制度の最高位が真人姓で、この姓を賜ったのは十三氏に過ぎない。高橋氏はそのなかの一氏である。しかし残念なことにこの高橋氏はここでその名を見せたきり、再び歴史の表舞台に登場することはなかったようである。『記』『紀』にそのあと名を見せることもなく、岩波の大系本も、「他に見えず。系譜未詳。」と記すのみである。

果たしてそうだろうか。私はたいへん大きな疑問を感じるのだが、幸いにして先学も同じような疑問をもち、この高橋氏の解明にメスをいれた研究者がいらっしゃる。昭和四十五年（一九七〇）に『倭の五王とその前後』を発表された原島礼二氏である。

氏はこの著書のなかで、つぎのように述べておられる。

ところで桂川沿岸の乙訓郡内には高橋里という条里の里名が残っていた。乙訓郡条里の一〇条、現在の名神高速道路の桂川橋と久我橋にはさまれたあたりが、高橋里だったといわれている。高橋津にふさわしい位置であろう。私はこの地名を手がかりにしつつ、継体が弟国（乙訓）に宮をおいた事実を考慮して、高橋公を乙訓郡内の氏族ではなかったかと想定する。(56)

この想定にもとづく事後の処理に、遺漏のあるはずがない。氏は『続日本紀』と『類聚国史』の関連記事を読み解いて行く。

a、『続日本紀』延暦六年八月二十四日条

甲辰、行㆓幸高椅津㆒。還過㆓大納言従二位藤原朝臣継縄第㆒。授㆓其室正四位上百済王明信従三位㆒。

b、『類聚国史』巻三十二、天皇遊猟、延暦十一年閏十一月条

己亥、幸㆓高橋津㆒。便遊㆓猟石作丘㆒。

c、『類聚国史』巻三十二、天皇遊宴、延暦十三年四月条

庚午、巡二覧新京一。還二御右大臣藤原朝臣継縄高橋津庄一宴飲。賜二五位已上衣一。

ここではいずれの場合も、桓武天皇が高橋津に行幸していることが分かる。この高橋津が原島氏の説くように、条里制にもとづく高橋里付近であったことは、まず間違いないと思われるが、新日本古典文学大系の『続日本紀五』などによると、この高橋津は現在の大山崎のあたりと、高橋川（紙屋川）が桂川に合流する吉祥院の付近を想定する二説が併存している[57]（大系本の記載する高橋川は、西高瀬川の誤記だと思われる）。

　このことについて原島氏は、上記のa・b・c、三つの記事からつぎのように解きほぐしてゆく。つまりこの記事に書かれている期間――延暦六年から十三年にかけて、桓武天皇は長岡京に在京し、cの記事の五カ月後に新京――即ち平安京に都を遷したことを念頭において、天皇の足取りを具体的に想定している。例えばcの場合、天皇は新京を巡覧している。そしてその帰途に、高橋津にある藤原継縄の屋敷に行幸し、宴会を開いたというのである。長岡京をでて平安の新京を視察し、帰途に立ち寄ったとされる藤原第のある高橋津が、もし山崎の地であったとすれば、あまりにも遠回りに過ぎ、かなり不自然な行動といわざるをえなくなる。bの場合も同じようなことがいえる。高橋津を足場として、石作丘で遊猟を楽しむ姿が浮かび上がり、高橋津がもし山崎であれば、そうはいかない。山崎から石作丘までの距離があり過ぎるからである。

　原島氏はおおよそこのような説明で、高橋津は久我家文書で描かれていた高橋里であると、解釈しておられる。私は、氏の論証に遺漏はないと判断しているし、したがって上代のある時期に高橋を名乗る氏族が、この乙訓の高橋里で存在していたことはほぼ事実であったに違いないと考えている。

　乙訓郡の古代氏族を掘り起こす作業は、ここでようやく終わったようである。先学の足跡をたどり、まず最初に、

十一氏族を掘り起こした。二五四頁の

①　間人氏・宇治氏・土師氏・長岡坂本氏・羽栗氏・秦氏

②　石作氏・物集氏・榎本氏・羽束氏・茨田氏

の人々である。つぎにクガ氏と賀茂氏を付け加え、最後の段階で巨勢氏と高橋氏を云々してみた。話の展開から整理してみると、

③　クガ氏・賀茂氏

④　巨勢氏・高橋氏

の四氏が、最初の段階①②の十一氏につけ加わり、合わせて十五の古代氏族の人々が確認できたといえるだろう。

そこで、あらためてこの十五氏族のおおよその性格を洗い直し、乙訓における位置づけのようなものが見えればと思う。項をあらため、そのあたりをまず①②の十一氏族からはじめてみることにする。

第六節　古代乙訓郡の人々（その二）

〔間人氏〕

先に『正倉院文書』でみたように、山崎郷の戸主として間人造東人の名をのぞかせていたが、井上満郎氏は「東人以外にこの氏族の名はみられず、さして大きな勢力はなかったと思われる」[58]と述べておられた。あるいはそのようにいえたのかもしれないが、私は間人の名義に、なぜか妙なひっかかりを覚えるのである。それを今解き明かすことはできない。しかし山崎郷のすぐ北に境を接して、乙訓最大の前方後円墳・恵解山古墳が、五世紀に築かれており、またこの恵解山古墳の築造されている鞆岡郷の東隣りが羽束郷で、ここには羽束師に坐す高御産日神社という名神大社が鎮座している。このようなたいへん重要な古墳や社を側近くに置いて、間人氏は在住していたのである。井上氏のおっしゃるように、「さして大きな勢力はなかった」と、いえないように思われる。本稿でこのことを考える余裕はないが、いずれはひとつの課題として向き合ってみたいと思うのが、間人氏の存在である。

ちなみに、『新撰姓氏録』では「左京皇別上」「山城国皇別」にそれぞれ「間人」の氏名がみられ、いずれも「誉屋別命の後」と記している。「左京神別中」でもその氏名がみえ、ここでは「神魂命の五世孫、玉櫛比古命の後なり」とある。

〔宇治氏〕

大江郷は乙訓郡のいちばん北の端に位置して、小畑川と古山陰道という、水陸の要路が郷内を貫いている。ここはまた先にも述べたように、巨勢里・巨勢本里とも呼ばれていたし、山陰道は巨勢路を称していた。小畑川や巨勢路の先は丹波に通ずる、水陸交通の要衝であった。この大枝村塚原――つまり巨勢里から大正六年（一九一七）に石櫃に入った鋳銅製の墓誌が発見されている。いわゆる宇治宿禰墓誌である。第五節（二四九頁）で示したようにその墓誌には「物部神□□八継孫宇治宿禰」と刻まれ、彼らが宇治を本貫地とする物部氏系の氏族であったということが分かる。井上氏は、「宇治宿禰某が乙訓郡大江郷に住みつくにいたるのは、宇治川・巨椋池《おぐらいけ》という水上交通を媒介にしたものであったと想像される」と述べる[59]。

彼らが宇治を本拠地とし、あるとき、この大江郷に移ってきたのはまず間違いのない事実であろう。その彼らが本拠地とした宇治に、後期古墳の前方後円墳が築かれているが、私はこの本拠地での古墳の築造と彼らの移住がまったく無縁のものと思えないのである。宇治氏の動きは無視できないなにかをうかがわせるが、今は残念ながらやはり後考に委ねたい。

〔土師氏〕

宇治氏と同じ大江郷にかかわる氏族では、先の出典で明らかなように土師氏があった。この氏族は桓武の外祖母として大枝朝臣を賜わり、毛受《もず》腹《はら》と呼ばれたが、その外祖母土師真妹の墓が大江郷に鎮まっていたということである。『延喜式』諸陵寮の述べる大枝陵がそれで、「大枝陵太皇太后高野氏。在山城国乙訓郡。……」と記載されている。現在の塚原の西約一㎞ばかりの所である。

ところで大江郷の東に接して、北半分は葛野郡にかかっているが、南半分は物集《もずめ》郷と接し、ここには数少ない後期の前方後円墳が築かれている。物集女車塚古墳である。毛受腹といわれた土師氏がこの地域と無縁であったとは思えないのである。

〔長岡坂本氏〕

先にみた「大宅朝臣可是麻呂貢賤解」(「正倉院文書」[60])では、羽束里の戸主で掲載されていた。長岡はおそらく『和名抄』でいう長岡郷であろうし、坂本は紀氏の流れをくむ坂本氏ではなかろうか。長岡郷は羽束師郷の西となりに所在する現在の向日市周辺の地域をさしており、その長岡に在住した坂本氏がこの氏族の謂いではなかったのか。いずれにしても紀氏の流れは否めないと思う。

〔羽栗氏〕

先の表(二五〇頁)でみられたように、羽栗氏は『続日本紀』の記載にしたがい乙訓郡の人であげておいたが、久世郡に羽栗郷がみられ、本来はこの方が本貫地であったと思われる。『古事記』孝昭段では天押帯日子命の後裔であげられ、春日臣・大宅臣・小野臣らと同祖である。『新撰姓氏録』左京皇別下では「彦姥津命の三世孫、建穴命の後なり」とあり、また山城国皇別では「彦国葺命の後なり」とみえており、ワニ氏系の流れをくんでいる。

〔秦　氏〕

乙訓郡ということに限ると、秦氏の名をみることはできなかったが、秦氏の一族である秦物集広立の名が『正倉院文書』でみられた[61]。氏の名に物集とあるので物集郷の出身と思われるが、ここでは「山背国葛野郡人」と書かれていた。本流の秦氏はいうまでもなく、葛野郡を本拠とした渡来系の雄族で、その隠然たる勢いは山城全域に広がっていた。秦物集氏にみられたように、乙訓郡の場合も例外ではなかったと思われる。

つぎに、②の郷名を負う氏族の場合をみてみよう。

［石作氏］

小畑川は乙訓郡のほぼ中央を南北に貫流しているが、その西側地域の北半分が古えの石作郷で、現在は大原野と呼ばれている。この地には今も灰方や石作の地名が残り、石棺の製作や石の加工に携わった人々――石作氏の名残りがみられる。『新撰姓氏録』では火明命の六世孫・建真利根命の裔となっており、(62)尾張氏の同族ということになるが、ここでは大江郷の土師氏とのかかわりが考えられる。

［物集氏］

土師氏が大枝朝臣を賜ったことは先に土師氏の項で少しふれたが、このことに関して『向日市史』はつぎのように述べていた。

大枝氏が賜姓されたときの記事には、「其の土師氏惣て四腹有り。中宮の母の家は是れ毛受腹《もずはら》なり。故に毛受腹は大枝朝臣を賜う」（『続記』延暦九年十二月三十日条）、とあって、「中宮母家」、つまり真妹の系統は「毛受腹」を称したという。毛受はモヅであろうし、『和名類聚抄』には乙訓郡に物集郷がある。(63)

というのである。真妹の夫は渡来系の和乙継であり、その真妹の系統を毛受腹と称するわけだから、土師氏の新しい血筋であるといえる。そうした意味合いを含めて、物集氏や秦物集氏は注意深くみつめなければならないと思う。この地に築かれた物集女車塚古墳も、こうした背景を作りあげていった胎動であったのかもしれない。

〔榎本氏〕

『大日本地名辞書』は「榎本は江傍《エノモト》の義にて淀村にあたるか。他に証明すべき途なし」と述べ、「姓氏録云、左京神別榎本連、道臣命十世孫、佐弖彦後也、これも此地を本拠とするか。」と書いている。(64) 佐伯有清氏は「天武紀」元年六月甲申条に、「甘羅村を過ぎ、猟者二十余人有り。大伴朴本《えのもと》連大国、猟者の首たり。則ち悉に喚して従《おほ》駕《みともにつかへまつ》らしむ」とあるのをひき、榎本連の本拠は大和国葛上郡榎本庄（奈良県御所市柏原小字榎ノ本）とすべきであろうと述べておられる。(65) また佐伯氏はその榎本連氏が、紀伊国にかなり多くの分布がみられたことも指摘しておられる。(66)

〔羽束氏〕

「天武紀」十二年九月条によると、羽束造氏は連の姓を賜わっているが、『新撰姓氏録』摂津国皇別では「天足彦国押人命の男、彦姥津命の後なり」とあって、ワニ氏系の同族となっている。それが「摂津国神別」になると、「天佐鬼利命の三世孫、斯鬼命の後裔」と記されており、ワニ氏とは別系統の氏族ということになるのだろうか。佐伯氏は天佐鬼利命について、「『古事記』神々生成段にみえる天之狭霧神と同神であろう」と述べている。(67) この神の娘の系譜は、後に大国主命に系譜を求める神と結婚し、国土の生成にかかわる象徴的な神々として描かれている。(68) 羽束の人々は、おそらく古い時代からこの国の国土の生成に携わってきたに違いない。彼らのその誇りのようなものが、これらの神々として伝承されていたのかもしれない。

〔茨田氏〕

文献によるかぎり、乙訓郡にこの氏族の居住を示す確実な証拠はみられない。しかしすぐ東隣の紀伊郡大里郷

（淀のあたりが想定されている）などには、茨田氏の存在を確認することのできる『東南院文書』(70)が現存している。また、式内社の茨田神社は乙訓郡に鎮座していた。残念ながら早くに社の所在は見失われたようで、「築山村の茨田森を旧社地とする説、綾戸社を茨田神社とする説、さらに木下神社（南区久世大藪町）に比定する説など」(71)の諸説がみられる。いずれの説も桂川右岸の久世の地に該当し、高橋里とも重なる地域だが、式内社が鎮座していたという事実は、茨田氏の在住を確実に裏づけているといえる。

六世紀の初頭、継体天皇は大和政権の要請をうけて、北河内の茨田郡にある樟葉宮に入っているが(72)、このとき継体の大きな力となったのが茨田氏だった(73)。のちに継体は乙訓にも宮居を遷しているわけで(74)、茨田氏はこのときもおそらく、なんらかのカタチにおいて、継体を支える力になっていたに違いない。

以上で古代の乙訓に在住していたと思われる①と②の十一氏族のあらましをみてきた。つぎは③のクガ氏と賀茂氏、④の巨勢氏と高橋氏の四氏だが、③のクガ氏と賀茂氏については、冒頭の「はじめに」と第一節、および第六節の後半で、詳しく述べてきた。したがってここであらためて論ずる必要はない。しかし④の巨勢氏と高橋氏はもう少し詳しく、検討しなければならないであろう。とくに巨勢氏は①～③の諸氏族とちがい、大和に本拠をもつ中央の有力氏族である。そしてその巨勢の氏の名をもつ里名が、この乙訓の地に記されていたのである。

いっぽう、高橋氏の場合は難解で、なにしろ天武天皇のときに、「真人」を賜わったという記事が見られるだけであり、その後にも、またその先にも、この真人を賜わった高橋という氏族を、『記』『紀』の上でみることはできない。しかし「久我家文書」で高橋里がみられたように、方法を尽くせば、なんらかのカタチで掘り起こせるのかもしれない。どこまで掘り起こせるのか、ともかく試してみようと思う。

したがってつぎは節をあらため、巨勢氏と高橋氏の再検証を通じて、両氏の乙訓における位置づけを再確認して

図5　乙訓郡の郷名と氏族（『向日市史　上』より一部改変）
（乙訓郡の郷名を現存地名と対比して復元したもの。境界と小字の町村名は明治22年の町村界と町村名を表す。氏族名はその郷に居住した氏族を表す。）

おきたいと思うが、その前に、ここまでに論じた乙訓の十三氏族と、これから述べる巨勢・高橋二氏の居地を図示すると上の図5のようになる。

ここからは傑出した大豪族をみることはできない。明らかに群雄が割拠した状態だが、このカタチが一時期に一気に形成していたのではない。時間の流れのなかでこれらの氏族の盛衰があったはずである。このことは古墳のありようをみてもわかることだが、いずれにしても、考古史料からも五世紀の末から六世紀の初頭にかけて、この乙訓を集束するカタチはみられない。文献のうえでわずかに巨勢氏と高橋公氏にその可能性を見出すが、こうした情勢のなかへ、継体天皇は筒城宮から乙訓（弟国）へと宮を遷すのである。そのあたりのことを次節でみてみることにする。

第七節　継体天皇の弟国宮と巨勢氏・高橋公氏

巨勢氏については第五節で述べたように、長岡京の研究に長年携わってこられた中山修一氏らの成果を基にして、私は巨勢氏の乙訓郡在住を云々し、その彼らは同族の軍事氏族玉手氏とともに、この地にやってきたことを想定しておいた。証拠として長徳三年の「玉手則光寄進状案」を提示したが、直接の証拠ではないものの、このことを傍証しうるにたるものだと考えている。

ところで、『記』『紀』による巨勢氏の初見はということになると、誰もがよく承知している『古事記』孝元天皇段の、建内宿禰の子孫系譜である。大事なところなので、その記述を図にしてあげておいた。次頁の図6である。巨勢氏はここでは許勢氏で表されているが、許世であったり、あるいは己西と書かれることもあるが、巨勢氏であることに違いはない。要は、彼らの祖先は建内宿禰の子・許勢小柄宿禰がそうだと、述べているのである。

ここには建内宿禰の子として男子七人、女子二人の名があげられ、巨勢氏はその男子七人のうちの第二番目の子として記載されているが、問題はここからである。直木孝次郎氏は巨勢氏を論ずるにあたってこの七人の子供たちの実在を確認するために、人名の構成から、つぎのように分類しておられる。(75)

(a)波多八代宿禰・許勢小柄宿禰・蘇我石河宿禰・平群都久宿禰・木角宿禰。
(b)葛城長江曾都毘古。
(c)若子宿禰。

図6　巨勢氏の祖先系譜（『古事記』による）

孝元天皇──比古布都押之信命

比古布都押之信命＝葛城之高千那毘売（尾張連等之祖、意富那毘之妹）
　└味師内宿禰

比古布都押之信命＝山下影日売（木国造之祖、宇豆比古之妹）
　└建内宿禰
　　├波多八代宿禰（波多臣、林臣、波美臣、星川臣、淡海臣、長谷部君之祖）
　　├許勢小柄宿禰（許勢臣、雀部臣、軽部臣之祖）
　　├蘇賀石河宿禰（蘇我臣、川辺臣、田中臣、高向臣、小治田臣、桜井臣、岸田臣等之祖）
　　├平群都久宿禰（平群臣、佐和良臣、馬御織連等之祖）
　　├木角宿禰（木臣、都奴臣、坂本臣之祖）
　　├久米能摩伊刀比売
　　├怒能伊呂比売
　　├葛城長江曾都毘古（玉手臣、的臣、生江臣、阿芸那臣等之祖）
　　└若子宿禰（江野財臣之祖）

この分類から直木氏はまず(c)の若子宿禰を取り上げ、その名が普通名詞的・抽象的であるとの理由で実在性に疑問をもち、考察の対象から外している。つぎに(b)の葛城長江曾都毘古については、『百済記』に記載のみられる沙至比詭(76)が曾都毘古の訛音であると解し、実在性は高いという判断を示す。さいごに(a)の宿禰姓の五氏である。

直木氏は巨勢氏をふくむこれら五氏の実在を確認するため、手順として『記』『紀』による考察を進める。先を急いで結果を述べると、許勢小柄宿禰以外の四氏は、それぞれの伝承記事を『記』『紀』のなかで語っているが、許勢氏のみが伝承記事をもっていないことが分かる。こうしたことなどから、直木氏は許勢小柄宿禰の実在性に疑問の目を向け、他の四氏とは違った扱いになるのである。つまり、建内宿禰系譜の中でも比較的新しく力をつけてきた新興の氏族だとする。氏の述べるように、確かに巨勢氏の記事は「孝元記」の記載以外でみることはできない。このあと彼らがその名を『記』『紀』にみせるのは、六世紀の「継体紀」まで待たなければならない。「継体紀」元年正月四日条によると、大伴金村大連は武烈なきあとの天皇に、「男大迹王《をほどのおほきみ》に即位をお願いしよう」と僉《みな》に議《はか》ったと書かれているが、その僉というのが『書紀』の記述では「物部麁鹿火大連・許勢男人大臣等、僉…下略…」といった表現になっている。許勢氏は、『古事記』ではすでに孝元天皇のときに名を出しているが、『書紀』ではここまでにその氏の名を出すこともなく、いうならばここへきて突然に、しかも大臣として名があがってきたのである。この時点が契機となってつぎの「安閑紀」では元年三月条と十月条で、許勢男人の娘二人――紗手媛と香香有《かかり》媛が安閑天皇の妃となって登場してくる。そして欽明朝に入って、許勢氏の記事がどっと溢れてくる。こうした『記』『紀』の記載のありようでは、直木氏ならずとも、許勢氏は新興氏族であるといわざるをえないのかもしれない。

直木氏は許勢氏の祖小柄宿禰を否定するだけでなく、「継体紀」の許勢男人の実在をも疑問視する。なぜなら「第一に、男人は名前を連ねるだけで、何ら能動的な行動に出るところがない。物部麁鹿火や大伴金村が行為にうらづけされて実在性が濃いことと対照的である。[77]」と述べ、このあと大臣と記載されているその経緯の問題や、雀部氏と巨勢氏の名義の問題などが取り上げられ[78]、男人の実在性を疑うと同時に大臣の任命記事も後世の造作記事であり、娘二人の安閑妃云々も疑わしいと論じる。そして「欽明紀以降の信頼しうる記事によって考えれば、巨勢氏は六世紀以降、朝鮮問題に関与することによって勢力をえて来た新興氏族であるという結論におちつかざるをえない」(79)と述べる。

確かに巨勢氏は直木氏が指摘するように、建内宿禰系譜のなかでは、比較的に新興の氏族であった可能性は高いと思われる。しかし男人の大臣造作説はありえたとしても、その実在を否定することまではできないのではないだろうか。なぜならば、継体天皇が弟国宮へ三度目の遷都を試みたとき、天皇が頼ったのは巨勢氏の在地での力であったと思われる節がみられたからである。このことを証明する直接の史料はないが、幾つかの客観的な状況によってその理由を見つけることは可能である。

先ずいえることは、当時の乙訓の情勢をどのように判断するかである。先にも述べたように、この乙訓には十五も数えられる氏族がひしめくという、群雄割拠の状態であった。もっともこれだけの数の氏族が古代の一時期に、同時存在したわけではない。同じ古代という時代区分であっても、とくにこの乙訓郡の場合は継体の弟国宮遷宮もさることながら、長岡京という八世紀の都を抱え、氏族の大きな流入があったはずである。それだけに、文献によって確認された乙訓在住の氏族たちとはいえ、これだけの氏族が同じ時代に、同じように、在住していたとは思えない。

しかし、幸いといえるのかどうかは分からないが、確かに氏族の数は多いものの、有力な中央の豪族の名が巨勢氏を除くと見えていないということも事実である。物部氏系の宇治氏であったり、また尾張氏系の石作氏であり、ワニ氏系の羽束氏であり、あるいは紀氏系の長岡坂本氏であったりはするが、本宗筋の物部氏やワニ氏の直接的な名をみることはできなかった。この状態を換言すると、中央政権の出先機関的な氏族がひしめいていたといえるのであろう。いずれにしても、数多の氏族が凌ぎを削っていたのは事実であったと思われる。いわゆる群雄の割拠であり、力の分散は権力の求心性に欠け、政情の安定するはずがない。かろうじて巨勢里の巨勢氏のみが、中央の有力豪族であったといえるのである。

継体は、こうした乙訓の不安定な状態を静めなければならなかった。樟葉宮からせっかく筒城宮へ遷って大和へ近づきながら、その分、北山城の動揺を招き、乙訓へ継体自身が入らねばならなかったのである。

いっぽう建内宿禰系の巨勢氏は、権勢を極めた同族の葛城氏・平群氏が倒れ、時節の到来を今や遅し、と待ち構えていたはずである。この時代、つぎの大臣たらんとするならば、葛城氏・平群氏と続いた建内宿禰系の大臣の位置は、蘇我氏と巨勢氏の二氏に絞られる。継体は乙訓の安定を図るため、巨勢里在住の巨勢氏の力を、躊躇なく頼みとしたであろうし、巨勢氏もまた新しい秩序と王権の確立を目ざす継体の躍進に目を見開いていたと思われ、両者の思惑は完全に一致していたはずである。

巨勢氏を有力な後ろだてとして動揺する乙訓を静め、後顧の憂いを断ち切った継体は、やがて念願の大和入りを果たしているが、こうした巨勢氏の支持に対してその処遇が大臣の地位であって不思議はないし、またその娘たち二人――紗手媛・香香有媛の安閑妃もけっして不自然ではない。むしろ当然の帰結であるとさえいえるのであって、直木氏のいう『書紀』編者の造作云々はありえない、と思う。

ところで、平成十四年（二〇〇二）三月、奈良県御所市の教育委員会は、石舞台古墳に匹敵するような、巨大な横穴式石室をもつ古墳の発表をしている。横穴式石室は、六世紀に入った古墳時代後期の構造上のひとつの特徴だが、その最大とされているものに、被葬者が欽明天皇と考えられている見瀬丸山古墳がある。石室の高さは三・九m以上、長さは八・三mをこえるという大石室である。今回発見された古墳は地名に因んで条ウル神古墳と名づけられているが、その石室は高さが三・八m、長さは七・一mというから、スケールのほどが察せられるというものである。因に見瀬丸山古墳につぐ二番目の大きさといわれる石舞台古墳の場合は、高さが四・八m、長さが七・六mだから、条ウル神古墳とほぼ同じ大きさである。残念なことに、今回発見のこの古墳はすでに削りとられて墳形を確認できないが、墳丘長は一〇〇mをこえると推定されている。

すぐ南には国内最大級と称する巨勢山古墳群を控え、西には一・五㎞のところに、墳丘長二四〇mの室宮山古墳もみられる。こうした周囲事情のなかの、条ウル神古墳である。被葬者について、橿原考古学研究所の河上邦彦氏は巨勢氏を推定しておられるが[80]、その蓋然性はかなり高いのではないだろうか。

巨勢氏に少しこだわり過ぎたかもしれない。このあたりで、高橋里に在住したと思われる高橋公氏についてももう少し述べておきたい。

先にもふれたように、原島礼二氏は古代の条里制に残された高橋里を基に据えて、高橋公氏を説いておられた。そこでは継体の皇親氏族としての高橋公氏が論考され、私も氏の考えに従うものだが、問題があるとすれば、史料のなさということもあって具体的な根拠のみられないところに、論定の弱さを感じざるをえなかった。といってその弱さを補いうるのかといえば、はなはだ心もとないことも事実である。しかしあえていうならば問題の提起として、高橋公氏に関するひとつの推論を述べておきたい。

「崇神紀」八年の四月十六日条に、

高橋邑の人活日を以て、大神の掌酒《さかびと》掌酒、此をば佐介弭苔と云ふ。とす。

とある。いっけん何でもない記事のようにみえるが、この「邑」という呼び名には古い伝承を暗示する意味が隠されており、その扱いには注意を要する。事実このあとの『書紀』の記述は活日が御酒《みき》を献上する話しへとつながり、その御酒がまたふつうの酒でない。大物主自らが醸んだ神酒だといわれており、この神酒を高橋邑の活日が天皇に献上しているのである。高橋邑については岩波の大系本が大和国添上郡に鎮座する高橋神社の名をあげ、今の奈良市杏《からもも》町高橋の地かともいうが、武烈即位前紀の歌謡に「石の上　布留を過ぎて　薦枕高橋過ぎ…」とあり、万葉二九九七に「石上振之高橋」とある。今の奈良県天理市櫟《いちのもと》本町付近か[81]。

と述べている。ここはＪＲの櫟本駅にほど近い地域で、高橋川（現高瀬川）が東西に流れ、ワニ氏と物部氏の自すからの境目のようになっている。『天理市史』は高橋邑の所在は高橋川沿いとし、式内高橋神社についても、櫟本町にあるとする説をとり、現在の和爾下神社をそれとしている。祭神は栲幡千々姫命である。

　このように、高橋邑には幾つかの古い伝承がかいま見え、それだけに大和の王権とも複雑な絡みが考えられるのである。おそらく高橋という古い氏族の人々の在住もあったであろうし、また高橋神社について『式内社調査報告第二巻』はつぎのように述べている。

　〔祭神〕　栲幡千々姫命（明細帳〈明治七年、明治二十四年〉）

「神名帳考証」は「姓氏録（左京皇別上）高橋臣大彦命後也　日本紀三崇神八年以二高橋邑活日一為二大神之掌酒一」として、高橋臣の祖とする。諸説（天理市史、志賀剛氏）はこれに従ふが、『覈録』は、高橋臣には皇別、神別両流あるをもって疑を容れ、『本朝月令』に引く「高橋氏文」に依拠して皇別高橋朝臣の氏神とする説を疑ふ。

と述べ、この地域の複雑さをうかがわせている。

　高橋について、もうひとつ別の史料をみておこう。「雄略紀」元年三月三日条によると、草香幡梭姫皇女を皇后にたてたあと、三人の妃の記事が書かれている。まず最初が葛城円大臣の女・韓媛で、つぎが吉備上道臣の女・稚姫となっている。問題は三番目の妃の記事で、『書紀』はつぎのように記載していた。

　次に春日和珥臣深目が女有り。童女君《をみなぎみ》と曰ふ。春日大娘皇女（更の名は、高橋皇女。）を生めり。童女君は、本是采女なり。

　天皇、一夜與はして賑《はら》めり。遂に女子を生めり。

三番目の妃に女子が誕生したというなんでもない記事だが、ここでは生まれた皇女の名に注意してほしい。春日大娘皇女を名乗り、更の名が高橋皇女だというのである。彼女の母は明らかに和珥氏であり、高橋皇女はおそらくある一時期、高橋邑で育てられたに違いない。高橋邑は先述したように、現在の櫟本町の周辺地域である。そしてこのあたりはまた柿本氏や櫟井氏など、和珥氏と同族関係の氏族が本貫とする地域でもある。

私は、高橋氏がそうした和珥氏系の一支族――それも天皇家の血を引いた一支族ではなかろうか、と考えている。でなければ高橋公と呼ばれるはずがない(82)。

そしてこの高橋公はどのようなわけがあって移動したのかは分からない。また移ったその時期がいつの頃かも分からない。しかし彼らは何らかの理由があって、乙訓の地に移っていたことは間違いない。桂川に、高瀬川と鴨川の両川が合流する現在の上鳥羽の塔ノ森から久我のあたりにかけての地域である。桂川の右岸にも左岸にも目配りのきく、要衝の地域である。そしてこの地に今は失われたが、式内の茨田の社が鎮座していた。川を南へ下ると淀から山崎へと到る。北へ遡ると桂津から梅津に到る。水陸交通の重要な位置にあったことは後に藤原氏がここに居を構え、天皇がしばしばその藤原第に臨幸したことでもしられる。高橋公氏はこうした地に居地を移していたのである。高橋里と呼ばれていた。

むすび

継体天皇が越前と近江を一つにまとめ、また美濃と尾張を束ねて畿内に入った最初の地は、北河内の樟葉であった。ここは山崎の地を対岸にみる淀川の左岸の地域で、継体は茨田氏を背景にして騎馬軍を掌握し、水軍と騎馬軍団の両面で大和政権に圧力を加えた。五年後には南山城の筒城に都を遷し、大和入り近しを思わせたが、『書紀』によると、継体十二年三月、なぜか都を乙訓に遷している。これは、地理的には明らかに後退といわざるをえない。筒城宮に近い木津川の流れは、大和の地を指呼の間に望む。それが乙訓となると筒城宮の北西方向、桂川の向こう岸であり、また丹波への道筋ともなっている大和から遠ざかる地域である。せっかく大和を目の前にしながら、なぜこのように遠ざかろうとするのか。

第六節で述べたように、乙訓の特殊な事情は、それは大和政権の方針もからんでそのような事態にあったのだが、多くの豪族がそれぞれの地域に割拠して、ひとつの政治的勢力にまとまっていなかったのである。

古くは、この地域は「クガ」と呼ばれていた。「玖賀」耳之御笠は日子坐王に討ち取られ、桑田「玖賀」媛は仁徳天皇の宮人となり、葛木山を出た賀茂一族はその一部が「久我」国に定住の地を見出したが、その地はまた丹波国の影が色濃くにじむ土地柄でもあった。こうした事情は『記』『紀』の伝えであり、『風土記』の説話でもあって、これらの伝承が事実であったかどうかは分からない。しかし三世紀も後葉に至って歴史は確実に動き始め、人々の営為を長岡丘陵の南端に、刻んだのである。三世紀後半の築造が考えられている元稲荷古墳である。玖賀耳之御笠の物語は「崇神記」で語られていたから、元稲荷古墳の築造と関わっていたかもしれないし、また「垂仁紀」の丹波の五人の媛たちの物語が関わっていたのかもしれない。

いずれにしてもこの乙訓の地は大和の王権と古くから、――それは三世紀の後半といってよいであろう――そのころから関わっていたことは間違いのない事実である。当時、乙訓はおそらく強力な首長によって、ひとつの纏まりをもっていた。大和の政権とも暫くは良好な関係にあったが、長くは続かなかった。長岡丘陵の西側の地域に古墳の築造が移り、権力構造の移動が読み取れるようになる。しかし五世紀の半ばにはそれもなくなり、その後は申しわけ程度の古墳が、大きく分けると三地域で築かれるようになる。元稲荷古墳の北側地域の樫原一帯、元稲荷の所在した向日地域、そして長岡丘陵の西側の地域、つまり現在の長岡京市あたりの三つの地域である。文献の上からも見られた中小氏族の割拠の状態である。

継体天皇はこうした状態にあった乙訓を、樟葉に宮居を定めたときいったんは纏めたと思われる。しかし樟葉から筒城へ宮を遷したとき、乙訓は再び揺れ動いた。継体は、今度は直接乙訓に乗り込み、自らの手で諸豪族を束ねているが、このときに強力な支持勢力として活躍したのが、巨勢氏と高橋公氏である。高橋公氏の場合は、継体の身内的な親族であったことが考えられ、その意味からでは彼らの活躍は当然のことといえば当然であり、真人姓を賜る所以でもあったと思われる。巨勢氏の場合も、継体に協力した直接の証拠はみられない。しかし継体以後、彼ら一族の発展はめざましい。継体を支えた男人宿禰はこの時点で間違いなく大臣になっていたことが考えられるし、娘たち二人の安閑妃も、男人の活躍があってこそのことである。彼らの本貫の地に発見された巨大な横穴式石室が、当時の彼らの功績を雄弁に物語っているように思えるのである。

継体の乙訓の統治は、巨勢氏と高橋公氏の力を背景にして成立している。このあと継体は漸くにして念願の大和入りを果たしたが、巨勢氏と高橋公氏が、継体の後顧の憂いを断ち切ったからである。

継体は即位して大和に入るまでに、三度も遷宮をくり返している。しかしこれとても、『書紀』編者による作為であって、真偽のほどははなはだ疑わしいという論者が多いことも事実である。本稿はこの部分について全くふれていないが、継体の三度目の遷宮先とされる乙訓の背景を掘り起こし、ひとつの視点を提示したはずである。ただ史料の問題もあって、推測の上に推測を重ねた。諸賢の大方のご叱正をお願いして筆をおきたいと思う。

注

(1) 和田　萃「筒城宮」(『国史大辞典 9』吉川弘文館) 七八四頁。塚口義信「継体天皇と息長氏」(横田健一編『日本書紀研究　第九冊』塙書房　一九七六年、後『神功皇后伝説の研究』所収　創元社　一九八〇年)。
(2) 岡田隆夫「弟国宮」(『国史大辞典 1』) 八七一頁、『向日市史 上』。
(3) 『日本書紀』垂仁天皇五年十月条。

（4）（5）『日本書紀』垂仁天皇十五年二月条。
（6）『日本古典文学大系　日本書紀　上』三九七頁頭注（13）。
（7）「久我国」については先行論文として、畑井弘氏が『天皇と鍛冶王の伝承』（現代思潮社　一九八二年）のなかで述べておられる。私の「クガ」に関する考えも、この論文に、負っている。
（8）『山城国風土記』逸文　賀茂社条、『日本古典文学大系　風土記』四一四頁頭注一五。
（9）源城政好「久我神社」（『日本の神々―神社と聖地―　5』白水社　一九八六年）。泉谷康夫氏も『式内社調査報告　第一巻』で、「社名の由来は風土記の『久我国』という地名にある」と述べておられる。
（10）志賀　剛『式内社の研究　第三巻』三六頁。
（11）『古事記』応神天皇・矢河枝比売段。
（12）「天神本紀」に、つぎのような記述が見られる（『先代舊事本紀訓註大野七三編著』より）。

高皇産霊尊勅曰、若有二葦原中国之敵一拒二神人一而待レ戦者能為二方便一誘欺防拒而令治平人三十二人並為二防衛一天降供奉矣。

天香語山命　尾張連等祖
天太玉命　忌部首等祖
天鈿売命　猿女君等祖
…中略…
天背男命　山背久我直等祖
天御陰命　凡河内直等祖
天造日女命　阿曇連等祖
天世手命　久我直等祖
天斗麻彌命　額田部湯坐連等祖
天背男命　尾張中嶋海部直等祖

ここには「天神本紀」の伝承する天つ神の天降りする姿が語られており、天降りする御子を守るべく、高皇産霊尊に命じられた三十二柱の神々が勢揃いしている。天香語山命に始まって天鈿売命・天太玉命と続き、十二番目の天背男命のときに、山背久我直等祖とみえ、ここで始めて「久我」という名が顔を出す。いわゆる降臨神話のなかで、天背男命は御子に敵対する賊を討つべき位置にあったものと思われる。ところが十五番目の天世手命も久我直等祖と書かれており、「久我」の名がそれぞれ別の神の流れとなって記載されている。栗田寛は『新撰姓氏録考証 下』で、「世手は世乎にて、同神なるべく思はる」と述べている（佐伯有清『新撰姓氏録の研究 第三』四一五頁）が、コトはそれほど簡単に進まないようである。というのは、『新撰姓氏録』に、「今木連。神魂命の五世孫、阿麻乃西乎命の後なり（山城国皇別）。」の文言が見えているからである。なおざりにできない大きな問題を含んでいるが、先を急ぐ本稿にはいささか荷が重い。後考に委ねたいと思う。

（13） 林屋辰三郎「兄国・弟国」（『日本史研究』一〇九）。
（14）（15） 林屋辰三郎　注（13）前掲書。
（16） 白石太一郎『古墳と古墳群の研究』（塙書房　二〇〇〇年）。
（17） 『日本書紀』崇神天皇十年九月条。
（18） 寺沢　薫「纏向型前方後円墳の築造」（森　浩一編『考古学と技術』同志社大学考古学シリーズⅣ　一九八八年）。
（19）（20） 白石太一郎　注（16）前掲書。
（21） 石野博信・門脇禎二他『邪馬台国と安満宮山古墳』（吉川弘文館　二〇〇〇年）。
（22） 『日本三代実録』清和天皇・貞観元年正月二十七日条。
京畿七道諸神進レ階及新叙。…中略…正五位下乙訓火雷神、従五位上水主神等並従四位下。…中略…正六位上与度神・石作神・向神…中略…久我神・高橋神…中略…並従五位下。
（23） 『式内社調査報告 第一巻』で向神社を執筆された笠井倭人氏は、『向日二所社御鎮座記』の由来について著した六人部克己氏の『向日神社々記』をつぎのような形で紹介しておられる。
陽成天皇元慶三年二月に六人部良成葛野俊等五人連署して向日二所社御鎮座記を神祇官に註進してゐる。これには上社下社の所管の六社の鎮座次第由縁を記したもので、奥書に依れば、「向日二所社御鎮座記註進如レ件、元慶三年二月十二日神主無位六人部宿祢良成、神主無位葛野連俊房、神主無位六人部宿祢貞雄、神主無位祝部連光忠、神主無位榎本連石取謹上。」とあり、永和四年の六人部信忠、天正十一年の六人部宗重などの奥書も見られる。神祇官に於て神社の創立の由来由緒を糺し、偽説を取しまり、みだりに神社の新設を防ぐに資したものであろうと思はれる。

(24)『日本古典文学大系　古事記・祝詞』（一一〇頁頭注（3））はつぎのように記している。

記伝に「白字は向の誤」で、「其故は、式に、山城国乙訓郡向神社。大歳神社と並載れり。此向神社は、大年神御子向日神を祀ると云、何の説も同じければなり。」とある。或いはそうかも知れない。

(25)西宮一民氏は「神名の釈義」（『新潮日本古典集成　古事記』）の中で、大年神と白日神について、つぎのように述べておられる。

［大年神］名義は「立派な稲の稔り」。…中略…穀物のなかで、稲の稔りが一年かかることから、「年月」の意の「年《とし》」となった。須佐之男命が大山津見神の娘大市比売を妻にして生んだ神の名。…中略…この神は伊怒比売を妻にして多くの神々を生んだ。［白日神］名義は「明るい太陽」。「白日《はくじつ》」に同じ。「白日」を「新羅」とする説があるが、「しらき」の「き」は上代特殊仮名づかいで乙類の発音であり、甲類である「しらひ」の「ひ」とは異なる。それでその説は誤り。他に「向日」の誤字説があるが、諸本は「白」であるから不可。須佐之男命の子の大年神と伊怒比売との間に生まれた五神中の第四子。農耕文化に欠くべからざる輝く太陽の表徴である。

(26)『向日市史　上』八五～八九頁。

(27)「山背国愛宕郡某郷計帳」（『寧楽遺文　上』一六七～一八六、『大日本古文書』一―五〇五～五四九）。

(28)天平勝宝元年十一月三日「大宅朝臣可是麻呂貢賤解」に茨田連族小墨・茨田連族智麻呂の名が見えている（『寧楽遺文　下』七四九・七五〇、『大日本古文書』三―三二四・三二六）。

(29)注（26）前掲書。但し一九七頁。

(30)天平勝宝九年四月七日「西南角領解」に石作連君足・石作連目壁の名が見えている（『大日本古文書』四―二二七）。

(31)注（26）前掲書。但し二〇〇頁。

(32)注（26）前掲書。但し一九八頁。

(33)『続日本紀』宝亀七年（七七六）八月七日条。

(34)注（28）前掲書。

(35)『大山崎町史』では秦氏と茨田氏の名はあがっていないが、他は同じようにあげられている。
(36)「久何社」の祭神は別雷神・建角身命・玉依比売命の三座となっているが、「久我社」のほうは、建角身命の一座である。
(37)志賀　剛　注（10）前掲書。
(38)白石太一郎『古墳と古墳群の研究』注（16）前掲書。
(39)注（26）前掲書。但し一五九頁。
(40)『日本の神々―神社と聖地―　5』『式内社の研究　第三巻』注（9）・注（10）前掲書。
(41)注（24）前掲書。
(42)『三代実録』貞観元年正月二十七日条（注（22）参照）。
(43)『延喜式』神名帳は『古事記』の白日神を、「向神」で記載している。
(44)『山城名勝志』巻之六（『新修京都叢書　第七巻』）二八六頁。
(45)志賀　剛　注（10）前掲書。但し二二頁。
(46)『式内社調査報告　第一巻』注（23）前掲書。
(47)注（26）前掲書。但し二九八頁。
(48)注（26）前掲書。但し五二九～五三〇頁。
(49)保安四年（一一二三）「山城国富坂荘預解」（『平安遺文』一九九七）。
(50)長寛二年（一一六四）「秦吉成作手田売券」（『平安遺文』三二七五）。
(51)注（26）前掲書。但し五三五頁。
(52)森　浩一『図説日本の古代5　古墳から伽藍へ』（中央公論社　一九九〇年）四〇頁。
(53)長徳三年（九九七）「玉手則光寄進状案」（『平安遺文』二―五〇八）。
(54)黒川直則「桂」（『国史大辞典　3』）四〇二頁。
(55)『日本書紀』天武天皇十三年十月条。
(56)原島礼二『倭の五王とその前後』（塙書房　一九七〇年）二九四頁。
(57)『新日本古典文学大系　続日本紀　五』三八八頁脚注六。

(58)(59)　注（26）前掲書。但し一九三頁。
(60)『寧楽遺文』『大日本古文書』注（28）前掲書。
(61)　天平勝宝七年（七五五）三月二十七日「造東大寺解」（『大日本古文書』四―五〇）。
(62)『新撰姓氏録』左京神別下・摂津国神別。
(63)　注（26）前掲書。但し二八一〜二八二頁。
(64)　吉田東伍『増補大日本地名辞書　第二巻』一九八頁。
(65)(66)　佐伯有清『新撰姓氏録の研究　考證篇第三』一二〇〜一二一頁。
(67)　佐伯有清『新撰姓氏録の研究　考證篇第四』一七二頁。
(68)『古事記』大国主の神裔段。
西宮一民「神名の釈義」（『新潮日本古典文学集成　古事記』）。
(69)　吉田東伍　注（64）前掲書。但し二一三頁。
(70)　注（28）前掲書。
(71)　注（26）前掲書。但し二三九頁。
(72)『日本書紀』継体天皇元年正月四日条。
(73)　住野「継体天皇と樟葉宮」（横田健一編『日本書紀研究　第二十五冊』塙書房　二〇〇三年）。
(74)『日本書紀』継体天皇十二年三月九日条。
(75)　直木孝次郎「巨勢氏祖先伝承の成立過程」（橿原考古学研究所編『近畿古文化論攷』一九六三年。後『日本古代の氏族と天皇』所収　塙書房　一九六四年）。
(76)『日本書紀』神功皇后摂政六十二条に引かれている『百済記』に、沙至比跪と見えている。
(77)　直木孝次郎　注（75）前掲書『日本古代の氏族と天皇』但し八七頁。
(78)『続日本紀』天平勝宝三年（七五一）二月己卯条に、
典膳正六位下雀部朝臣真人等言、磐余玉穂宮（継体）、勾金椅宮（安閑）御宇天皇御世、雀部朝臣男人為二大臣一供奉。而誤記二巨勢男人大臣一。…中略…望請、改二巨勢大臣一、為二雀部大臣一、流二名長代一、示二栄後胤一。大納言従二位巨勢朝臣奈弖麻呂、亦証㆓明其事㆒。於㆑是、下㆓知部㆒、依㆑請改㆓正之㆒。

とある。雀部朝臣真人の申出でによると、継体・安閑朝に大臣となったのは巨勢男人でなく、雀部男人がそうなのだ、といっている。

（79）直木孝次郎　注（75）前掲書。但し八八頁。

（80）平成十四年（二〇〇二）三月十五日の朝日新聞。条ウル神古墳発見に関する橿原考古学研究所・河上邦彦氏の談話。なお同紙は、和田萃氏が蘇我氏説、網干善教氏が葛城氏説であることも報じていた。

（81）『日本古典文学大系　日本書紀　上』二四二頁頭注一。

（82）「仁賢紀」元年二月条に、高橋大娘皇女という名が見えている。岩波の大系本は彼女について、「記伝に仁賢記の高木郎女とあるに当たるかとある。高橋は大和国添上郡の地名で、母の更名に同じ。所伝に混乱があるか」と述べている（『日本古典文学大系　日本書紀　上』五二八頁注五）。いずれにしてもこの地域は、たいへん複雑なさまざまの問題を抱えている。そしてその問題の一つひとつが、王権にかかわっていたと思われるのである。

第六章　御陵者、三嶋之藍御陵也

――継体天皇とその奥津城に関する一試考――

はじめに

「風を望んで北方より立った」(1)継体天皇は、波乱の生涯を摂津の三嶋の地で結んだと伝えられている。『古事記』は「御《み》陵《はか》者、三嶋之藍 御陵《あいのみささぎ》也」と述べ、『日本書紀』は継体二十五年条で、「冬十二月丙申朔庚子、葬㆓藍野陵㆒」と記している。また『延喜式』諸陵寮も、「三嶋藍野陵　磐余玉穂宮御宇継体天皇。在㆓摂津国嶋上郡㆒。兆域東西三町。南北三町。守戸五烟。」と所載している。このように、『記』『紀』も『延喜式』も異口同音に、継体の亡骸《なきがら》は摂津の三島に葬られたと述べており、継体陵の築造が三島地域の藍野で営まれたことが明快に語られている。この時代、つまり古墳時代において天皇陵の築造といえば、大和の国か河内で築かれていたのだから、淀川右岸の、三島野での築造はおよそありえないことであった。しかるに古墳時代も後期に入って、三島の地に初めて大皇陵が出現している。それだけに三島地域の人々は、その規模の巨大さと壮麗な姿に、目を見張って感歎したに違いない。その後この地に、天皇陵が築かれたという記録は見られない。したがって『記』『紀』などに記された「藍野陵」は、大和と河内以外で築かれたたったひとつの御陵例であった、といえるのである。

現在、三嶋之藍野陵は宮内庁の管轄下におかれ、京都と大阪のほぼ中ほどに位置する、太田茶臼山古墳が継体陵

図1　三島郡の古墳時代の遺跡分布図（高槻市教育委員会「新池」より一部改変）

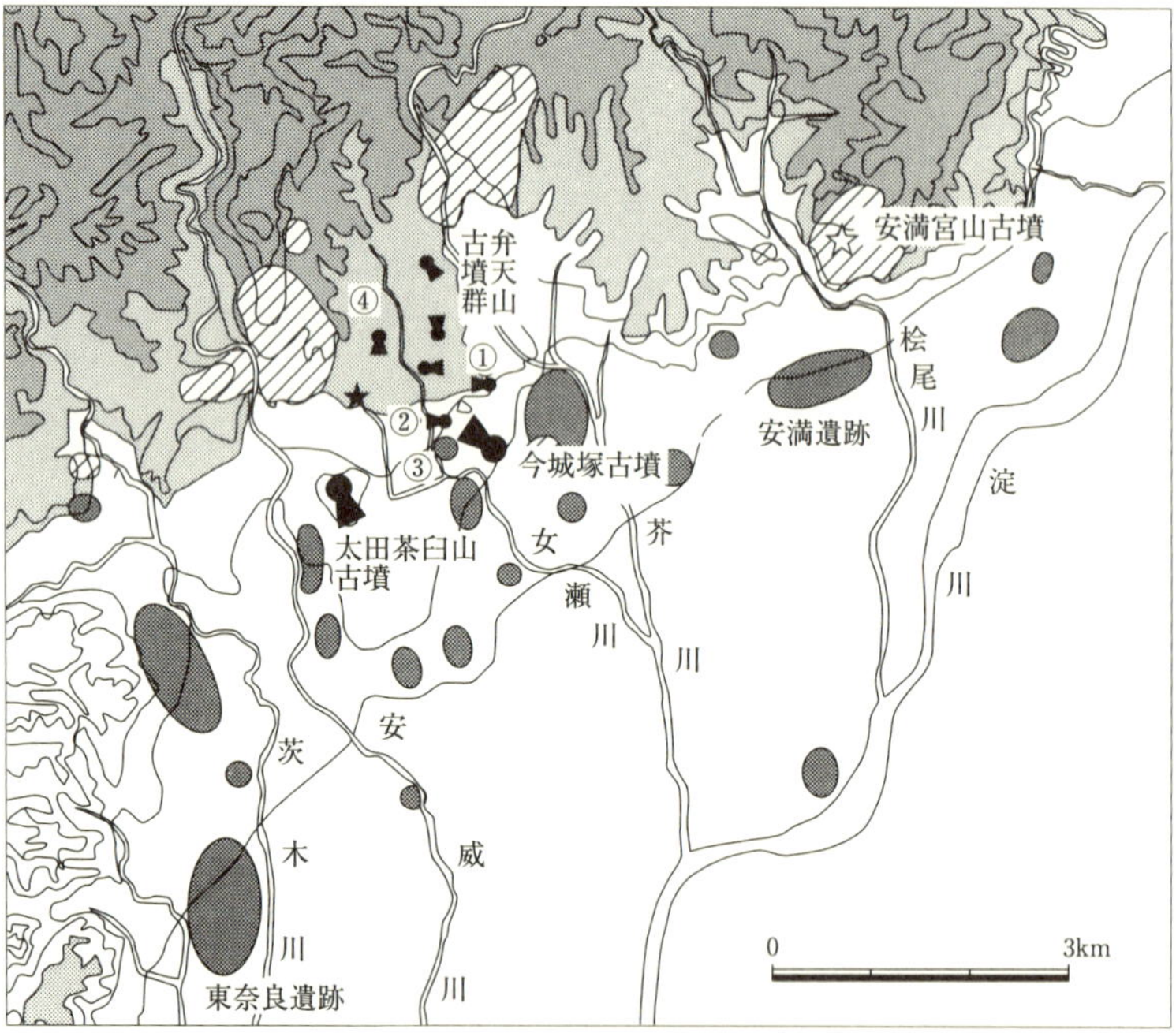

①郡家車塚古墳　②前塚古墳　③氷室塚遺跡　④闘鶏山古墳　★新池埴輪窯

として治定されている。ところが、この天皇陵の東約一・二㎞の所に、今城塚と呼ばれる巨大な古墳がみられ、近年の考古学の成果はこちらの方を、真の継体天皇陵と称するようになってきたのである。宮内庁はこれを認めていないものだから、いうならば二つの継体天皇陵の出現だが、これはありえない。どちらかが天皇陵であって、どちらかは天皇陵ではないのである。そうすると、天皇陵でない方はいったいどなたの遺体が眠っているのかという、新たな問題も生じてくる。

いずれにしても、天皇陵クラスの大古墳二基である。真の継体天皇陵と呼ばれるようになってきた今城塚古墳と、伝継体天皇陵として壮麗な姿をみせている太田茶臼山古墳をどのように考えるべきなのか、先学に導かれいささかの試考を纏めてみた。

第一節　太田茶臼山古墳と今城塚古墳について

図1は茨木と高槻、つまり摂津国の三島郡を中心とした遺跡の分布を表している。大阪と京都のほぼ真ん中あたりに、JRの場合で摂津富田という駅があり（女瀬川の瀬という文字の少し西よりの辺り）、ここから北西方向に約二㎞ばかりのところに、墳丘長二二六mの巨大古墳が築かれている。周濠に満々とした水を張り巡らす前方後円墳で、太田茶臼山古墳と呼ばれ、宮内庁が公式に天皇の陵墓と定めている現在の継体天皇陵である。そして先述したように、この継体陵古墳の東には、やはりひとつの巨大な前方後円墳が築かれていた。墳丘長一九〇mを称する今城塚古墳で、二重の濠を張り巡らしていたようだが、今はその濠もきれぎれの状態となり、溜め池のような感じで残っている。中世には城が築かれていた跡も残され、見るも無残に荒れ果てた姿である。すぐ北側は北摂山系の南のふちにあたり、この丘陵地帯には、弁天山古墳群が築造されている。今城塚古墳の北側に、点々と連なっている古墳群――この連なりが弁天山古墳群である。図2（二九五頁）は、三島地域の古墳の編年を表しているが、弁天山古墳群は先の分布図の場合と同じように、ここでもまるで系譜をみている感じで、連なっている。三島地域を纏めていた首長が想像され、古墳群の主は恐らく三島県主一族であろうと考えられている[2]。

話が少しずつ横へそれていく感じになってしまったが、ここで話を元へ戻し、もう少し太田茶臼山古墳、つまり現在の継体天皇陵について、述べておきたいと思う。この古墳は、なにしろ宮内庁の管轄下におかれた天皇陵だからよく管理されており、私たちに美しいたたずまいを見せている。それだけに色々と難しい制約もあって、一般の人はもちろんだが、研究者といえど、内部に立ち入ることは許されていない。これは陵墓の全てについて言えることで、専門的な知識は宮内庁が発表する一方的な情報に限られていたが、学界の強い要望におされ、近年に至って宮内庁も少し規制を緩めるようになってきた。一定の限られた時期に、指定された一定の場所を調査することができるようになり、太田茶臼山古墳の場合も少しは明かるみにでるようになってきたが、なお詳細は得るべくもない。ただ従前からの研究(3)に新しい知見も加わり、茶臼山古墳の築造が五世紀中ごろである、ということがあらためて確認されている。しかしそうなるとたいへん大きい問題が持ち上がってくる。なにしろこの古墳は継体天皇陵とされており、その継体天皇が六世紀の人だから、古墳の築造年代と合わなくなってくるのである。それでは何故こうしたつじつまの合わない事態が生じてきたのか、その経緯のようなものを簡単にふれておきたい。

冒頭で述べたように、今城塚古墳の方は、中世には城が築かれたりしてすっかり荒れ果て、古墳の体をなしていなかったと思われる。江戸時代に入って天皇陵の調査がなされた時、高槻藩は幕府に「当藩内に天皇陵はなし」とする報告を出しているが、このことからも窺えるように、今城塚古墳は既に古墳の形を失っていたのである。ところが高槻藩の報告に先立つ一年前の元禄九年（一六九六）、国学者の松下見林が『前王廟陵記』という書物をまとめ、既に所在の失われていた継体陵を、太田茶臼山古墳が三島の藍野陵であると指摘していた。見林は、『記』『紀』や『延喜式』の述べていた「藍野陵」の藍野の地名に引きずられて、島下郡の「アイ」に所在する太田茶臼山古墳を継体陵としたのであろう。いずれにしても、高槻藩は恐らく『前王廟陵記』の存在を知る事もなく幕府に報告したと思われるが、なにしろ当時の高名な学者が指摘したことである。いつしか見林の考えが定着し、後年、蒲生君平の『山陵志』（文化五年〈一八〇八〉）などでは、太田茶臼山古墳が継体天皇陵として追認されている。そして結果的に見林の考えは、今日に至るまで続けられ、太田茶臼山古墳が宮内庁の厳しい管理下に置かれていたのである(4)。しかし、継体陵の矛盾は早くから研究者の指摘するところでもあり、戦中・戦後を通じて、一貫して異を唱えた天坊

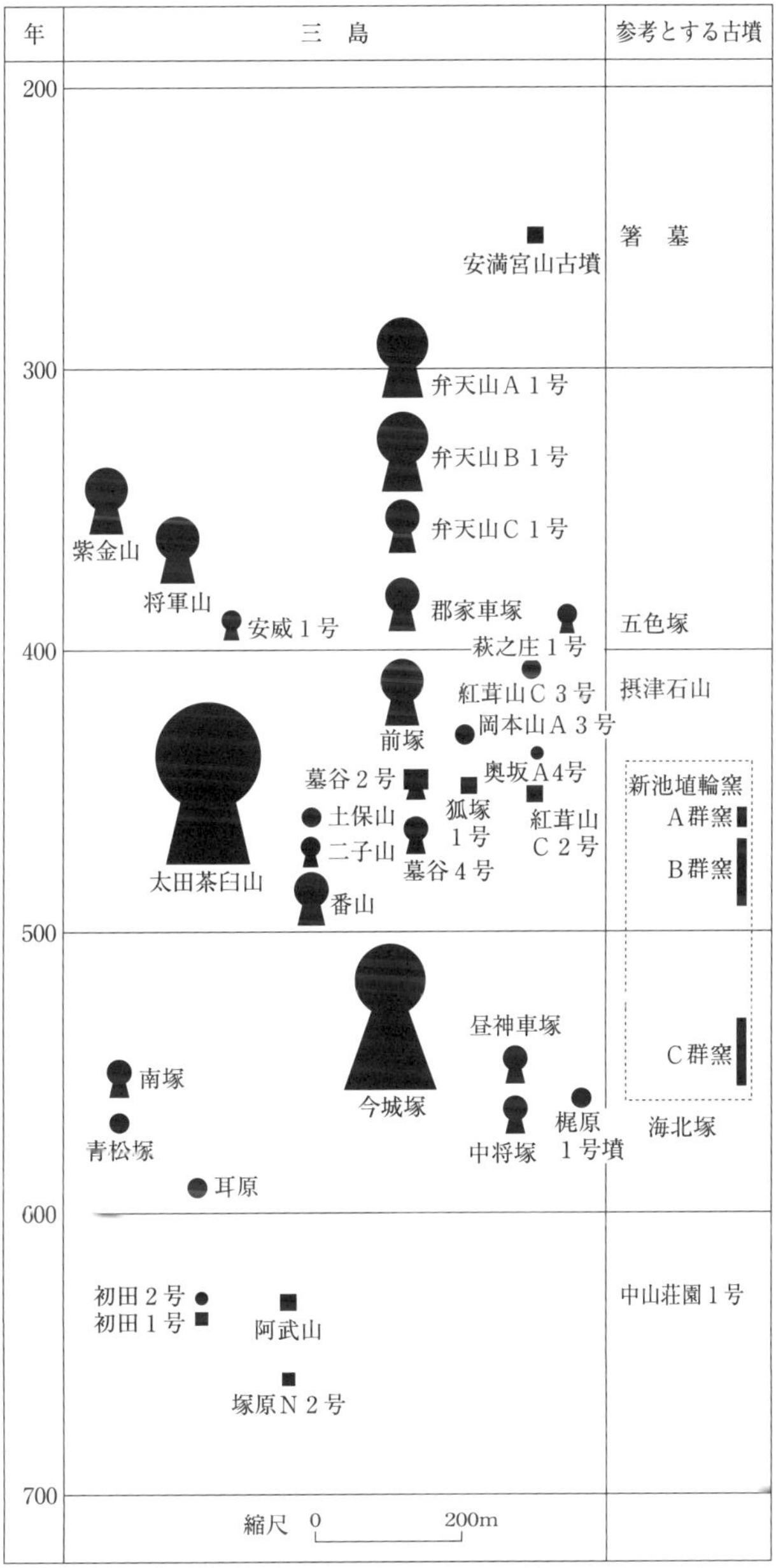

図2　三島の古墳編年図（森田克行作成〈石野博信編『全国古墳編年集成』雄山閣出版〉に一部改変）

幸彦などもその一人であった。彼は徹底して三島地域の条里制を検証し、その結果、継体天皇陵は宮内庁が治定する太田茶臼山古墳ではなく、荒れ果てた今城塚古墳でなければならない、と論定した。(5) 長い間顧みられることのなかった天坊説も、戦後の考古学の目覚ましい発展が後押しをし、今城塚古墳の七次にわたる発掘調査によって、六世紀の王権を裏づける埴輪などの大発見が相ついだのである。(6) 発掘は現在も続けられ、出土物の一つひとつが、天坊幸彦の考えを確実に実証している。こうした成果は、多くの考古学者をして「継体天皇陵は今城塚古墳である」と言わしめ、文献学者にも追認の姿勢が見られ始めた。

第二節　応神天皇五世孫について

このように、宮内庁が認めるとか認めないとかに関係なく、今城塚古墳の継体天皇陵説は、学問上でもほとんど実証されていると、思われる。私なども、おおいに考古学者の驥尾に付すものの一人だが、そうすると、先述したように継体天皇陵とされていた従来の太田茶臼山古墳は、いったいどうなるのかという新たな問題が持ち上がってくる。たいへん厄介な問題だが、少なくとも継体は三島の地を自らの奥津城として、自らの墳墓を築いたのはまぎれもない事実であって、この事実は確実に受けとめなければならないのだから、太田茶臼山古墳の被葬者問題(7)もまた避けてとおるわけにはいかない。いずれにしても、継体が三島の地域に自らの墳墓を定めたのは、それなりの背景があってのことで、この地に彼を支えた身近な血縁や、あるいは有力な豪族たちの協力があったことは間違いない。そこで、継体がこの三島の地に関わった由縁をさぐる手立てとして、まず彼の血筋を取り上げ、その背景を考えてみたいと思う。

「継体記」によると、「品太《ほむだの》王五世孫、袁本杼《をほどの》命」の記述がある。また「応神記」系譜段には、「此品陀天皇之御子、若野毛二俣王、娶二其母弟、百師木伊呂弁、亦名弟日売真若比売命一、生子、大郎子。亦名意富富杼王。」と記されている。これに対応する「継体紀」即位前紀には、「男大迹《をほどの》天皇〈更名彦太尊。〉誉田《ほむだの》天皇五世孫、彦主人王之子也」と記され、「応神紀」二年条には「次妃、河派仲彦女弟媛、生二稚野毛二派皇子一」とある。ホムダノオホキミが応神天皇であり、ヲホドノミコトは継体天皇であるから、『記』『紀』は継体に関して口を揃え、「応神天皇の五世孫である」と述べている。そして『記』は一世孫・二世孫[8]についてふれ、『紀』は四世孫についてふれている。しかし両書を合わせても、三世孫については、全く語ることがなかった。系譜の記述について神経質な『記』『紀』にしては、これはちょっと意外の感を免れないが、次のような理由が考えられる。

まず第一に、『記』『紀』編纂当時の応神大王家の血筋に対する、貴族社会の認識の問題があったと思われる。当時の貴族たちの認識は、「応神五世孫」といえばそれだけで、応神大王家の血筋が認識されていたようで、これと同じような事例は中国の場合にもみられ、黛弘道氏が『三国志』の「蜀書」の例を引き、説いておられる。[9]

次に『日本書紀』の場合、本文三十巻と系図一巻にまとめられていたことが分かっており[10]、おそらくここでの応神五世孫というような大事な系図は、この別巻ともいうべき系図一巻の方に記載されていたと思われることである。

さらにもう一つの大事なことは、『記』『紀』とは別に、鎌倉時代に成立した『釈日本紀』の引用する『上宮記』逸文の存在である。節をあらためてふれておきたい。

第三節　「上宮記一云」について

周知のように、『釈日本紀』は卜部兼方が著した現存最古の『日本書紀』注釈書だが、ここに『上宮記』と書かれた書物の名があがっている。聖徳太子についての書物であったと思われるが、『釈日本紀』はこの『上宮記』の「一云」が記していた応神大王家の系譜を、所載していたのである。ここでは『記』『紀』で見られた空白がないだけでなく、継体の母方の系譜についても述べられており、次のような文章で綴られていた。

上宮記曰一云凡牟都和希王娶洷俣那加都比古女子名弟比賣《稚野毛二派皇子母》麻和加生児若野毛二俣王娶母々恩己麻《大郎子以下四人母》和加中比賣生児大郎子一名意富々等王妹践坂大中比弥王弟田宮中比弥弟布遅波良己等布斯郎女四人也此意富々等王娶中斯知《乎井土母》命生児乎非王娶牟義都国造名伊自牟良君女子名久留比《彦主人王母》賣命生児汙斯王娶伊久牟尼利比古大王児伊波都久和希児伊波《智和希児伊波》・己里和気児麻和加介児阿加波智君児乎波智君娶余奴臣祖名阿那尓比弥《都奴牟斯君并振媛母》生児都奴牟斯君妹布利比弥命也汙斯王坐弥乎国高嶋宮時聞此布利比《継躰天皇母》賣命甚美女遣人召上自三国坂井縣而娶所生伊波礼宮治天下乎富等大公王也父汙斯王崩去而後王母布利比弥命言曰我独持抱王子无親族部之国唯我独難養育比陁斯奉之云尓将下去於在祖三国命坐多加牟久村也[11]。（黛弘道「継体天皇の系譜についての再考」より。読み下し文は九頁参照）

このように、「上宮記一云」には「応神天皇五世孫」の系譜が詳細に語られており、しかもその文章の用字法か

図3　継体天皇の系譜Ⅰ（「上宮記一云」による）（塚口義信「継体天皇と遷宮の謎」『継体大王とその時代』和泉書院より）

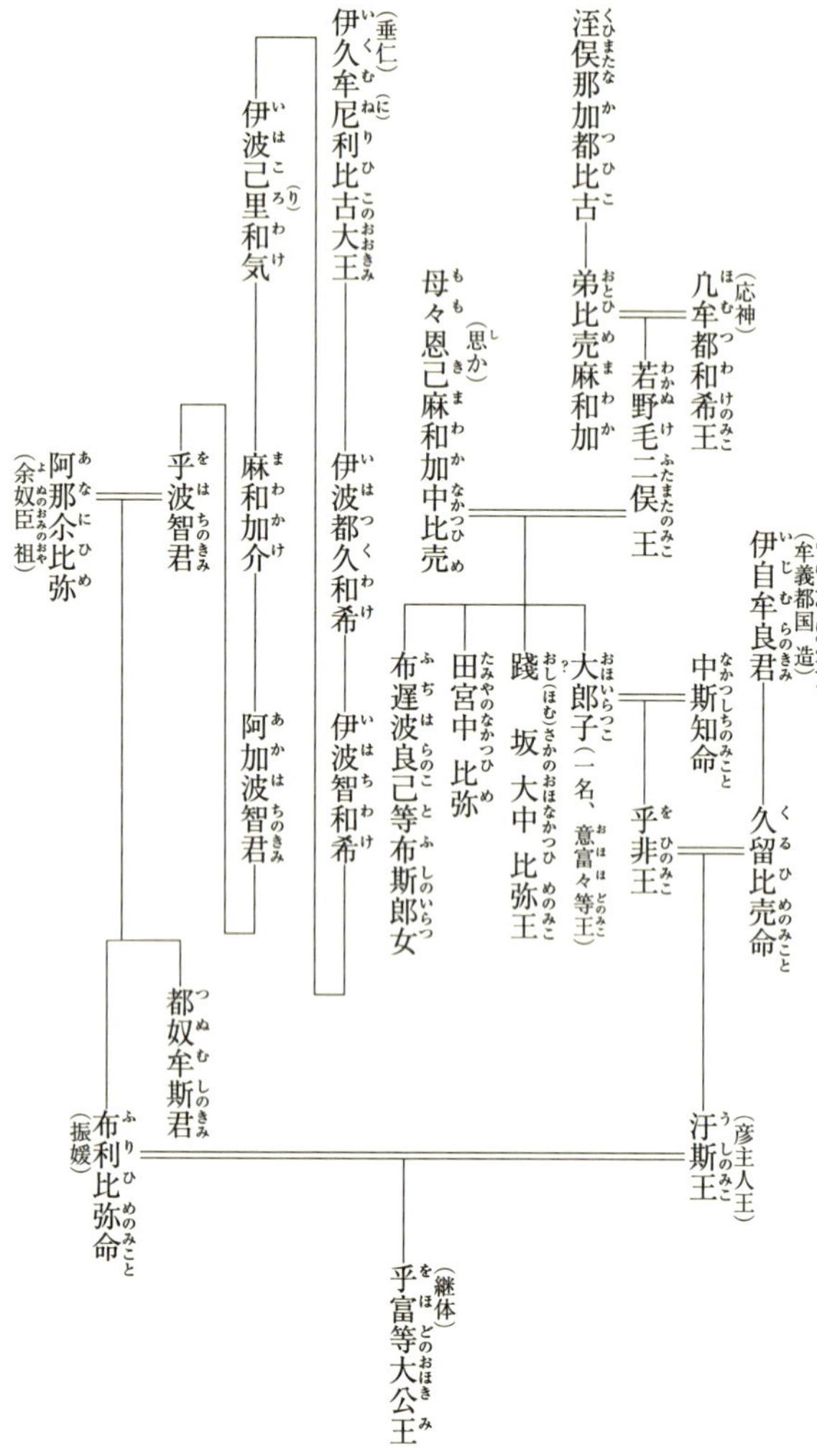

図4　継体天皇の系譜Ⅱ（『記』『紀』による応神天皇五世之孫）

『古事記』

品陀天皇—若沼毛二俣王—大郎子（亦名意富富杼王）—○—○—継体天皇

『日本書紀』

誉田天皇—稚野毛二派皇子—○—○—彦主人王—継体天皇

らは、推古朝前の成立も考えられている。(12) このことのもつ意味合いは大きい。つまりここに記載されている系譜は、安閑や宣化のときか、あるいは欽明天皇の頃、すでに成文化されていたと考えられるからである。そして『記』『紀』編者は、紛れもなく『上宮記』には目を通していたに違いないと思われる。

図3は「上宮記一云」を図式化したもので、合わせて『記』『紀』の系譜も上げておいたが、「一云」には「応神天皇五世孫」がすべて書き込まれ、『記』『紀』が述べていた「応神五世孫」という文言がけっしてあいまいなものでなかったことを裏づけている。しかしこのことが史実とすれば、継体天皇は天皇家（応神大王家）のたいへん遠い血筋であったともいえるのであり、何故こうした遠い血筋の人が天皇たりえたのか、という問題も浮上してくる。本稿ではこれらのことにふれる余裕がないので、ここでは次の課題として見送り、先にも述べたように、三島地域における継体の背景を、『記』『紀』と「上宮記一云」をよく吟味することで先を急ぎたい、と思う。

第四節　応神一世孫～五世孫の出自について

そこでまず最初に、応神が結婚した女性を考えてみたい。『古事記』は杙俣長日子王の女・息長真若中比売と結婚したと述べ、『書紀』は河派仲彦の女・弟媛を娶ったと語っている。「上宮記一云」は、淫《くひ》俣那加都比古の女・弟比売麻和加と結婚したことを記している。いずれも女性の父親の名が記載されており、したがってこの方を先に吟味してみると、応神にとっては義父ということになるが、『古事記』と『上宮記』はクヒマタナガヒコとクヒマタナカツヒコなので、ほぼ一致した記述といえる。しかし『書紀』はカハマタナカツヒコと述べていた。クヒマタとカハマタの違いということになるが、いずれも水の流れに関わる名であり、私は『上宮記』と『古事記』の方に、古態を感じている。それに、これは次に述べる一世孫二世孫と関わるが、摂津の国や河内の国の地名がこれらの後裔に絡むので、私はやはりカハマタよりクヒマタと判断している。『和名抄』には摂津国住吉郡にクヒマタに音通する杭全《くまた》郷の名が見え、ここには大和と住吉を結ぶ大動脈が通じ、古代交通の要衝であった。

次に応神の妃だが、『古事記』は息長真若中比売と記載し、『書紀』は弟媛と述べていた。また「上宮記一云」は、弟比売麻和加だった。『上宮記』と『書紀』のオトヒメに一致点は見られるが、『古事記』の息長真若中比売は、いかにもそぐわない。さらには応神の母に息長帯比売命[13]、また応神の義父・杙俣長日子王の父に息長田別王の名が見え[14]、こうした息長の名義のありように、明らかに息長氏の関与が見て取れる。したがって応神の結婚相手は、オトヒメマワカと名乗るクヒマタナカツヒコの女であったと思われる。こうして応神は摂津の杭全郷に縁りのあるオトヒメマワカと結婚し、一世孫の若野毛二俣王を生んでいるが、ワカヌケの名は、『記』『紀』も「上宮記一云」も一致している。この意味では、ワカヌケはたいへん大事な所に位置していたといえるであろう。その彼は「上宮記一云」によると、母々思己麻和加中比売と結婚し、『古事記』は百師木伊呂弁と記していた。マワカナカツヒメとイロべの違いはあるものの「モモシキ」では一致しており、「モモシキ」の「シキ」は、ここでは河内国の「志紀郡」と思われる。一方、『書紀』にワカヌケ以後の系譜的記載は見られない。恐らく、系図一巻の方に納められていたのであろう。いずれにしても、ワカヌケとモモシキの間の子供は「二世孫」であり、「上宮記一云」では四人の名があげられ、『古事記』の方は七人の名が記されており、うち四人の名は共通している。少なくともこの四人については実在が考えられ、したがってここではこの四人を検証の対象として、取り上げてみたい。

まず最初に「大郎子」とある。亦の名は「意富富杼王」と記されている。大郎子は「天皇または皇族を父とし、皇族に関係のある女性を母とした男子の呼び名とされて⒂」おり、またオホホドノ王の「ホド」は、継体天皇の名をヲホドとする「ホド」を共有している。雄略と武烈の間に大泊瀬《おほはつせ》と小泊瀬《をはつせ》が見られたように、「ホド」の場合も両者の血縁を物語ることに他ならない。

次は忍坂大中姫だが、彼女は後に、允恭天皇の皇后となっている。『記』『紀』の伝える所によると、允恭が天皇となったのも、彼女の才が大いに与かったような節が見受けられる。それに、なによりも彼女の存在が大きくなっていくのは、安康・雄略という二人の天皇の出生であったと思う。とくに雄略は時代を画した英雄的天皇で、彼女はその雄略の母であり、独裁者的な雄略にもの申す唯一の人でもあったようである。それだけに古代の天皇家においても、非常に大きな位置を占めていた女性であったと思われる。彼女の出自は、通説では近江にその縁しを求められているが、私は、畿内であったと考えている。その畿内も河内か摂津と思われ、このあたりについてはまた後にふれてみる。

次は田宮之中津比売と見えている。岩波の大系本は「田宮」について、「河内国交野郡田宮郷がある」と述べ、『和名抄』の田宮郷を示唆している。(16)『大日本地名辞書』も「田宮村大垣内は昔牧の垣結廻したる古跡なり」と記し、「応神皇子二俣王の王女田宮媛あり、此に所因あるか」と述べている。生駒山系に源流を求める天野川が、北へ流れて淀川と合流するあたりが交野郡の田宮郷で、古くは茨田郡と呼ばれていた。今に至るも田宮という町の名が残されており、タミヤノナカツヒメはこの地域での縁《えにし》が考えられる。

四番目が藤原琴節郎女である。彼女は美貌で世に聞こえ、『書紀』によるとその美しさは衣を通して光り輝き、時の人は、衣通郎姫《そとほしのいらつめ》と呼んでほめ讃えたという。允恭天皇はこうした彼女を妃として宮廷に迎えようとするが、当時姫は『書紀』の表現を借りると「母に隨ひて、近江の坂田に在《はべ》り」とある。現在の長浜市から近江町・山東町にかけての地域が『和名抄』でいうところの坂田郡だが、おそらくこの地に在住していたと思われる郎姫は、皇后である姉をおもんばかり、なかなかに天皇の意のままにならなかったと伝えられている。

以上で、応神大王家の二世孫までに関わる人々を、「上宮記一云」の記述を中心にして見てきたが、いうならば継体の背景を検証するための作業だから、その中身は、一人ひとりの出自の検証であるといえる。応神天皇が結婚したオトヒメマワカとその父・クヒマタナカツヒコは、摂津国の杭全郷の出身が考えられた。ワカヌケの妻・モモシキマワカ（「記」はモモシキイロベ）は、河内国の志紀郡の出自が推測された。またワカヌケの女・タミヤノナカツヒメも河内の出自と思われ、交野郡田宮郷であろうと推測される。そしてフジワラノコトフシノイラツメは、近江の坂田郡の出身と考えられる。

よく分からないのが、ワカヌケノ王とオホイラツコとオサカノオホナカツヒメの三人になるが、ワカヌケの場合母の出自を考えると、杭全郷の生まれで間違いないといえるであろう。そのワカヌケが結婚した相手は、志紀郡の人だった。この意味からいうと、オホイラツコとオサカノオオナカツヒメも、志紀郡の生まれか、あるいは志紀郡を離れても志紀郡をそう遠く離れない地域——少なくとも畿内であったといえる。そうするとタミヤノナカツヒメが北河内の田宮郷だから、ワカヌケの子供たち四人のうち、三人が畿内で、一人が近江の坂田郡であったということになる。ということは、この系譜で検証した妃とその父を含めた二世孫までの八人のうち、七人までが河内と摂津に縁りをもつ人々であり、ただ一人が畿外であったということになる。

三世孫と四世孫を見てみよう。『記』『紀』では不明だった三世孫は、「上宮記一云」によって乎非王ということが分かった。彼は美濃の牟義都国造の女・久留比売命と結婚し、またここでの記述から、彼が近江に住んでいたことも推測できる。つぎに四世孫は「一云」が汙斯王《うしのきみ》と記し、『書紀』は彦主人王と述べていた。在住の地については、「近江国高嶋郡三尾之別業」と記していた。この時の『書紀』の記述によると、継体の父であったヒコウシノ王は、三尾の別業から使いを出し、妃に三国坂中井の振媛を迎えて、「遂産二天皇一(17)」と書かれている。これがもし史実とすれば、継体の本貫地は近江国高島郡の三尾ということになるが、そのように考えて、おそらく間違いはないものと思われる。

かけ足で応神五世孫までの検証を試みたが、大筋でいえることは、三世孫以後の出身はまず間違いなく、近江であったといえる。二世孫についても、四人のうちの一人は近江の出身であった。しかし残る三人は、一人は北河内の田宮郷が考えられ、後の二人も畿内ということであった。ただ具体的に河内や摂津のどこと言い切れない。やや不安定な要因も残されており、そのあたりの事情を、忍坂大中姫を通じてもう少し考えてみたいと思う。

第五節　闘鶏国造と忍坂大中姫

かつて私は、闘鶏の氷室について論じたことがある。[18] ツゲの氷室といえば、通説では大和の山辺郡都介郷とされているが、[19] 私は通説に異を唱え、このとき摂津の氷室を提唱している。概略は次のようなものであった。

三品彰英氏は『三国遺事』の伝える延烏郎・細烏女が関わる新羅の祭りを語り、「祭天の所を迎日県又は都祈野と名づく」[20] と述べておられた。「祭天」は「天を祭る」の祭天であり、「迎日」は「日を迎える」の迎日である。このことは『古事記』の述べる「朝日の直刺す」ところを表し、それがツゲノのもつ意味だというわけである。大和岩雄氏は三品氏のツゲノ説を受けて、坐摩の神を論じておられたが、[21] 私には三島のツゲノが想起されたのである。ここでのツゲノは摂津の三島に印されている小字名で、[22]「闘鶏ノ」と「闘鶏山」にみることができ、現在は高槻市氷室町となっているが、ここには今もなお闘鶏野を名乗る社が鎮座している。図1（二九二頁参照）の星印の少し東側あたりの小高い処に所在しており、眼下には二つの巨大古墳が見下ろせる位置にある。視線を上げると豊かに展開する三島野の向こうに、淀川の大河が、ゆっくり左から右へ流れている。視線のさらなる先は、河内平野から生駒山系へと導かれ、『古事記』がいうところの「朝日」は、まさにこの生駒山系から「刺」してくる。淀川の水が朝の日を浴びて、輝いたに違いない。三品博士の述べていた「迎日県の都祈野」がここに再現されていたと思われる。

私は『三国遺事』の「延烏郎・細烏女」の物語を幾度も読み返したりしたが、資料としては『三国遺事』の他にもうひとつ、『元要記』[23]の一節も読み込んでみた。史実であったかどうかの問題はあるにしても、ここには『書紀』ではみられなかった摂津の氷室が語られていたからである。「仁徳紀」はここの所を「額田大中彦皇子、獵二于闘鶏一」と記し、『元要記』は「額田大中彦皇子猟二于摂国闘鶏一」と記載していた。他の所はほぼ同文なので、違いは「摂国」の文言があったかどうかだけで、大意は両書とも氷室に関わる額田大中彦が語られていた。しかし「ツゲの氷室」が大和であるとする通説を敷衍された井上薫氏は、『元要記』そのものを認めておられない。誤字脱字が多いなどの理由で、『元要記』を厳しく批判し、その内容についても退けておられる。与えられた枚数の関係もあって詳述できないが、私はこの時先学に導かれて[24]ひとつの問題点に着目し、私見として「摂津の氷室」を提起したのである。『延喜式』の臨時祭によると、「凡座摩巫。取二都下国造氏童女七歳已上者一充レ之。若及二嫁時一。申二弁官一充替」とある。ここには座摩の神を祭る巫女を規定し、都下国造氏の童女に限ると、記載されていた。そして都下《ツゲ》は、トガとも呼ばれていたようで、吉田東伍は「今天満川南北の地なるべし」と述べている[25]。井上氏はこの都下についで全く触れなかったが、私は都下国造と呼ばれたツゲを無視するわけにはいかないと思う。太田亮も「都下《ツゲ》国は允恭紀に載る闘鶏国大和山辺郡都介郷とは別にて、摂津国菟餓の地であろう[26]」と語っていた。要は、吉田東伍も、太田亮も、摂津国のツゲを云々しておられたということになる。先述したようにツゲの本来の意味を考えると、摂津にツゲという処があってもなんら不思議はない。私はこの観点から、「摂津国闘鶏の氷室と額田大中彦」を論じたのである。

　ところで「允恭紀」二年条によると、周知のように闘鶏国造が、そのころはまだ少女だったと思われる忍坂大中姫の前に、姿を見せている。「初皇后隨レ母在レ家、獨遊二苑中一。時闘鶏国造、従二傍径一行之。乗レ馬而莅レ籬、謂二皇后一、嘲之曰、」の件りである。おそらくあどけなさを面影に残す少女だったと思う。その姫が独り庭居していたとき、馬に乗ったツゲの国造が通りかかり、彼は馬に乗ったまま垣根の向こうの少女に声をかけている。少し卑猥な、幾分嘲りのこもった問いかけだったと思われる。後年、少女は允恭天皇の皇后となり、彼女はこのときのツゲの国造の無礼を忘れていなかった。乗馬の男を探し求めて呼びつけ、死刑を命ずるが最終的には罪を許し、カバネを落として稲置にした、という話になっている。

研究者の多くはこの話を、近江の坂田郡と大和のツゲ郷との間に起きた伝承、と受け止めているようだが、しかしもしそうだとすると、話に少し無理があるように思われる。なにしろ坂田郡とツゲ郷の間は、直線距離でも一〇〇km近いからである。しかもその道中は険しい山の中が多い。だがここでのツゲの地を『元要記』が摂津と述べていたように、或いは太田亮や吉田東伍のいう大和とは別に所在するツゲを想定し、それが摂津とするなら、話は一挙に解決する。『書紀』が述べるツゲの国造は、北摂の山系に軸足をおいた一族であったと思われ、また忍坂大中姫は、北摂山系の南に位置する藍野とも呼ばれていた三島野に、「母に隨ひたまひて家に在しま」したと思われるからである。このように考えると、『書紀』のツゲ問題は無理なく解決できるが、そうすると、忍坂大中姫が何故に三島の地にあったのかという、疑問が生まれてくるのも否めない。私は彼女の背後に、凡河内氏と三島氏の抗争を見ている。項を改め、次節でその辺りのことを述べてみたい。

第六節　凡河内氏と三島氏の抗争

「雄略紀」九年二月条によると凡河内直香賜は、胸方神を祠るよう雄略天皇に命じられて采女と共に壇所《かむには》に遣わされており、彼はこの時、采女を奸《をか》したという。雄略はこれを聞いて香賜を誅《ころ》そうとするが、すでに香賜は姿を晦ましていた。「天皇…中略…普く国郡縣に求めて、遂に三島郡の藍原にして、執へて斬りつ」と『書紀』は述べている。また「安閑紀」元年七月条の記事によると、大河内直味張は良田を奉るようにと勅使に言われたが、味張は「この田は痩せ地です」と勅使を騙し、我が田を納めようとしなかった。しかし同年閏十二月条の記事では安閑天皇が三島に行幸し、この時は大伴大連が三島県主飯粒に、良田のことを尋ねている。飯粒は大いに喜び、併せて四十町の田を献上したが、味張の方は「今より以後、郡司に勿預《なくはは》りそ」ということになってしまった。これらの二つの事例でいえることは、大河内氏にとって、三島地域がたいへん重要な地であったということである。直木孝次郎氏は「大河内氏の本拠地とするのが穏当であろう」とするような意味合いのことを述べておられるが[27]、そこまでは言い切れないにしても、それほどに重要な拠点であったとはいえる。しかしこの地域は一方において、三島氏の支配する伝統的な地域でもあった。したがって実際的には大河内氏の支配する地と、三島氏の支配する地はそれなりに明らかであったと思われるが、またそうではなく、入り乱れて不明確な境界もあったであろう。争いの火種がここにある。しかも三島氏の立場でもの申すとすれば、西摂津から勢力を伸ばしてきた大河内氏は、三島地域においての今来の氏族であり[28]、その大河内氏の勢力拡大は三島氏にとって侵略とも映るはずである。こうした西摂津から勢力を伸ばしてきた大河内氏の北摂津への版図は、「雄略紀」の記事を念頭におくと、五世紀の前半が考えられる。

三島氏は、大和朝廷に窮状を訴えた。古来、大和朝廷と三島県主家は伝統的に良好な関係にあったと思われる。史実であつたかどうかという問題はあるにしても、イスケヨリヒメの伝承がそうであったし、三世紀末頃に始まった三島の地における前方後円墳の連続的な築造が、何よりも雄弁に物語っている。一方、既にみてきたように、大河内氏は大和朝廷に対して事ある毎に反抗的であった。反抗的であったということは、それだけ彼ら一族の強勢を物語っていたと思われるが、私は三島氏の要請を受けて、大和朝廷はこの強勢に対抗すべきたいへん強力な後ろ立てを送り込んだと考えている。応神大王家の血筋をひく、若野毛二俣王である。その二俣王は、妻を伴ってこの地にやってきた。こうして若野毛二俣王家の第一歩が三島の地に印されたのだが、この場合、事を処するにあたって単身での三島入りであったのかそうでなかったのかは、周辺に与える影響の軽重差は計り知れないほど大きい。

前節でふれたように、忍坂大中姫はこうして「母に随ひたまひて家に在し《ま》」したのである。決して「母に随ひて、近江の坂田に在《は》」ったのではない。「允恭紀」は先にも述べたが、ここの所を「初皇后随ㇾ母在ㇾ家、」と記し、近江の坂田とは書いていないそこの処へ、闘鶏国造が姿を現したと記載している。『書紀』の編者はここの所を注意深く書き分けており、私たちもまた『書紀』編者の意図を、注意深く受け止めなければならない。いずれにしても、忍坂大中姫が「母に随ひたまひて家に在しま」したのは、近江の坂田ではない。ツゲとも呼ばれていたであろう三島の一地域に、姫は在住していたのである。彼女は恐らくこの地で生まれ育ったと、私はひそかに考えている。

むすび

後年忍坂大中姫は、病弱な男浅津間若子宿禰王と結婚している。か細いイメージのこの王は後に允恭天皇として登極するが、忍坂大中姫の陰ながらの力が与って大きい。彼女は安康・雄略という二人の天皇を生んでいるが、なかでも雄略は、一つの時代を画した英雄的天皇として、歴史に勇名を馳せている。誰もが口を挟めない独裁者でもあったが、彼女だけは唯一の例外者として、時にもの申していた節が見受けられ、雄略もまた、彼女の言を素直に受け止めていたようで、そこには彼女に対する雄略の尊敬の想いのようなものが伺えるのである（雄略紀）。それだけに彼女の死は、雄略にとっても大きな悲しみをもたらしたに違いない。天皇は最大限の敬意を込めて、彼女の死を見送っている。彼女の生まれそして育った三島の地に、壮大な前方後円墳が築かれたのである。墳丘長二二六mを数える太田茶臼山古墳である。墳形は三段築成で周濠を巡らし、円筒埴輪列も調査されている。五世紀中葉から後半の築造が考えられているが、なによりも注目すべきはその築造プランにある[29]。応神天皇陵と呼ばれている誉田御廟山古墳の丁度½の企画で築造されており、さらには同じ頃に同じ企画でできた允恭天皇陵古墳を称する市野山古墳の存在である。こちらの方は二重の周濠を巡らしているので太田茶臼山古墳と比べ、周濠を含めた全長で一回り大きくなっているが、墳丘長そのものはほぼ同じ大きさである[30]。歴史的事実であったかどうかの問題はあるにしても、応神天皇陵と言い、また允恭天皇陵を称するその背景に、私は忍坂大中姫に対する雄略天皇の並々ならぬ敬慕の念を感ずるのである。いずれにしても、太田茶臼山古墳は今に至るも美しい佇まいを見せている。

ところで、継体天皇の曾祖父・大郎子は忍坂大中姫の兄にあたっていたが、この血筋からいえる事は、継体天皇家にとって忍坂姫の大きさは、正に、皇祖母尊《すめみおやのみこと》的存在の女性であったといえることである。彼女は五世紀の半ば、動揺する三島地域の鎮めの要にあった。そして今また六世紀の初頭、三島は揺らぎの真っ只中にあった。継体は動揺を静めるためにも自らの墳墓をこの地にと思い定めた。高度な政治的判断でもあったと思われるが、それ以上の強い力でつき動かしたのが、皇祖母尊的存在の忍坂大中姫の大きさであったと思う。継体はこの地に自らの尸《しかばね》を鎮めることで、大和王権の安定を図っている。今城塚古墳はこうした継体天皇の思いを込め、忍坂大中姫の眠る太田茶臼山古墳に、添うが如く築かれたのである。

注

(1) 直木孝次郎「継体朝の動乱と神武伝説」(『日本古代国家の構造』青木書店　一九五八年)。継体天皇について、氏は「形勢に乗じ、風を望んで北方より立った豪傑の一人」と、述べておられる。
(2) 『高槻市史　第一巻』(一九七七年) 三三五頁。
(3) 天坊幸彦『上代浪華の歴史地理的研究』(大八洲出版　一九四六年)。末永雅雄『古墳の航空大観』(学生社　一九七五年)など。
(4) 森田克行「継体大王の陵と筑紫津」(『継体大王とその時代』和泉書院　二〇〇〇年)。
(5) 天坊幸彦　注(3)前掲書。
(6) 高槻市立埋蔵文化財センター「史跡今城塚古墳の第七次調査現地説明会資料」(高槻市教育委員会　二〇〇四年)。
(7) 角林文雄「凡河内直と三島県主」(『日本古代の政治と経済』吉川弘文館　一九八九年)。和田　萃「継体王朝の成立」(第七回春日井シンポジウム『継体王朝』大巧社　二〇〇〇年)。角林氏は凡河内氏の古墳と述べられているが、和田氏は忍坂大中姫の「弟」としての大郎子を考えておられる。
(8) 便宜的に、本稿では天皇の御子を一世孫、孫を二世孫で表している。
(9) 黛氏によると、『三国志』の「蜀書」に記載されている蜀の昭烈帝の場合、継体天皇と似て、中間の系譜が記されていない。しかし彼が劉氏であるということ、そして漢の景帝の子中山靖王勝の後裔と分かっていれば、彼の漢室を疑うものはいなかったのであろう、と述べ、中国の史書のありようを説いておられる。首肯すべき見解と思われる。「継体天皇の系譜についての再考」(『律令国家成立史の研究』吉川弘文館　一九八二年)。
(10) 『続日本紀』養老四年五月二十一日条に、「一品舎人親王奉レ勅修二日本紀一。至レ是功成奏上。紀卅巻、系図一巻。」とある。
(11) 黛　弘道　注(9)前掲書。
(12) 横田健一「『記』『紀』の史料性」(『歴史教育』七―五号　一九五九年。後『日本書紀成立論序説』に所収)。黛　弘道

(13) 注(9)前掲書。塚口義信「『釈日本紀』所載の『上宮記一云』について」(『堺女子短期大学紀要』18　一九八二年)。
(14) 「仲哀記」皇妃・皇子女段、「神功皇后紀」摂政前紀条。
(15) 「景行記」倭建命の子孫段。
(16) 『日本思想大系　古事記』(岩波書店　一九八二年)二二六頁。
(17) 『日本古典文学大系　古事記祝詞』(岩波書店　一九五八年)二六一頁。
(18) 「継体紀」即位前紀。
(19) 住野「摂津国闘鶏氷室と額田大中彦皇子」(横田健一編『日本書紀研究　第二十三冊』塙書房　二〇〇〇年)。
(20) 井上　薫「都祁の氷池と氷室」(『ヒストリア』八五　一九七九年)。『日本古典文学大系　日本書紀　上』四一三頁頭注二六。
(21) 三品彰英「古事記と朝鮮」(『増補日鮮神話伝説の研究』平凡社　一九七二年)。
(22) 大和岩雄『神社と古代王権祭祀』(白水社　一九八九年)四三四頁。
(23) 注(2)前掲書。但し三〇六頁。『同　第三巻』史料編付図高槻市大字・小字図。
(24) 『元要記』。奥書によると「後鳥羽院勅撰也」の文言がみられ、文治四年(一一八八)の成書化が記されている。興福寺や春日神社に関する記述が多く、三十巻で纏められている。
(25) 大和岩雄　注(21)前掲書。但し四五三頁。
(26) 吉田東伍『増補大日本地名辞書　第二巻』。
(27) 太田　亮『日本国資料叢書　摂津』八六頁。
(28) 直木孝次郎「県主と国造」(『大阪府史　二』一九九〇年)一二五頁。
(29) 吉田　晶『日本古代国家形成史論』(東京大学出版会　一九七三年)。
(30) 上田宏範『前方後円墳』(学生社　一九六九年)。
大塚初重・小林三郎・熊野正也編『日本古墳大辞典』(東京堂出版　一九八九年)。

［補記］

本稿の成稿後に、「忍坂大中姫と允恭天皇」と名付けられた論文に接する機会を得た。副題には「太田茶臼山古墳の被葬者は誰か」と記され、結論は忍坂大中姫と指摘されていた。論者の松下煌氏はこの論文を平成九年（一九九七）に、『上田正昭古希記念論集・古代日本と渡来文化』（学生社）で発表されており、九年前のことである。私は、たいへん大事な論文を見逃していたようで、その不明を恥じるのみだが、氏の論点は、忍坂大中姫の出自を息長氏に求めておられ、ここに私の考えとの相違点が見られる。併せて参照していただければ幸いである。

初出一覧

第一章　継体朝序説　横田健一編『日本書紀研究　第十八冊』塙書房　一九九二年
第二章　近江国の物部氏　同『日本書紀研究　第十九冊』塙書房　一九九四年
第三章　石衝別王者羽咋君三尾君之祖　同『日本書紀研究　第二十二冊』塙書房　一九九九年
第四章　継体天皇と樟葉宮　同『日本書紀研究　第二十五冊』塙書房　二〇〇三年
第五章　弟国（乙訓）小考　同『日本書紀研究　第二十六冊』塙書房　二〇〇五年
第六章　御陵者三嶋之藍御陵也　新稿

索　引

あ　行

青木豊昭　170　184
県主　167～169
阿居乃王　203
浅井郡　76　78　83～88　90　106　116　117　135
朝津駅(越前)　171
朝日之直指地夕日之日照地　248
芦浦観音寺　126
阿遅須岐高彦根神　71　73
安曇氏　86　112
安曇郷(伊香郡)　90
足羽川　170
安曇川　106　107　109～112
阿刀氏(連)　93
跡部郷　93　111　124
穴師坐兵主神社　30
阿那郷(吾名邑)　79　125　126
姉川　13　76　77　78　83　85　117　128～131　140　141
阿比古(阿彦)　167～169
安倍氏一族　99
網干善教　290
安保山古墳群(福井県)　171
天足彦国押人命(天押帯日子命)　46　47　109　115　141　272
天つ神　43　106
天つ神・息長系　44　56　65　78　88　89　96　108　116
天つ神・中臣系　44　52　56　61　65　67　76　89　96　108　116
天つ神・物部系　44　56　61　65　67　76　78　88　89　96　116
天つ神・和珥系　44　46　76　79　88　89　96　108　116
天津彦根命　30　57　58　67～69　122　137
天津麻良　29
天照大神　67　68　70　73　108　114　131　137
天照御魂神　26
天磐船　27　29
天野川(北河内)　304
天野川(息長川)　13　77　79～81　129
安満宮山古墳　244　292
天久斯麻比止都命　149
天宇受売神(天鈿女命)　75　108　109
天香語山命　126
天児屋根命　56　59～61　63　89　95　98　118　122　134　135
天太玉命　48　50
天之日矛(天日槍)　17　29　30　97　104　125　126　135　138
天之御影神(天御蔭命)　15　30　31　37　38　40　56～58　122　136～139　148　149
天目一箇命(神)　30　31　58　67　69　148
天麻比止都禰命　58　149
天麻比止津乃命　149
天湯河桁命(天湯川板挙)　61　63　71　72　118　122
天日方奇日方命　71　72　74　79　87　133　140
天命開別命(天智天皇)　10　49
安閑天皇　22　277　309
安康天皇　13　20　23　303　311
飲豊青皇女　2
伊香色雄命　26　59　63　98　104　118　124　135
伊香色謎命　57　98　124　135
伊香具神社　96　97　99　135
伊香郡　76　78　88～90　92　93　95～97　103　105　106　116　117　135　140　141
『伊香郡志』　95　98　99　104
『伊香郡神社史』　90　135
五十日足彦命　202　203
伊香津臣命(伊賀津臣・伊香刀美)　56　59　60　96～98　135
伊香連氏　97　98　135
伊久牟尼利比古大王

↓垂仁天皇
池田源太 134 148
恵解山古墳(長岡京市) 256 268
生駒山系(胆駒山) 19 27
伊奢沙和気大神 115
伊邪那岐命(伊奘諾尊) 71 74 108 113
伊邪那美命(伊奘冉尊) 71 74
石田英一郎 33
石作氏(連) 101 250 252～254 267 271 274 278
石作里 260
石野博信 25 174 184 228 286 295
石舞台古墳 279
出雲大神 91
出雲大汝 43
出雲国 41
泉谷康夫 285
伊勢国 41
石上神宮 28 102 134
石上坐布都御魂神社
↓石上神宮
石部神社 67 68 71 72
石辺公氏 59 64
櫟井氏(臣) 90 282
市磯長尾市 62
市辺之忍歯王 201
市野山古墳(允恭天皇陵) 311
五塚原古墳(向日市) 256
井塚政義 81 82
五十瓊敷命 102 113
犬上郡 66 67 71 73 74 76 116
犬上君 52
井上薫 307 313
井上満郎 249～253 254 268
井上光貞 14 22 23 26 33 34 226
伊吹山 82 102
伊富岐大神 78 81
伊夫岐神社 78 81 82
今城塚古墳 292～294 296 297 311
『伊予国風土記』 110
「隨レ母在レ家」《いろはに隨ひたまひて家にましますときに》 307 308 310
「隨レ母、以在二於近江坂田一」《いろはに隨ひて、近江の坂田にはべり》 304 310
磐井の乱 31 36
石城別王 156～158 177 179
石清水八幡宮 204
石田氏(君) 202 203
石田神社 202
石衝別王(伊波都久和希) 9 11 108～110 151 153 156 159～162 163～166 169 175 177～180 182
磐之媛 12 199 204 205
磐船神社 244
磐余 25 27 28 29 31
磐余玉穂宮 25 28 31 194
磐余彦 28
允恭天皇 2 11 13 20 22 25 197 303 304 308 310
忌部氏 48
上田秋成 69
上田宏範 313
上田正昭 183 230
上原和 126 147
宇賀之御魂命 56 59 60 71 89 90 133
宇治氏 249 253 254 267 269 274 278
宇治川(菟道河・氏河) 29 30 125 201 262 269
「宇治宿禰墓誌」 269
汗斯王(彦主人王) 21 22
菟田県 27
鬱色謎命 70
菟上王 91 132 133
娯臣氏 92 118
菟野皇女(鸕野讃良皇女)
↓持統天皇
馬飼集団 215 220 225
馬甘の里(河内国更荒郡) 219 220
味内宿禰 202
味饒田命 92 93 113 133
可美眞手命(宇摩志麻遅命) 27 28 92 126 127 133
卜部氏 115
卜部兼方 8 299
江上波夫 1
愛知郡 66 67 71 76 116
越前(国) 21 22 153 154 169 174 177 180 183 282
越前坂井郡 111
越前三国 5 6 22 152 185 186
越前水尾郷 181
荏名津(江津) 197 198 202 205～207
江沼郡(加賀) 174 179 180
江沼国造 177～179

榎本氏 250 254 267 272 274
江竜喜之 81 144
『延喜式』 14 38 41 43 44 54 69 71 74 80 97 114 118 154 171 181 207 247 248 258 294 307
男浅津間若子宿禰王 ↓允恭天皇
乎非王 9 10 20 22 203 204 305
応神王朝 22
応神大王家の系譜 299
応神大王家の血筋(への認識) 298 310
応神天皇(誉田天皇・誉田別尊) 2 3 6 10 12 16 20 22 32 80 81 108 109 113 115 129 239 304
応神天皇五世孫 5～7 9 10 12 20 32 37 185 186 210 297～301
応神天皇三世孫 10 203
応神天皇陵 124
小碓命(倭建命) 223
近江国(淡海国) 21 22 29 106 153 155 183 262 282 305
近江国吾名邑 30
近江国一の宮 52

近江国鏡村(蒲生郡) 30
近江国坂田郡 12 14 15 20 32 37 188 190 192
『近江国坂田郡志』 80 128
近江国の式内社 39 41 42
『近江国風土記』 97
近江国三尾郷 181
近江毛野臣 216～218
大郎子(意富富杼王) 6 10 13 20 32 203 303 304 311
大入来命 177～179
大岩山遺跡 138
多氏(意富臣) 213
大枝朝臣 269 271
大枝陵 269
大国主命 56 60 61 67 69～71 73 75 83 84 89 91 92 131 133 272
凡河内氏(直) 122 137 308～310
大河内直味張 309
凡河内直香賜 309
太田亮 135 145 148 153 307 313
大田田根子 62
太田茶臼山古墳 291～294 297 311 314

大塚初重 144 145 147 184 313
大音(伊香郡) 97
大歳神(大年神) 60 84 108 112 247 248 258
男弟王 200
男大迹王(乎富等大公王) 5 9 11 185 193
乎富等大公王↓継体天皇
男大迹天皇 22 209
大伴氏 2
大伴金村 5 20 22 185 209 210 216 277
大友皇子 49
大中臣氏 98 135
大己貴命(神) 52 56 59 61 63 79 96 99
大野七三 184
大橋信弥 142 144 147 204 226
大彦命(大毘古命・意富比危) 67 69 70 161 163～167 202 235
大綜杵命 55 123 124
意富富杼王↓大郎子
大水口宿禰(命) 61～63 118 123
大物主命 59 62 64 71 72 74 78 84 85 87 132 280

大矢口宿禰命 118 123 124
大宅氏(首) 123
大山咋神 46 48 50 79 89 95～97 99 108 114
『大山崎町史』 255
大山津見神 60 89 91 108 110
大和岩雄 35 48 74 142 144 306 313
岡崎晋明 228
岡田精司 142 194 226
岡田隆夫 284
岡正雄 33
息長氏 13～15 19 20 22 24 31 32 37 78 80 81 128 136 142 188 190 192～197 200 203 214 223 224 227 302 314
「息長」一族 13 14 19 20 30 32 80 142 187 188 190 193 196 197 204 225
息長古墳群 13 129
息長宿祢王 15～17 80 128 129 196
息長竹原公 203 204
息長足日広額 14
息長帯比売命(神功皇后) 14～16 30 47 80 96 101 132 190 191 196 224 302
息長田別王 302

息長彦人大兄瑞城命　221　223　224
息長墓　15
息長真人　80
息長真若中比売　6
息長水依比売　15～17　30　31　37　38　40　57　90　122　136～138
息長山　19　191　195　196　205
息長山田公　14　80
奥津島姫命（神社）　67　69　70
巨椋池　201　269
小椋神社　46～48
意祁王　201
袁祁王　201
刑部　25
他田坐天照御魂神社　26　30
忍熊王　20　132　190
忍熊里（押熊町）　20
忍坂（恩坂郷）　14　25　27
忍坂大中姫（忍坂大中津比売命）　9～14　20　25　28　81　192　193　303～305　307　308　310　311　314
践坂大中比弥王→忍坂大中姫
押坂彦人大兄皇子（忍坂日子人太子）　14　15　25
忍坂宮（意紫沙加宮）　23　24　29　200
愛宕郡（山背国）　238～240
於多木国　240　241
落別王　54　202
小槻臣　54
弟国（乙訓）　231　232　234　235　237　239～241　245　247　249　250　252　254　263　265　266　272　274　278　279　282～284
弟国宮　20　31　194
乙訓坐火雷神社　258　259
小野氏（臣）　44　47　48　90
小野妹子　47　90
小野神社　46　115
小畑川　232　256　269　271
意太神社　97　135　136
童女君　281
折口信夫　28　29　34
乎獲居臣の系譜　160～166
尾張（国）　65　282
尾張氏（連）　112　126　214
尾張氏系一族　278
尾張連草香　214

か 行

開化天皇　3　15　49　57　70　100　104　124　137
貝塚茂樹　133　148
加賀（国）　152　156　158　174　177　180
加我国造　177～180
鏡山　51　138
香香有媛（安閑妃）　277　279
加宜国造　177　179
柿本氏　282
迦久土神　136
角林文雄　312
香坂王　132　190
笠井倭人　286
鍛冶集団　29～31
鹿葦津姫命（木花之開耶姫）　61　64　108　113　122
膳氏　264
春日（大和国）　191　197　203
春日娘子　12
春日大娘皇女　281
樫原（弟国）　283
交野郡（河内国）　206　208　209　211　212
交野郡三宅郷　221
勝部神社　55　126　138　139
桂川（葛野河）　201　236　238～240　245　258　265　266　273　282
葛城氏　18　279
葛城襲津彦　12　100
加藤謙吉　148
葛野　239　241
葛野松尾社　48
門脇禎二　286
蟹幡郷（相楽郡）　198　199　202
綺戸辺→苅羽田刀弁
迦邇米雷王　17　191　196　198　207
蟹満寺　198
綺田→蟹幡郷
「姓」　161　167　168
上賀茂神社　236
上っ毛野君氏　104
亀田隆之　211
賀茂一族　237　239　255　256　259　264　283
蒲生郡　66　67　69　76　116　141
蒲生君平　294
賀茂川（鴨川）

109〜111 236 238 239 258
賀茂氏 48 50 258 267 273 274
賀茂県主 48
迦毛大御神 73
賀茂下社 48
賀茂建角身命 236 238 255 256 258 259
鴨長明 48
賀茂祭 48
賀茂別雷神 258
唐古・鍵遺跡 25 26
苅羽田刀弁(苅幡戸辺・綺戸辺) 54 109 151 197〜199 202 207
河上邦彦 280 290
河内(国) 93 100 111 124 139 189 204 206 208 210 223 244 291 302〜305
河内馬飼首氏 215 218〜220 222
河内馬飼首御狩 216 217 219
河内馬飼首荒籠 185 216 218
開中費直 23 200
川枯氏 62 118
川枯神社 61〜63 118
河枯乃伊波比長彦 62
川枯姫 62 118 123
河内湖 212 218 219 225
河派仲彦 302
桓武天皇 206 266 269
紀氏(臣) 104 270
『記』『紀』編纂当時 298
『記』『紀』編者 301
岸俊男 12 16 18 19 33 153 154 182 194 226
北河内 188 206 212 214 224 225 244 273 282 305
北山背 189 232 279
木津川 19 189 198〜202 204 205 231 232 239 244 258 282
畿内 214 282 305
騎馬軍団 218 225 282
『騎馬民族国家—日本古代史へのアプローチ—』 33
騎馬民族日本征服論 1 33
吉備武彦 167
金属に関わる神(金属神) 44 49 52 58 65 67 76 88 92 96 116 133 136 138
金属文化 30
欽明天皇 25 279 301
淫俣那加都比古(杙俣長日子王) 9〜11 302
久我(国) 235 236 239〜241 246 255 282 283 285
久我氏 259 267 273 274
『久我家文書』 260 264 266 273
久我神社(久何神社) 236 238 255 258 259
久我里 260
玖賀耳之御笠 235 236 239 246 255 283
草香(日下) 27 218 219
久斯比賀多命→天日方奇日方命
櫛真知命 114 115
樟葉(宮) 20 31 186 188 189 194 209〜211 217 225 231 273 279 282 283
久須婆の度 204
九頭竜川 170
百済 31 110
国常立尊 78〜80
国造本紀 58 154 156〜160 177〜181
杭全郷(摂津住吉郡) 302 304
熊野正也 144 184 313
闇於加美神 46〜48
栗太郡 50〜52 55 64 65 116 126 140
栗田寛 100 124 203
黒川直則 288
黒沢幸三 142 190 191 195 198 226 227 228
黒田大連 96 99 100
黒塚古墳 242 243
鍬形石 167 181
桑田玖賀媛 234〜236 239 266 283
軍事氏族 53 261 275
『群書類従』 100
景行天皇 167 221 223
継体天皇(男大迹王) 2〜4 6 8 10〜12 14 16 20〜22 24 25 28 29 31 36〜38 40 100 110 111 130 151 152 154 160 168 171 186 190 192〜195 197 200 204 205 209 214 216 218 225 231 265 273 274 278 280 282 283 291 301 303 311
継体天皇の系譜 300
継体天皇の出自 32 188
継体天皇陵 292〜294 296 297
気比神宮(社) 99 112
源城政好 236 285
『元要記』 307 308 313
孝謙天皇 222
孝元天皇 70

皇親氏族 15 280
高地性集落 44 50
孝徳天皇（難波朝御世） 177
『興福寺官務牒疏』 19 191 195 205 206
弘文天皇 46 49
古山陰道 260 262 269
『古事記』 1 3 8 11 72 99
古事記
　火神被殺段 47～48
　身禊段 74 75
　大国主神裔段 73
　大年神神裔譜段 48
　猨田毘古神段 75
　神武天皇、東征段 127
　神武天皇、当芸志美美命の反逆段 213
　孝昭天皇段 46
　開化天皇段 57
　崇神天皇、将軍派遣段 235
　垂仁天皇、后妃皇子女段 54 151 156
　垂仁天皇、本牟智和気王段 91
　景行天皇、倭建命子孫段 52
　応神天皇、天皇の御子孫段 13
　武烈天皇段 5 186
　継体天皇段 21
　安閑天皇段 124
『古事記伝』 60
越国 70 105 167 168 175 179 181
小柴秀樹 226
湖西 44 45 49 76 106 107 109 116 141
巨勢路（道） 260 262 263 269
巨勢氏（許勢） 260～264 267 273～276 278～280 284
許勢男人 5 277 284
巨勢里 260 262～264 269 278 279
巨勢本里 260 262 263 269
巨勢山古墳群 280
湖東 44 66 67 76 96 106 116 128 139
事代主神 61 71 75 79 84 85 87 108 110 111 132
湖南 44 50 51 64 76 116 117 128 138 139 141 149
籠神社 112
小林三郎 144 145 147 184 313
小林行雄 130
古墳の出現 242～245
湖北 44 76 85 87 91 93 106 116 117 128 129 141
古保利古墳群 87 131 132
高麗 31

さ　行

佐伯有清 54 59 86 93 100 101 105 111 124 142～147 202 203 221 223 272 289
坂田郡（近江） 78 79 81 83 85 88 106 116 117 126 128 129 131 139 304 305 308
坂田郡阿那郷 30
坂田古墳群（長浜古墳群） 81 82 129 130
坂田氏（近江） 32 214
坂田酒人 80
尺度郷（河内国古市郡） 124
坂戸物部（酒人物部） 124
坂戸由良都姫 123 124
坂井郡水尾郷（越前） 153 154
佐牙乃神社 207
坂本氏（紀伊） 270
坂本太郎 194 227
佐紀大王家 35
佐紀盾列古墳群 19 20
埼玉稲荷山古墳鉄剣銘 160～165
沙沙貴神社 67 69 70
讃良郡（河内国） 211 212 215 218～220
紗手媛（安閑妃） 277 279
沙本（大和） 191 197
沙本毘古王（狭穂彦王） 100 103
狭穂姫 233
猿田彦神 71 75 79 81 105 108 109
三王朝交替説 1～4
三角縁神獣鏡 231 244
『三国遺事』 306
『三国志』蜀書 8 298
塩土老翁 27 79 88
滋賀郡 46 47 49 50 90 106 115 116 140
『滋賀県市町村沿革史』 43 61 79～81 83 87 92 93 101 105 111 133 142
志賀剛 43 54

56 59 63 74 80 81 90 91 95 98 101
104 105 111～114 133 142 238 239 256 285
志賀高穴穂朝御世→成務天皇
紫香楽宮 64
志紀郡(河内国) 304
式内社 30 101 106
154 171 181 202 236 238 246 254 273 281 282
式内社(湖東) 66～76
式内社(湖西) 45～50
式内社(湖南) 51～65
式内社(湖北) 77～105
式内社(高島郡) 106～115
『式内社調査報告』(第十二、一、
二巻) 43 259 281
『式内社の研究』
43 74 83 87 92 93
志田淳一 63 142
持統天皇(娑羅羅皇女)
210 211 222
四道将軍 36 70 163 167 235 246 255
柴垣朝御世→反正天皇
下つ毛野氏(君) 104
『釈日本紀』 8 110 151 159 192 299
宿東山一号墳(能登国羽咋郡)
174～176 178 179
朱智神社 205～208 223
「朱智大宝天王宝賢流紀目録」 206
条ウル神古墳 279 280
「上宮記一云」 8～11 151 154 157
159～166 168 169 175 192 203 299～305
『紹運録』一代要記 211
聖徳太子 9 126 299
聖武天皇 64
庄内式土器 173
初期大和政権 173 174 179
『続日本紀』(続紀) 7
続日本紀
和銅四年正月条 204 205
天平勝宝元年十月条 222
天平神護元年七月条 52
延暦六年八月条 265
舒明天皇 14 25
白石太一郎 242 243 286
白髪部(真髪部) 86 87
新羅 29 47 216 224 306
神功皇后陵(五社神古墳)
19 35
『神祇志料』 80 113
『神祇拾遺』 258
『新抄格勅符抄』 64 208
『新撰姓氏録』(姓氏録) 38
54 55 57～59 63 68 86 90 93 98
100～102 104 111 122～124 126 135 137
156 202 203 213 221 223 268 270～272 281
『神名帳考証』 74 113 281
神武天皇 27 28 58 92 218 224 258 259
推古遺文 9 168
推古朝 9 10 301
綏靖天皇 62
垂仁天皇(伊久牟尼利比古大
王) 29
63 91 101 123 159 161 165 179 202 233 246
垂仁天皇の皇子 151 153 182 203
末永雅雄 312
主基 167 181
少名彦命 78 79
須佐男命 247 258
崇神王朝 2 3
崇神天皇 1 2
3 28 57 104 111 124 137 165 178 246
隅田八幡宮人物画像鏡
23 24 200
仲野勉一 313
住吉三神 112 138 139
皇祖大兄 14
皇祖母尊 311
天皇、親ら斧鉞を操り 31
製鉄(遺跡) 48 82 102 103 116 149
製鉄集団 81 82
清寧天皇(白髪皇子) 86
成務天皇 2 177
青竜三年銘方格規矩四神鏡
244
瀬田川 51～53 64
摂津(国) 204 208 291 293 302 303 305 308
摂津の氷室 306 307
摂津三島 26 110
宣化天皇 22
『全国古墳編年集成』 174 175
『先代旧事本紀』(旧事紀)
38 48 53 57～59 62
63 92 101 118 122 123 126 132 138 139 239
前方後円墳の祖型 172 173
蘇我氏(宗我臣)
18 85 141 177 178 275 279

族民　214　215
衣通郎姫→藤原之琴節郎女
薗田香融　7　33　226
『尊卑分脈』　60　98　99

た行

大王家　24　35　161　164〜166
『大日本史』　113
『大日本地名辞書』　304
高倉下　27
米餅搗(舂)大使主命　46　89　90　132　133　141
高島郡　106〜108　110　116　141
『高島郡誌』　109　112
高島郡三尾郷　21　153　154　183
多賀大社　71　75
高槻藩　294
高橋氏(公)　264〜267　273　274　280　282　284
高橋皇女→春日大娘皇女
高橋邑人活日　280　281
『高橋氏文』　281
高橋神社　280　281
高橋里　260　264〜266　273　280　282
高橋津(高椅津)　265　266
高橋邑　280〜282
高峯遺跡(湖南)　44　50
高向(郷)　154　170
高屋連氏　124
高屋阿波良姫　123　124
高屋神社(河内国)　124
武内宿禰(建内宿禰)　102　113　178　179　182　264　275
武田祐吉　144　182
建沼河別命　235
竹原里(山城国久世郡)　204
建布都神→建御雷神
建振熊命　132　190　191
建部君　52　53
建部大社　52
建御雷神(武甕槌命)　84　89　93　94　131　132　134
但馬国　126
手白香皇女(手白髪命)　21　23　186　188　210
多々羅(綴喜郡)　199　204　231
田中卓　164
田上山　149　262
『田辺町史』　207
谷川健一　25　30　31　34　35　43　104　142　146　147
谷口義介　130　147　148
丹波道主王　233　235
玉手氏　263　275
「玉手則光寄進状案」　263　275
玉依姫命　258
田宮之中津比売　304　305
田宮郷(交野郡)　304　305
丹後国　112
丹波(国)(旦波国)　232〜234　236　239　246　283
近淡海(国)　6　37　48　64　186
近淡海之御上(三上山)　191
近淡海之御上祝　15　30
近淡海安国造　52
地祇(国つ神)　43
知識寺(河内国)　222
地的宗儀　29
地方的豪族　43
道守氏　102　103　105
仲哀天皇　2
仲哀天皇五世孫　185
中央豪族　43
塚口義信　7　11　13　17　19　20　33〜35　142　164〜166　183　187　190　192〜195　197　198　205　223　226　284　300　313
筑紫国造磐井　31　217
都介郷(山辺郡)　306　308
都祁野(新羅迎日県)　306
闘鶏野(摂津)　306
闘鶏の氷室　306
闘鶏国造　307　310
都下国造(摂津)　307
筒城(宮)　31　188　194　196　204　205　231　232　274　279　282　284
綴喜郡　20　191　195　197　199　200　205　223
都出比呂志　172
角氏　113
角家足　113　114
角折(越前)　171
椿井大塚山古墳　19　231　232　238　244
『帝王編年記』　60　88　97
手繰ケ城山古墳　170　174
寺沢薫　173〜176　178　181　184　242　286
寺戸大塚古墳(向日市)　256

寺村光晴　102　146
天王（綴喜郡）　199　205　206　223
天智天皇　14
天的宗儀　29　126
天皇家　7　15　16　43　210　223　301
天坊幸彦　296　312
天武天皇　14　273
『天理市史』　281
銅戈　26
『東寺百合文書』　263
東大寺山遺跡　50
銅鐸　15　26　29～31　56　58　59　125　138　167　181
銅鉾（銅矛）　56　59　126
トツカ古墳（飯岡古墳群）　200　204
鳥取氏（造）　63　72
鳥取部　91
捕取部萬　63　72　122
登美毘古　92　127
「豊受大神宮禰宜補任次第」　167　169
豊城入彦命　97　104　105　108　109　111　115
虎尾俊哉　42

な　行

直木孝次郎　29　35　53　142　167　168　183　214　215　225　275　277　279　309　312　313
長岡坂本氏　250　253　270　274　278
長岡丘陵（向日丘陵）　245　256　283
長岡京　260　266　275　278　283
長髄彦　27　28
中臣氏　60　63　98　100　115　122　131　132　134～136　139～141
中臣系一族　95　106　115　131　134　135　140
中臣烏賊津使主→伊香津臣命
永留久恵　115　147
長浜古墳群（坂田古墳群）　13
中山大塚古墳　242　243
中山修二　260　262　275
名代部　86
難波高津宮　231
難波高津宮御宇天皇
　→仁徳天皇
難波朝御世→孝徳天皇
奈良井遺跡　219　220
奈良盆地東南部　242　256
新野直吉　184
新屋坐天照御魂神社　26
饒速日命　26～30　53　55　57　59　62　63　70　89　92　93　101　111　113　118　122　123～127　133　138～140　149　244
西近江路　106
西川丈雄　146
西摂津　309
西殿塚古墳　242　243
西宮一民　287
瓊瓊杵尊（邇邇芸命）　71　74　75　79　85～87　108　110
丹生津比売命　97　104
『日本国誌資料叢書近江』　97
『日本古代王朝史論序説』　1
『日本三代実録』（三代実録）　38　58　60　62　64　247　258
『日本書紀』（書紀、紀）　1　3　5　6　7
日本書紀
　神代上第七段第三の一書　53
　神代上第八段　68
　神代下第九段　94
　神武即位前紀　98
　孝昭天皇二十九年条　46
　崇神七年八月条　62
　　八年四月条　280
　垂仁二年三月条　29　30　125
　垂仁二十五年三月条　62　63
　垂仁二十四年三月条　109　156
　垂仁三十九年十月条　102
　景行四年二月条　157
　仁徳十一年十月条　212
　仁徳十六年七月条　234
　允恭二年二月条　307
　允恭七年十二月条　12
　雄略元年三月条　281
　継体即位前紀　111
　継体元年春正月条　5　22
　継体元年二月四日条　209
　継体元年二月十日条　210
　継体元年三月条　21　214
　継体十二年三月条　231
　継体二十一年八月条　31
　天武元年七月辛亥条　152
　崇峻即位前紀条　63
『日本の神々』　43

『日本文徳天皇実録』 54 81 126
『日本霊異記』 219
丹生氏 104
丹生神社 97 104 135
丹生首麻呂 104
『丹生祝氏文』 104
仁賢天皇 210
仁徳天皇(大鷦鷯天皇) 2 3 10 166 167 177 199 213 221 234 256 283
仁徳王朝 2 5
仁徳陵古墳 256
額田大中彦皇子 307
額田部湯坐連 122
糠手姫皇女 14
能登(国) 152 156 174 177
能登氏(臣) 178
能登国造 177 179

は　行

羽咋郡(能登) 174 175 178
羽咋氏(君) 151 156～160 175 179 181
羽咋国造 177～179
羽栗氏 250 253 254 267 270 274
羽衣伝説 98
土師氏 250 253 254 267 269 271 274
箸墓古墳 30 242～244 256
間人氏 249 253 254 267 268 274
間人造東人 249 268
橋本鉄男 48 109 110 113 142 146 147
畑井弘 135 148 285
波多氏 103 105
波多八代宿祢 96 97 102 105 275
秦氏 250 252～254 267 270 274
秦人 224 225
秦物集氏 270
「秦氏本系帳」 250
羽束氏 254 267 272 274 278
羽束師坐高御産日神社 268
御肇国天皇 28
泊瀬朝倉朝御世→雄略天皇
林屋辰三郎 15 16 33 225 239 240 286
原島礼二 265 266 280 288
播磨国造祖速待 234
反正天皇(柴垣朝) 2 177
伴信友 48
万世一系 2 3
比叡山 45
東奈良遺跡 26
日子坐王(彦坐王) 15～17 19 38 49 57 72 73 90 91 97 100 103 104 132 133 137 191 197 198 233 235 236 246 283
日子坐王系譜 17 191 197
彦主人王(汗斯王) 6 108 111 160 168 305
彦国葺命 46 47 270
彦人大兄(日子人之大兄王) 223
日子八井命(彦八井耳命) 213 215 224
彦湯支命 62 118 138
敏達天皇 14 16 25
日撫神社 78 79
日葉酢媛(比婆須比売命) 17 101 233
兵主神 60 61 92 138
兵主神社 56 60 89 91 92 133 135
日吉神社 46 48
『枚方市史』 211
平田篤胤 74
平野邦雄 3 23 24 33 142 183 226
斧鉞 35 36
普賢寺 20 191 196 198 202 205 206 208
「普賢寺補略録」 19 195 198 199 205～208
伏見稲荷大社 252
藤原氏 94
藤原琴節郎女(布遅波良己等布斯郎女) 9 12 192 304
藤原継縄 265 266
藤原仲麻呂 106 113
藤原第 266 282
藤原宮 260 262
経津主神 94
師霊(布都御魂) 27～29
フト王→継体天皇
振媛(布利比弥命) 9 11 21 22 110 111 151 152 154 155 160～162 165 166 168 170 175 181 305
古橋(製鉄遺跡) 102 135
武烈天皇 5 20 22 185 210
分校カン山一号墳 174 179 181
文明の利器 32
平安京 266
平群氏 275 279
弁天山古墳 245

弁天山古墳群 292 293
火明命 101 112 126 127 271
『法隆寺伽藍縁起并流記資財帳』 126
穂積氏(臣) 63 92 118 123
火雷神 258 259
凡牟都和希王→応神天皇
本牟智和気王 91
凡牟都和希王 151
誉田御廟山古墳(応神天皇陵) 311
誉田天皇五世孫
→応神天皇五世孫
品陀真若王 10
誉田別命(品陀和気命)
→応神天皇
『本朝月令』 281

ま　行

纏向遺跡 173 174
纏向型前方後円墳 173 174 178 181 182 242
纏向珠城宮御宇天皇
→垂仁天皇
纏向地域 26
斧鉞 31 32 36
松岡古墳群 170
松下煌 314
松下見林 294
真野氏 44 47
真人(姓) 273 284
黛弘道 8 9 33 168 183 184 226 298 312
丸岡塚古墳 82 129
丸山古墳 83〜85 130 132
丸山竜平 130
茨田氏 21 213〜215 219〜225 254 267 272 274 282
茨田郡(河内国) 211〜214 219 224 273 304
茨田神社 254 273 282
茨田宿禰弓束女 222
茨田勝氏 197 220〜224
茨田築堤 213 215 219 221
茨田連小望 214 225
茨田連衫子 212
茨田連族 215
茨田屯倉(三宅) 211 213 219 221 224
茨田邑 221
『万葉集』 260 262
三尾氏(君) 109 110 151〜154 156 159 〜161 163 169 171 177〜179 181 183 214
三尾氏一族 111
三尾氏の系譜 155
水尾神社 108〜110 153
『三尾大明神本土記』 109
三尾野 171
三尾城 152
弥乎国高嶋宮 9 159
三尾角折君 171
三尾之別業(高島郡) 305
三尾駅 154 181 183
三炊屋媛 27 28
御上神社 30 50 56〜58 122 126 138 139
御上祝 37
三上山 15 16 30 31 37 38 50 51 55 57 58 64 65 125 126 136 138 139 148
『三国町史』 153
三国国造 177 178
三国坂中井 152 154 305
三国坂井県 9 21 159 160 162 168 169 179 182
三国命 155 162
御気津神 115
三品彰英 29 126 141 147 148 226 306 313
三島氏 308〜310
三島(郡) 291〜293 308〜311
三島鴨神社 110
三嶋之藍御陵 291
三島県主 293 310
三島県主飯粒 309
三島の古墳編年 295
水谷千秋 142
水野祐 1〜4 5 33 225
見瀬丸山古墳 279
満田良順 143
南山背(山背南部) 15 187 188 190 195 197 204 223 227 232 244 282
南山背の息長氏 188 190 192 194 197
美濃(国) 65 90 91 303 305
神人氏岳 74
三輪山 245
牟義都国造 305
『向日市史』 249 253 256 260
向日神社(向神社)

246～248 258 259
向日地域 283
『向日二所社御鎮座記』 247 248 259
向日神（白日神） 248 258 259
武蔵人強頸 212
六人部氏 247 259
六人部克己 286
宗像大社 70
室宮山古墳 280
目子媛（更名色部） 21 22
毛受腹 269 271
物集氏 250 254 267 271 274
物集女車塚古墳 271
元稲荷古墳（向日市） 245 246 248 256 258 283
本居宣長 60 248 258
物部氏 26 28～30 32 35 36 62 63 70 86 87 92 93 98 104 111 113 115 118 122 ～127 132～136 139～141 149 278 281
物部氏の系譜 119～121
物部系一族 57 72 93 114 122 124 133 134 138～141 269 278
物部古墳群 90 92 131 132
物部麁鹿火 5 31 36 277
物部布津命 55 126 127
物部守屋 63 78 85
物部邑（伊香郡） 89 93 97 133 135 140 141
毛乃部郷（物部郷） 55 126 133 138 140
水取（綴喜郡） 199 205
百師木伊呂弁（母々思己麻和加中比売） 6 9 303 304
森一号墳（北河内） 244
森浩一 35 36 50 184 228 230 262 286 288
森田克行 312

や行

八木（造）氏 86
八木造大庭麻呂 86
野洲川 38 51 55 59～65 68 76 118 123 125
野洲郡 50 56 57 60 64 65 92 116 126
安羅神社 126 138 139
八瓜入日子王 90 133
山尾幸久 24 34 183 194 227
山路興造 206 207
山代河→木津川
『山城綴喜郡誌』 191 206
山城南部 19 20
山代之荏名津比売 197 198 202 205 207
山代大国淵（山背大国不遅） 54 109 151 198
山代之大筒木真若王 17 191 196 198
山背久我直 239 285
山背国（山城） 55 100 189 191 208 236 239 247 250 253
「山背国愛宕郡計帳」 153 154 181 251
「山城国綴喜郡筒城郷朱智庄佐賀庄両惣図」 207
『山城国風土記』 236 237
山津照神社 78～80 128
山津照神社古墳 128 129
大和（国） 41 50 57 74 134 148 181 189 219 225 232 279 282～284 291 302 306
大和王権 1 23 28 53 70 106
倭大国魂神 62 63 128 188 200 203 235 243～246 281 283 311
大和川（水系） 219 244 245
大和政権 31 38 54 167～170 175 176 181 182 185 216 225 244 248 256 273 282 283
日本武尊（倭建命） 36 52 82 167
大和東北部 197
「大倭国正税帳」 114
大和の国魂 28～31
倭彦王 185
山公氏 202 203
山部阿弭古 167
八幡一郎 33
雄略天皇（泊瀬朝倉朝） 2 13 20 23 161 164～166 177 201 210 303 311
悠紀 167 181
弓削（邑） 84 85 87
弓削神社 108 113 114
横穴式石室 279 284
横田健一 10 25 33 34 142 148 183 226 284 312 313
依網屯倉阿弭古 167
吉井巖 214 221 223 226 229
吉田晶 313

吉田孝 23
吉田東伍 30 145 174 197 212 289 307 313
與志漏神社 96 102 103 135
淀川 204 205 212 224 232 238 244 252 282 306
淀川水系 235 245 251
米沢康 153 154 156 167 181～183

ら 行

履中天皇 2
『令義解』 43
『類聚国史』 265
六呂瀬山一号墳 170 174
六呂瀬山古墳群 170

わ 行

若狭街道 113
若狭国 125
獲加多支鹵大王→雄略天皇
若野毛王家（若野毛系王族） 13～15 22 30 32
稚渟毛二俣王→若野毛二俣王
若野毛二俣王（若沼毛二俣王） 6 10 13 20 25 32 78～81 192 193 303 304 310
若宮山古墳 132
『和州五郡神社神名帳大略注解』 101
和田萃 229 284 290 312
和多志大神→大山積神
綿津見神（海神） 49 71 75 88 112
度会延経 74
和珥氏（和邇氏） 16 18～22 46 47 50 73 104 115 123 132 134 141 190 194 195 203 204 227 278 281
和珥氏系 44 47 49 50 57 73 90 91 100 106 114 115 133 134 140 141 195 197 203 214 270 272 278 282
和邇川 45
和邇估容聡 109
和爾坂坐赤坂比古神社 134
和爾下神社 281
『倭の五王とその前後』 265
『和名類聚抄』（和名抄） 44 55 57 72 74 79 90 112～114 126 138 153 170 171 175 199 205 209 211 215 218 240 302 304

後　記

六世紀の初頭に即位した継体天皇は、さまざまの問題を抱えているが、大きく括ると、四つの問題に整理することができる。

まず第一には、出自と本貫地について、たいへん厄介な事態を抱えていることである。『記』『紀』によると、出自は応神天皇五世孫と伝えられており、皇位を継承した天皇としては全く異例中の異例である。というよりは五世孫の登極は継体が唯一の例であり、ふつうには一世が皇位を嗣ぎ、一世に支障があったときまれに、二世孫が皇位につくことはあっても、五世孫の登極はありえない。それにもうひとつの面倒は、その本貫地が『記』『紀』によって異なり、この意味では出自と絡んで二重の困難な問題を抱えているといえる。

つぎに第二の問題として、継体が営なんだ宮居の問題がある。彼は大和政権の懇請で皇位につき、畿内入りして最初の宮が樟葉宮であるとされている。このあと宮は樟葉から筒城宮へ、筒城宮からさらに弟国宮へと遷り、即位して二十年後に大和の磐余玉穂宮に入ったという。こうした遷宮が史実であったのかどうかということはあるにしても、異常事態であることに間違いはない。

そして第三には、漸くにして大和入りをしたその翌年に、磐井の乱が起こっていることである。朝鮮半島の情勢が絡む複雑な事情のなかで、一年半の歳月を要して漸く鎮圧し、それは継体二十二年のこととされている。しかしその後も半島の経営は容易におさまらず、最高責任者の近江毛野臣の死をもって半島情勢が終わったことになっている。これが継体二十四年九月と記されているが、継体はこのあと二十五年の二月に崩じたと、伝えられている。第四は、継体の亡き後に起こった二朝対立の問題である。『書紀』がひくある本によると、継体の死は二十八年となっているが、それを二十五年と記したのは『百済本記』がそのように書いていたからであると記述している。その『百済本記』によると、「又聞く、日本の天皇及び太子・皇子倶に崩薨りましぬといえり」というたいへんショッキングな文言がみられ、これが二十五年にあたると述べていた。ここから欽明と安閑・宣化の二朝対立の構図が云々されるようになる。

このようにざっと概観してみても、継体の周辺は異常づくめである。どうしてこうも異常づくめなのかということになるが、問題は多方面に及んでいる。ここにあげた四つの事情が因となり果となって複雑に絡みあい、一つひとつの事態を形成していったにちがいない。とはいうものの、その一つひとつの問題がまた、たいへんに大きいことも事実である。先学のたゆみない努力にもかかわらず、これら四つの問題が何ひとつ解決されていないことが、問題の大きさを如実に物語っている。しかし研究のたゆみない積み上げが、少しずつ、史実を掘り起こしていることも事実である。

思い切って観点を巨視的に切り替えてみよう。そうすると、四世紀・五世紀の王権が大和と河内を中心として形成されており、この視点に立った場合、継体の立場は明らかにそのエリア、つまり畿内からは外れているといわねばならない。彼が立ったのは近江か、或いは越前かという問題はあるにしろ（一部に、摂津の三島説もある）、畿内の北方というエリアであったことに間違いはない。換言すると、四世紀・五世紀の王権が大和川水系の文化圏を背景としていたのに対し、継体のそれは、淀川水系の文化圏を基盤にしていたといえるのである。

この水系の概念は天の日矛が淀川を遡り、北のかた敦賀に至った舟運の大動脈を指している。そしてこの水脈の敦賀から先は、越前の三国の港に通じている。継体朝の研究に取り組んで四苦八苦していたころ、先学に導かれてこの淀川の水系が頭のなかに刻みこまれていったのだが、その認識が後々の研究に大きな影を落としていったことも否めない。

いずれにしても私の意識の底流には、こうした継体の大きな流れが常に潜在しているということである。したがって今回纏めた本書にしても、第一の「出自と本貫地」問題、第二の「遷宮」問題、の二つのテーマに触れたに過ぎない。しかも、それぞれのほんの少し、入口を様子見できた程度にしか過ぎない。

「まえがき」で述べたように、私が初めて論文と称するものを世に問うたのが、「継体朝序説」だった。その後十数年という歳月を経ていま一冊の書物で、世に問いかける機会を与えられたが、ここでも私は表題に「序説」を称している。というよりは、そういわざるをえないほどに、継体朝の前には雲つくような高い障壁が聳え、加うるに、奥行は限りも無く広がりをみせているからである。

ところで、これは余談になるかもしれないが、「継体朝序説」を執筆当時に、いよいよ結論に入る段階へきて、私はたいへんな失態を演じている。「むすび」では継体天皇か、少なくとも大王家（天皇家）がなんらかのカタチで物部氏と関わることを論じ、締めくくりに入ろうとしたが、勉強不足を露呈して「むすび」が結びとならず、悔しい思いをしてしまったのである。その悔しさは今もはっきりと頭に刻まれており、しかも今なお、解決できていない。しかし言い訳がましいかもしれないが、このときの「むすび」で、ひとつの問題点を提起したことも間違いなかった、と思っている。継体天皇は物部麁鹿火に「斧鉞」を授けているが、私はこのときの「斧鉞」に、継体と物部氏の間にあるただならぬ関係を示唆するものであったと、受け止めている。しかしこれは直覚であって、肝心の論理的実証はなにひとつえられていない。結局は文中において、「私は斧鉞にこだわる」と、嘆息するのみで終わってしまった。

幸いにもその後この論文は、横田健一編『日本書紀研究 第十八冊』（塙書房 一九九二年）で取り上げて頂き掲載されたのだが、この当時、横田先生は月例会などで私と顔を合わすと、「私は斧鉞にこだわる」と、軽い口調で話しかけてくださった。私は先生のその涼やかな軽い口調に、先生の励ましを感じていた。いつの日にかは問題の解決をと考えていたが、目先の課題に押し流され、気がつくと、早くも十数年の歳月が過ぎ去っていた。

ただここにきて、私は再び三上山を見つめ直している。そして、「古きをたずねて新しきを知る」ように、三上山の祭神から古代の鉄という、一つの新しい視点をえたように感じている。このことは、やはり目覚ましい考古学の成果がもたらしたもので、古代近江の製鉄遺跡は、予想をこえて高密度に発掘されている。最近経験したことだが、北近江のマキノに遺跡を求めて歩いていたとき、斧研《よきとき》川の流れにふれ、近江の鉄をあらためて実感した。なおざりにできない課題をつきつけられた思いだったが、同時に継体朝解明の問題点が鮮明に立ち上がり、いまさらのように、文献史料の精査を痛感したのである。

ともあれ、私の論文集が一冊の書物として、港を漕ぎ出ようとしているが、本書の刊行にあたっては、堺女子短期大学学長塚口義信博士、和泉書院代表取締役廣橋研三社長のお力添えを頂いている。誌面をかりて深謝申し上げたい。そして、ここまでに私を導いてくださった関西大学名誉教授横田健一先生に、深甚の感謝の辞を申し述べ、さらなる精進をお誓いして筆を擱きたいと思います。

二〇〇七年五月三日

乎富等大公王即位千五百年を迎えて

住野勉一

■著者紹介
住野勉一（すみの　べんいち）
昭和五年大阪市に生まれる
佛教大学大学院文学研究科修士課程修了
関西学院大学大学院文学研究科博士課程後期課程
　単位取得満期退学
専　攻　日本古代史
現　在　関西学院大学博士（歴史学）
現住所　〒五六九－一〇二二
　大阪府高槻市日吉台三番町十三－十五
主要論文「伊奢沙和気に関する二、三の考察」
（『人文論究』四七－二）
「摂津国闘鶏氷室と額田大中彦皇子」（横田健一編『日本書紀研究　第二十三冊』塙書房）
「仁徳皇女・波多毘能若郎女ガ事」（横田健一編『日本書紀研究　第二十四冊』塙書房）

日本史研究叢刊17

継体王朝成立論序説

二〇〇七年七月二〇日初版第一刷発行
（検印省略）

著　者　住野勉一
発行者　廣橋研三
印刷所　太洋社
製本所　大光製本
発行所　有限会社　和泉書院
大阪市天王寺区上汐五－三－八
〒五四三－〇〇〇二
電話　〇六－六七七一－一四六七
振替　〇〇九七〇－八－一五〇四三

ISBN978-4-7576-0421-6　C3321

日本史研究叢刊

番号	書名	著者	価格
1	初期律令官制の研究	荊木美行著	八四〇〇円
2	戦国期公家社会の諸様相	中世公家日記研究会編	八四〇〇円
3	足利義政の研究	森田恭二著	七八七五円
4	日本農耕具史の基礎的研究	河野通明著	品切
5	戦国期歴代細川氏の研究	森田恭二著	八四〇〇円
6	近世畿内の社会と宗教	塩野芳夫著	八四〇〇円
7	福沢諭吉と大坂	森田康夫著	五二五〇円
8	大乗院寺社雑事記の研究	森田恭二著	七八七五円
9	継体天皇と古代の王権	水谷千秋著	六三〇〇円
10	近世大和地方史研究	木村博一著	八四〇〇円

（価格は５％税込）

和泉書院の本

日本史研究叢刊
日本中世の説話と仏教　追塩千尋著　11　九四五〇円

日本史研究叢刊
戦国・織豊期城郭論　丹波国八上城遺跡群に関する総合研究　八上城研究会編　12　九九七五円

日本史研究叢刊
中世音楽史論叢　福島和夫編　13　八四〇〇円

日本史研究叢刊
近世畿内政治支配の諸相　福島雅藏著　14　八四〇〇円

日本史研究叢刊
寺内町の歴史地理学的研究　金井年著　15　七三五〇円

日本史研究叢刊
戦国期畿内の政治社会構造　小山靖憲編　16　八四〇〇円

日本史研究叢刊
継体王朝成立論序説　住野勉一著　17　七三五〇円

和泉事典シリーズ
平安人名辞典　康平三年　上　槇野廣造編　20　一八九〇〇円

和泉事典シリーズ
平安人名辞典　康平三年　下　槇野廣造編　続刊

大阪の歴史と文化　井上薫編　三六七五円

（価格は５％税込）

和泉書院の本

和泉書院の本

大乗院寺社雑事記研究論集 一〜三	大乗院寺社雑事記研究会 編		各七八七五円
大阪叢書 大阪の佃 延宝検地帳	末中哲夫 解説編集 見市治一 翻刻 中尾堅一郎 企画編集	1	八九二五円
大阪叢書 難波宮から大坂へ	栄原永遠男 仁木宏 編	2	六三〇〇円
大阪叢書 志賀志那人 思想と実践	志賀志那人研究会 代表・右田紀久惠 編	3	五二五〇円
上方文庫 河内 社会・文化・医療	森田康夫 著	23	二九四〇円
IZUMI BOOKS 青雲の志 龍馬回想	森田恭二 著	9	一〇五〇円
IZUMI BOOKS 悲劇のヒーロー 豊臣秀頼	森田恭二 著	10	一二六〇円
懐徳堂ライブラリー 異邦人の見た近代日本	懐徳堂記念会 編	3	二七三〇円
懐徳堂ライブラリー 懐徳堂知識人の学問と生 生きることと知ること	懐徳堂記念会 編	6	二六二五円
懐徳堂ライブラリー 大坂・近畿の城と町	懐徳堂記念会 編	7	二六二五円

（価格は５％税込）